期货交易致胜之道

陈　锐◎著

中国铁道出版社有限公司
CHINA RAILWAY PUBLISHING HOUSE CO., LTD.

图书在版编目（CIP）数据

期货交易致胜之道 / 陈锐著 . -- 北京 ： 中国铁道出版社有限公司，2025. 10. -- ISBN 978-7-113-31937-3

Ⅰ. F713.35

中国国家版本馆 CIP 数据核字第 2025DM1425 号

书　　名：期货交易致胜之道

QIHUO JIAOYI ZHISHENG ZHI DAO

作　　者：陈　锐

责任编辑：张亚慧　　**编辑部电话：**（010）51873035　　**电子邮箱：**lampard@vip.163.com

封面设计：宿　萌

责任校对：苗　丹

责任印制：赵星辰

出版发行：中国铁道出版社有限公司（100054，北京市西城区右安门西街 8 号）

网　　址：https://www.tdpress.com

印　　刷：三河市国英印务有限公司

版　　次：2025 年 10 月第 1 版　2025 年 10 月第 1 次印刷

开　　本：710 mm × 1 000 mm　1/16　**印张：**15.5　**字数：**292 千

书　　号：ISBN 978-7-113-31937-3

定　　价：79.00 元

前　言

“虽有智慧，不如乘势；虽有镃基，不如待时。”语出《孟子·公孙丑上》，大意是虽然有智慧，不如善于观大势、乘大势；虽有锄头，也要耐心等待天时。这里的势，指的是形势、态势、趋势；这里的时，指的是时机、机遇。个人以为这十六字道出了金融交易的两个核心：方向和时机。在交易中，无论采用什么方法，“顺势而为”是纲领，顺应趋势是交易取得成功的根本。

面对相同的价格走势，在不同层次的交易员眼中看到的信息千差万别，相同的“山”和“水”为何会在不同的人眼里会产生如此巨大的差异？很显然是对于行情“势”和“时”的分析出现了巨大的分歧。

交易结果可以用如下公式来表示：总体盈亏金额＝盈利的次数 × 平均盈利金额－亏损次数 × 平均亏损金额；这里涉及四个率：概率、胜率、盈亏比（赔率）、频率。更为重要的是，正确的理念能落实到正确的行动中。

在交易实践中，整个交易过程可以归纳为“发现趋势、捕捉趋势、把握趋势”这三个关键节点。相应地，交易的三个要素是趋势分析、入场及持仓、出场。

一是趋势分析：顺应趋势是根本的态度和取向，通过趋势分析，在行情中发现具有盈利潜力的交易机会。本书的技术分析从趋势出发、紧密围绕趋势，为读者提供一套分析行情的工具，力图帮助用户看清趋势、紧跟趋势，让趋势引领行为。本书涉及的技术分析指标均是常见的指标，通过不同的视角去解读，加上多周期维度去分析，使得趋势的分析立体、全面。基于客观的技术分析形成的逻辑链条环环相扣，这是区分正确与错误交易的唯一标准，也是在交易中赖以生存的根基。

二是入场及持仓：是指根据交易系统和信号，选择何时进入市场。正确的进场时机直接影响交易的成功与否，需要结合技术指标、价格走势、风险管理等因素来确定。持仓是指持有仓位的时间和管理。

三是出场：出场涉及止损和止盈，仓位规模的控制，以及交易中的风险管理和资金管理。

本书完整展示了一套交易系统，将相关知识点进行串联，通过大量、丰富的连续性图表进行展示，以期读者能将知识点融会贯通。对于如何提高资金周转效率和将利润最大化均来自实践，相信读者一定能有所启发。

交易之难在于悟道，在交易的弯路中所耗费的巨大的时间成本难以估量。作为穿越交易迷宫的过来人，我愿与奋斗在交易之路上的有识之士共勉。

陈　锐

2025 年 7 月

目　录

第1章

交易理念

“理念先行，知行合一。”在交易领域，理念的重要性不言而喻。通过引进和学习交易理念，并将其应用于实践中，交易者可以不断检验理念的正确性，提高对市场的认识和理解。

理念先行的过程可以使交易者更好地理解和掌握交易理念。通过实践活动，交易者可以将理念运用于实际操作中，并注意观察和评估理念的应用效果。在实践中遇到问题时，交易者可以借助各种途径解决问题，不断优化和完善理念的运用方式。

交易中使用的理念众多，如趋势跟踪、逆势交易、价格模型等。同时，交易也涉及一些数学知识，如概率论、统计学等。这些理念和数学知识相互联系，构成了交易体系的基本要素。对于交易者，掌握正确的市场和交易认知至关重要。通过对交易理念的拆解和深入理解，可以不断提升交易水平，拥有更准确的市场认知，从而作出更明智的交易决策。再通过不断反复实践和深化对交易理念的认识，可以逐渐掌握理念的运用，并在实际交易中灵活应用。理念先行的方法能够帮助交易者降低迷失在交易环境中的风险，并建立起一个稳定而有效的交易系统。

总之，理念先行是交易者在实践中不断学习、理解和运用交易理念的过程，通过反复实践和检验，提高对市场的认知和交易技能，帮助交易者在迷雾中找到方向，提升交易水平。

1.1 交易中的数学——概率

先申明这里的概率，不是胜率（胜率也可理解为成功的概率），也不是指交易系统成功的概率，而是指在交易市场中，行情走势所体现出来的大概率，也可以称为“大数定律”或“大数法则”。“大数定律”用于描述“平均结果”和“频率”的稳定性。这个定理可以通俗地描述为：在“试验条件”不变的情况下，当我们“大量重复”某一相同实验时，其最终的“实验结果”可能会稳定在“某一数值”附近，“偶然”中包含着某种“必然”。在大数定律中，每一次实验都是独立的，与之前的实验无任何关联性。

那么在交易市场中，哪些逻辑、现象、理念符合大数定律呢？

1. 交易市场中的大数定律之一

趋势大概率会延续，它可以被简单划分为上涨趋势、下降趋势、横向趋势。无论在哪个时间尺度，只要流动性不是太差的品种，趋势延续的惯性是非常强的。使顺势交易能够持续挣钱（依托于趋势强大的惯性）。而趋势跟踪交易系统设计的核心思想，正是根植于这一理念。

价格的变动是由各种博弈所引起的。博弈在价格走势中体现为上下波动。不同观点的交易者在市场中进行博弈，像在战场上一样，形势并不总是清晰明了。胜负只有在博弈结束后才能逐渐显现出来。这是一个看似简单但极其重要的规则。

趋势具有大概率，为什么呢？因为在特定级别的趋势中，多头或空头在市场中占主导地位，当趋势方向不明确时，没有人能够准确预测未来的方向，只能给出概率，即可能性。然而，这种可能性并不一定具有高概率。因此，趋势是指在一定时间内经过博弈后具有按某种方向持续发展的可能性，我们的盈利机会就在于趋势形成初期。随着趋势持续时间的延长，进场时的盈利机会越小。

当然，我们在任何时候进行交易都是基于概率，能够从博弈规则中看到形成趋势后可能性较大的情况，使我们能够获利。以上涨趋势为例，长期上涨趋势形成是因为长期多头在经过博弈后占据主导地位。从长期趋势的角度来看，市场上涨的概率较大。中期和短期走出上涨趋势，同样符合这种逻辑。然而，并不是所有上涨都被称为“趋势”。更短期的上涨，如 N 形的形成，是因为更短期的多头在经过博弈后控制了市场，在更短期的趋势中，市场上涨的概率较大。甚至在最低级别的 K 线中。连续上涨也是由该级别多头和空头经过博弈后，多头掌控市场所导致。从 K 线的角度分析，市场上涨的概率很高，趋势在形成初期押注于这种大概率，并根据逻辑选择什么方向的概率最有可能成为现实，并做好相应策略（是交易的核心）。大概率的实现需要一致地根据大数定律执行具有高概率的交易机会。资金管理的规则是为了在大概率没有实现时，防止仓位产生过大的损失。因此，严格遵守止损规则是必要的。因为通过止损控制损失范围，可以避免过度损失。

2. 交易市场中的大数定律之二

趋势的进展绝大多数是以波浪式推进，而非 V 形反转，如图 1-1 所示。换言之，趋势必然是趋势行情和回调行情的结合，不存在一种行情永不回调。这也是本书将行情分析拆解成趋势和回调两部分的原因。

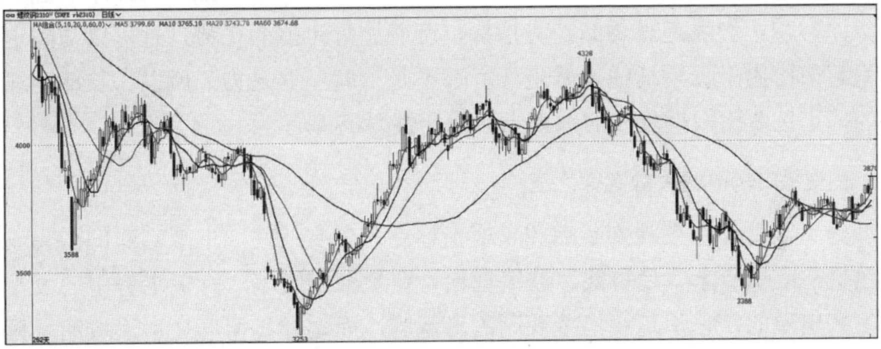

图 1-1　趋势多以波浪式推进

3. 交易市场中的大数定律之三

高空低多的交易策略最为高效。它是一种交易策略，其中“高空”指做空（卖出）期货合约，而“低多”则指做多（买入）期货合约。高空低多符合交易的大数定律的原因有以下几点：

一是市场的回归性质

大数定律认为，随着样本数量的增加，样本的平均值趋向于总体的平均值。在金融交易市场中，价格往往会围绕其看不见的大多数资金所认可的价值上下波动。如果一份期货合约的价格偏离了其真实价值，那么，它很可能会回归到真实价值附近。因此，处于高位的期货合约倾向于回落，低位的期货合约倾向于反弹，与大数定律的回归性质相符。

二是市场的非理性行为

期货市场受到多种因素的影响，包括交易者情绪、市场消息和资金流动等。这些因素会导致市场出现非理性的波动，从而使期货合约的价格与其真实价值出现偏离。高空低多策略正是基于这种非理性行为，通过对价格的偏离进行判断，以增加盈利的机会。

三是长期趋势的存在

尽管短期市场可能受到噪声和非理性波动的影响，但从长期来看，期货市场往往能够展现出一定的趋势。这意味着价格在一段时间内可能会呈现相对稳定的上涨或下跌趋势。高空低多策略通过抓住长期趋势，并在价格高位出售、低位买入，可以有效地利用市场的趋势特征实现盈利。

4. 交易市场中的大数定律之四

均线能很好地指引趋势。尽管均线有滞后性，但就其发挥的作用而言，延续性＞滞后性。所有的技术指标都会滞后。关键在于如何抵消指标滞后性带来的负面影响。均线是重要的趋势指标，有着无可比拟的优势，且可以与确定性联系起来；由于长期均线走好走坏，都不是一朝一夕之力，所以，长期均线走好的确定性要比短期均线的威力大，确定性要高。

5. 交易市场中的大数定律之五

基于客观而非主观判断的图表或指标更具有实战性。主观判断的图表或指标包括：K 线形态、趋势线、波浪理论、黄金分割线等。行情走势中的大概率是怎么出现的？它不是我们主观预测出现的，而是经过博弈之后形成的。只不过，根据博弈规则恰好被我们火眼金睛发现了而已。它是多空之间到底以何种方式在市场走势中展开博弈，体现博弈结果（多空在一定时间和空间内的胜负表现）的市场走势又是什么样的。

市场之间的博弈及其规律是客观的，人对这种规律的研判、把握是主观的。交易者对博弈及其规则的总结、解释，就是技术分析的全部内容。毕竟技术分析生来带有交易者的主观性或是交易者所有主观看法的反映，这也是为什么每个交易者的技术分析方法不会完全相同。区分技术分析方法好坏的最大标准是技术分析的工具、逻辑是否尽可能地符合客观规律。越是依赖于客观工具，越是基于合理的逻辑，技术分析越能最大限度地反映市场的博弈规律。

归根结底，技术分析是为了反映客观的博弈规则。博弈、规律既是客观存在的，也是动态的。所以，技术分析也应该是为了反映博弈规律，更应该是动态的。请注意，我这里用的是“反映”。也就意味着技术分析方法是市场博弈及其规则、规律的总结。

技术分析不应该是为了预测市场，毕竟本身市场整体上具有不可预测性，而是根据技术分析方法，展现市场当下运行的博弈表现。我认为，将技术分析当成预测工具，是从根本上形成了看待市场、应对市场的错误思路。

我认为：利用技术分析方法，反映市场当下状况的博弈表现，是技术分析的全部内容。

6. 交易市场中的大数定律之六

所有行情走势是随机走势和非随机走势的总和。随机走势中的不随机部分，被称为不确定性中的确定性。所有的交易系统都是围绕确定性做文章。

1.2　交易中的数学——盈亏比

在交易中，盈亏比是一个用来衡量盈利和亏损之间的比例指标，它是指所有盈利交易的盈利平均值除以所有亏损交易的亏损平均值所得到的比值，可以帮助交易者评估投资回报与风险的关系，也叫风险回报比或赔率。盈亏比的计算公式如下［该平均值既可以是盈利或亏损金额，也可以是盈利或亏损的百分比（盈利或亏损金额 ÷ 本金）］：

盈亏比 = 平均盈利 ÷ 平均亏损或盈亏比 = 盈利率 ÷ 亏损率

其中：平均盈利 = 总盈利金额 ÷ 盈利次数，平均亏损 = 总亏损金额 ÷ 亏损次数，盈利率 = 盈利金额 ÷ 本金，亏损率 = 亏损金额 ÷ 本金。

举例，如果一个交易者在一段时间内进行了 10 笔交易，其中有 6 笔盈利，总盈利为 6 000 元，平均盈利金额为 6 000÷6=1 000 元；有 4 笔亏损，总亏损为 2 000 元，平均亏损金额为 2 000÷4=500 元。那么，盈亏比可以计算为：1 000÷500=2。意味着每 1 元的亏损相对于每 2 元的盈利，盈亏比为 2。

盈亏比的数值越大，表示盈利交易相对于亏损交易的比例越高，风险收益比越有利。比如盈亏比为 3，表示盈利交易是亏损交易的 3 倍。相反，盈亏比小于 1 表示亏损交易多于盈利交易，风险收益比不利。

需要注意的是，盈亏比只是一个指标，没有绝对的标准。每个交易者的盈亏比可能会有所不同，取决于他们的交易策略、风险容忍度和市场条件。交易者可以根据自己的交易计划和目标，以及对风险和回报的偏好，评估和选择适合自己的盈亏比目标。

1.3 交易中的数学——胜率

在交易中，胜率是指在一定时间内或一系列交易中，成功的交易数量与总交易数量之间的比例。它是一个衡量交易策略的成功率指标，用于评估交易者的交易决策的准确性和盈利能力。计算公式如下：

胜率 =（盈利交易数量 ÷ 总交易数量）×100%

举例，如果一个交易者在一段时间内进行了 20 笔交易，其中有 14 笔盈利，6 笔亏损，那么胜率为:（14÷20）×100%=70%。意味着交易者的交易策略在这段时间内有 70% 的成功率，通常情况下，高胜率越接近 100%，表示交易策略的成功率越高；相应地，低胜率接近 0，表示成功率较低。

然而，胜率并不是唯一衡量交易者绩效的指标，还需要综合考虑其他因素，如盈亏比、风险管理、资金管理等。一个高胜率的交易策略可能因为盈利金额较小而导致整体收益不高，而一个低胜率的交易策略可能因为盈利金额较大而获得较高的整体收益。

因此，在使用胜率评估交易策略时，交易者应该结合其他指标进行综合评估，以寻找适合自己的交易策略。并且交易者还需要考虑与胜率相配套的风险管理措施，以确保交易的风险可控。

通过公式可以更好地理解胜率和盈亏比之间的关系，具体如下：

WR=1÷（P÷L+1）

其中，P=Profit 盈利，L=Lost 亏损。

WR-胜率 %（WIN RATE 即获胜的比率）

通过公式，我们可以计算不同盈亏比（P÷L）下，如果要实现盈亏平衡所需要的胜率。比如，假定我们设定的交易盈亏比（P÷L）为 3，将盈亏比（P÷L）=3 代入以上公式，得到在盈亏比（P÷L）为 3 时，实现盈亏平衡所需的胜率。

WR=1÷（P÷L+1）=1÷（3+1）=25%，也就意味着，如果我们设定盈亏比为 3，交易 10 次，只需要 2.5 次（即盈利次数达到 2.5 次），以实现盈亏平衡，保证账户不亏损。

根据上述公式，列举在不同的盈亏比下，要实现盈亏平衡点需要达到的胜率，见表 1-1。

表 1-1　胜率与盈亏在达到盈亏平衡点时的对应关系

序　　号	胜　　率	盈 亏 比	说　　明
1	10%	9 ∶ 1	
2	20%	4 ∶ 1	
3	25%	3 ∶ 1	盈亏比 >1
4	30%	2.3 ∶ 1	
5	40%	1.5 ∶ 1	
6	50%	1 ∶ 1	盈亏比 =1
7	60%	1 ∶ 0.7	
8	70%	1 ∶ 0.4	盈亏比 <1
9	80%	1 ∶ 0.3	
10	90%	1 ∶ 0.1	

从表 1-1 可知，以胜率 50% 为分界线，当胜率小于 50% 时所需要的盈亏比大于 1；胜率为 50% 以上时，所需要的盈亏比小于 1。由此引申出胜率和盈亏比在一套交易系统的组合方式如下：

一是低胜率（低于 50%）+ 高盈亏比（高于 1）

这种组合对胜率要求低，但对于出场要求极为严苛，理论上没有达到预期中的盈亏比是不能出场的，否则极易在长期交易中亏损。同时，低胜率意味着有可能连续出现亏损，这对于持仓者的心理会带来极大挑战，从人的角度而言，在连续出现亏损时，一般人很难在心理上不出现巨大的波动，此时的后果包括：暂停交易；对交易系统产生怀疑；对交易系统进行优化；退出交易。

二是高胜率（高于 50%）+ 低盈亏比（低于 1）

这是一种比较常见的组合方式，它要求技术分析能力较强才能达到较高胜率。

三是高胜率（高于 50%）+ 高盈亏比（高于 1）

这种组合可遇而不可求。

四是低胜率（低于 50%）+ 低盈亏比（50%）

这种组合必然面临长期亏损，无法持续交易。

在交易中我们经常会听到正期望值的交易系统［数学期望值（S）表示多次交易结果的平均值］，那么，它与胜率和盈亏比有什么关系呢？它可以通过对多次交易结果中的胜率、盈亏比数据进行计算来确定。以下是计算交易中的数学期望值的一般公式：

S=（胜率 × 平均盈利率）-［（1-胜率）× 平均损失率］

通过计算交易中的数学期望值，交易者可以了解自己的交易模型长期是否可获利。如果数学期望值为正，意味着交易者的交易模型有盈利潜力。需要注意的是，这只是理论上的期望值，实际交易中仍然可能面临市场波动和风险。

举例，胜率 40%，盈利时每次平均盈利比例为 5%，亏损时每次平均亏损比例为 2.5%，盈亏比为 2。那么，它的数学期望值如下：

S=（40%×5%）-［（1-40%）×2.5%］=0.005=0.5%

期望值为 0.5%，也就意味着：长期多次交易，平均每次交易要盈利本金的 0.5%。交易的次数越多，所产生的复利效果越可观。只要尽可能地多做符合大数定律的交易，那么单个交易机会长期下来所产生的交易结果一定是盈利的。

在实际应用中，交易者可以根据自己的交易数据和策略参数，计算数学期望值来评估自己的交易模型的效果，并结合其他指标和风险管理原则来作出决策。

最后谈一谈方向与胜率。一般情况下，交易方式分为两大类：左侧交易和右侧交易。左侧交易，意味着在价格接近或即将到达所谓的最低点或最高点时，逆势入市，而不是等待价格确认反转后再进场。这种交易方法可以捕捉到价格反转的时机，但同时也带来一定的风险。

左侧交易的优点是盈亏比可能很高。然而，它也面临一定的风险。由于在价格确认反转之前进场，有可能导致做多后价格仍然下跌，或者做空后价格仍然上涨，可能导致交易者作出错误判断，从而产生损失。在左侧交易中，风险和收益是正相关的，更高的风险意味着更大的潜在收益。因此对技术的要求极高。左侧交易的问题在于操作难度极大，胜率很低。没有人能经常在最低点或最高点入场。

右侧交易是顺势而为的理念体现。在趋势明显以后才入场，因而要慢一拍，在成本上，它们不是在最低点的底部进仓，而是在上涨形成以后追涨，所以入场成本会高一些。右侧交易的好处是操作难度小，胜率较高。个人认为以右侧交易为指导思想，才是大道至简。

1.4 交易中的数学——频率

在交易中，频率是指交易者在一定时间段内进行交易的次数。它是衡量交易者活跃度和交易频繁程度的指标之一。交易频率可以因交易者的个人风格、市场条件和交易策略而有所不同。交易频率的理解如下：

- 高频交易：交易者进行频繁地交易操作，以追求小幅价格的波动获利。高频交易通常使用算法或自动交易系统来实现快速的交易执行。它受到技术要求和市场流动性的限制。另外，也有一种高频交易是人工操作，即炒单。
- 中频交易：交易者以中等频率进行交易，根据市场走势和预期进行交易决策。它可能涉及较长的持仓期，目标是捕捉主要的市场趋势和价值机会。
- 低频交易：交易者进行较少的交易操作，比较注重长期的投资和持仓。低频交易者更多地关注基本面因素和长期趋势，交易决策相对较为缓慢且谨慎。

交易频率与交易者的偏好、交易风格和策略密切相关。高频交易适合具备快速决策、高度专注和有先进技术基础的交易者。中频交易适合寻找短期和中期机会的交易者。低频交易适合更注重基本面和长期走势的投资者。

不同的交易频率有各自的优势和挑战。高频交易者可能获得较高的交易活动和潜在利润，但要面对更多的交易成本和市场波动的风险。低频交易者在决策上更为谨慎，但可能错过短期的交易机会。

不过，交易者应根据自己的个人情况、交易目标和风险承受能力，选择适合自己的交易频率。无论选择何种频率，重要的是保持纪律，遵循有效的风险管理和资金管理原则，并不断评估和优化自己的交易策略。

同时，胜率、盈亏比和交易频率构成了交易三角，它们之间相互影响，缺一不可。这三个要素综合决定了一套交易系统的数学期望值，因此不能片面追求其中的某一项。试图提高其中一个要素，往往会在另外两个要素上作出牺牲，这就是所谓的不可能三角。一个同时具备高胜率、高盈亏比和高交易频率的交易系统并不存在，通常情况下，盈利的交易系统会突出或侧重其中一到两个要素，意味着交易系统可能拥有较低的胜率却有较高的盈亏比，或者具有较高的胜率但盈亏比较低。另外，高交易频率通常与较低的盈亏比相关，而低交易频率则可能与较高的盈亏比相关。

选择适合自己的交易系统应根据个人的交易风格和偏好来决定，一些交易者可能更注重高胜率和高交易频率，甚至可以接受较低的盈亏比。而其他交易者可能更看重盈亏比，对低胜率和低交易频率更有耐心。每个交易者都应根据自己的情况和目标来平衡这些要素。

重要的是，建立一套盈利的交易系统需要大量的实践和测试。通过实践和记录交易结果，交易者可以逐步了解自己的偏好和适应的交易方式，进而优化交易系统，使其符合自身的交易目标和风险承受能力。

数学期望公式对交易的启示：必须要保持交易的一致性，只有一致性地执行（资金管理原则的执行 + 交易规则的遵守）才能统计胜率、盈亏这些数据，进而对交易系统的期望才会有一个正确的认识。

那么，如何保持交易的一致性？在交易过程中，一致性交易意味着在每次交易中按照统一的标准进行开仓、止损、交易周期、仓位大小和加仓幅度等操作。一致性交易原则重要的是确保交易决策和执行的一致性，避免情绪和临时的市场波动影响交易的规律性。通过统一的标准，交易者能够建立一套明确的交易规则和策略，确保每次交易按照这些规则进行，并遵循既定的交易计划。其中，统一的开仓标准意味着在选择交易时使用相同的分析方法和条件。统一的止损标准是使用固定的止损规则来控制风险，并保护资金。统一的交易周期指交易者在特定的时间框架内进行交易。比如，日内交易或长期投资，统一的仓位大小指每次交易时分配给该交易的固定资金比例，统一的加仓幅度表示在什么条件下和以什么样的比例进行加仓。

通过遵循一致性交易原则，交易者能够建立起一套稳定、可靠的交易系统。这种系统不会受到情绪和瞬时市场波动的干扰，而是基于一系列明确的规则和策略进行决策。具体内容如下：

一是行情分析方法的一致性。投资者每次分析行情的方法要统一，或者不因行情的变化而改变分析方法，因为分析方法的不一致会诱导投资者无法将盈利模式稳定在一定的概率水平上，最终导致不稳定的盈亏出现。

二是交易周期的一致性。多周期的交易系统适用于不同风格的交易员，但是如果不固定交易周期，在不停地切换时间周期中会发现到处都有交易机会，导致交易像无头苍蝇，失去秩序感。当然，没有人能够做到把所有时间周期的交易机会全部都抓住。

三是入场、出场标准的一致性。相对确定的入场和出场标准，能够提升投资者对交易的掌握感，也是对胜率的一种保障，出场包括止损的设定。当然，止损的设置标准同样要保持一致，经常变动的止损标准将会使交易的亏损处于失控之中。它也是仓位一致性的体现，仓位不会忽大忽小，避免冲动交易才可能带来稳定的盈利。

交易一致性的形成是建立自己分析体系和交易体系的过程。通过逐渐简化方法和建立基本的分析模型，交易者可以找到与自己性格相匹配的交易体系，从而形成自己独有的交易观。不过，一致性的形成需要投资者对市场的认知和经验进行整合，并逐渐剔除无效或不适合个人的交易方法。通过不断实践和总结，才能建立起一套针对特定市场条件和自身特点的交易体系，从而在特定的行情范围内发挥优势。当交易者具备了这种一致性，并能够在自己的行情范围内发力时，使交易进入一个正向循环，这意味着交易者能够更清晰地把握市场的概率和趋势，并能够更有目的性地规避风险和寻找机会。另外，通过持续学习、自我反思和不断优化交易体系，交易者能够提高交易的概率优势，并在长期中取得更为稳定的交易结果。

本章小结

（1）“理念先行，知行合一。”它是交易员从新手走向高手的必经之路，用理念来指导实践，用实践验证理念，形成一个完整闭环，对市场的认知、对交易的认知才能形成正向循环，交易水平的提高指日可待。

（2）交易的本质是概率，所有的交易理念和交易操作均应遵从大概率，即大数定律的原则，才能通过持续的交易过程获得长久的概率优势。大概率主要包括：趋势大概率会延续、趋势的进展绝大多数是波浪式推进、高空低多的交易策略、均线能很好地指引趋势、基于客观而非主观判断的图表或指标更具有实战性、所有行情走势是随机走势和非随机走势的总和。

（3）交易中的数学：盈亏比。它是一个用来衡量盈利和亏损之间的比例指标，也是指所有盈利交易的盈利平均值除以所有亏损交易的亏损平均值所得到的比值。它可以帮助交易者评估投资回报与风险的关系，理论上盈亏比越大越好。

（4）交易中的数学：胜率。它是指在一定时间内或一系列交易中成功的交易数量与总交易数量之间的比例，是一个衡量交易策略成功率的指标，用于评估交易者的交易决策的准确性和盈利能力。

胜率与盈亏比相结合有几种组合方式，需要交易员对自己交易系统的胜率和盈亏比有足够了解才能更好地应用交易系统。如果一定要比较盈亏比和胜率哪个更重要，答案是盈亏比。高盈亏比低胜率交易系统长期仍然有可能取得成功。

（5）交易中的数学：频率。在交易中，它是指交易者在一定时间周期内进行交易的次数，与交易系统和个人交易风格息息相关。

由盈亏比、胜率及频率引申出数学期望，只有一套具有正期望的交易系统长期交易才有可能盈利。同时，从数学期望的公式可以得出保持交易一致性的重要性，包括行情分析方法的一致性、交易周期的一致性和入场、出场标准的一致性。

第2章

趋势识别

趋势（方向）被普遍认为是交易中最为重要的概念之一，因为趋势是市场中最为常见和有价值的运动方向之一。通过准确地识别和跟随趋势，交易者有机会捕捉到较大的利润，并有效降低交易的风险。趋势识别的重要性体现在如下方面：

- 参与大趋势：大趋势可以持续较长时间，涵盖多个交易周期，因此捕捉到大趋势可以让交易者从中获利。大趋势中的价格波动通常比较大，有利可图。无论周期多小，只有顺应趋势的交易才能够获利。
- 避免逆势交易：它是很多交易者遇到的陷阱之一。如果没有准确地识别趋势，交易者可能会进入逆势交易，导致频繁止损和亏损。因此，识别趋势可以帮助交易者避免这样的情况发生。
- 确定入场和出场时机：趋势识别可以帮助交易者确定最佳的入场和出场时机。当市场处于趋势中时，交易者更有可能在获利时退出，并在趋势延续时重新加入。这有助于提高交易的胜率和增加利润。

趋势识别即捕捉行情中相对确定的部分，符合大数定律的行情，占有概率优势且方法繁多，经过实践的检验，从趋势的稳定性和延续性出发，本书认为，以道氏理论作为趋势识别技术分析的基石，辅以移动平均线（moving average，MA）判断，能够很好地帮助交易员发现和捕捉趋势。

2.1 技术分析的鼻祖——道氏理论

道氏理论是所有市场技术分析和研究的鼻祖，它的精髓和核心包括五个定理和三个假设。投资者了解并消化了这些知识点，可以为趋势分析提供很大帮助。

1. 五个定理

定理一，市场有三种走势：主要趋势、次级折返趋势和短期波动。其中，主要趋势最重要，也被称作多头或空头市场。持续时间可能长达数年。次级折返趋势则是主要趋势中的重要下跌或反弹走势，持续时间一般是三个星期至数个月。短期波动则不是很重要。道氏理论能够将复杂的市场运行趋势分类，对于辨别行情性质和采取不同的应对策略非常重要。

定理二，市场存在主要趋势，是市场整体长期的基本趋势，也被称为多空头市场，可以持续一年乃至数年之久。判断主要趋势的方向是成功进行金融交易行为的重要因素。然而，目前还没有已知的方法可以预测主要趋势的持续期限。道氏理论非常重视市场的主要趋势，它认为成功进行金融交易的关键在于是否能够判断出主要趋势的方向。因此，准确判断市场的主要趋势是金融交易行为成功与否的关键所在。

定理三，主要的空头市场是整体长期向下的趋势，其中夹杂着次级反弹。这种市场源自各种不利的经济因素，只有当股票价格充分反映可能出现的最糟情况时，这种趋势才会结束。其中，主要的空头市场有三个阶段：第一阶段是市场参与者开始认识到股票过度虚高的价格难以长久保持；第二阶段是与股票抛售相对应的是经济状况与企业盈余的衰退；第三阶段是质地优良的股票遭到无情抛售，无论价值如何，许多人急于出手变卖，至少抛售一部分的股票。此时，主要的空头市场通常被称为熊市行情。

定理四，主要的多头市场是整体长期向上的趋势，其间夹杂着次级回落。主要的多头市场是由于经济情况好转，金融交易的需求增加并因此推高股票价格。主要的多头市场有三个阶段，具体如下：

第一阶段，人们对于未来的景气度逐步恢复信心。

第二阶段，股票开始反映经济状况与企业盈余的改善。

第三阶段，交投氛围高涨，股价虚高，大多数人认为主要的多头市场仍将继续上涨，即通常所说的牛市行情。

定理五，次级折返走势在主要的多头市场中是重要的回落走势，在主要的空头市场中是重要的反弹走势，持续的时间通常在三个星期至数月。同时，次级折返走势的幅度为前一次级折返走势结束之后主要趋势幅度的 33%~66%，常被误认为是主要趋势的改变。比如，反弹会被认为是多头市场的初期走势，但事实上，可能仅是空头市场的次级折返走势，相反的情况则会发生在多头市场的顶部出现后，相反，参与者认为仅是次级折返走势，实际上却是空头市场的初期走势（次级折返走势是牛市行情中的回落走势和熊市行情中的反弹走势）。

2. 三个假设

假设一，指数或股票每天、每星期的波动可能受到人为操纵，次级走势也可能受到这方面影响，比如常见的调整走势。人为操纵是金融交易市场中难以回避的现象，尤其对于短期价格运行趋势而言更是如此。市场的长期运行趋势却很少受到这种影响。

假设二，每一位对于金融交易有所了解的市场人士，他所有的希望、失望与知识，都会反映在道琼斯指数或其他指数每天的收盘价波动中，因此市场指数永远会适当地预期未来事件的影响。如果发生火灾、地震、战争等灾难，市场指数也会迅速地加以评估。当个人见解符合或者违背市场对于事件的反映时，必然带来盈利或者亏损的后果。

假设三，道氏理论并非完全不会出错的理论，利用它协助投机或投资行为，需要深入研究并客观地综合判断，绝不可以用希望去思考和判断，更贴合市场走势。

综上，道氏理论带来的启发如下：

一是对行情进行分类是辨清各种各样走势乃至建立完善交易系统非常重要的指导思想。行情千变万化，随机走势和非随机走势互相掺杂，不存在一种交易方法，能够掌握全部的行情，否则全世界的财富将是这个方法的拥有者。无论什么样的交易方法，均是“弱水三千，只取一瓢”，即只从市场中抓取符合自己交易系统的利润；

二是以客观而非主观，摒弃以主观想法进行交易，即应客观地看待市场及所有的分析结论。所使用的交易方法或分析方法都是基于客观存在的基础上，并且这些客观的现象会不断地重复。

三是趋势的自相似性。在不同的时间周期下，趋势都可以划分为短期趋势、中期趋势和长期趋势。当下的每一根K线（价格走势）都是短期趋势、中期趋势和长期趋势博弈之后的结果。这也为利用多周期的视角去解读走势奠定了基础。

四是道氏理论定义了趋势，但只是定义了简单的上涨趋势和下降趋势。对于短期、中期和长期趋势并没有明确的定义，以及趋势当中的回调如何结束并没有做进一步的阐述使投资者在应用道氏理论时出现各种各样的问题，甚至误入歧途，甚至会觉得道氏理论是“正确的废话”而难以应用到实践中。这也是本书试图详细说明的地方。

五是成交量作为技术指标的一种，在对趋势的研判上只能起到辅助作用，而非关键因素。

那么，到底使用什么样的技术指标能将道氏理论发扬光大？我觉得是移动平均线或均线。因此，我发现一个很简单但最终也能盈利的方法——找到趋势运行的中间部分，从中获取收益。在我看来，均线可以称得上是指标之王。无论你选择哪一段时间周期进行交易或者分析价格走势，你都要选择最小阻力通道的方向（顺势的方向），而移动平均线所指向的方向能够使你迅速确定那个方向。均线所呈现出来的稳定性和高概率性，是其他指标所不能相提并论的。相比其他指标，均线有以下特点：

一是没有区间要求，不像KDJ、RSI等指标要求在一定区间范围内波动，也就不存在低位或高位钝化的说法。

二是客观性，均线能客观地反映行情的走势，不存在主观的因素。比如MACD、RSI、KDJ指标都会存在背离，尽管存在，但是背离是否意味着行情的反转是人为判断，会存在背了又背的极端情况。

三是稳定性和滞后性。从均线计算方法可以看出，均线的波动不是一个时间单位的波动，而是几个、十几个、几十个时间单位波动的平均值，想要一下子改变均线的方向，不是一两个时间单位的波动能做到的，这就是均线的稳定性。它的另一面是滞后性，短时间发生剧烈涨跌时，均线的反应往往是滞后的，转向速度落后于交易趋势，时间周期越长，反应越滞后，这是均线的缺点。稳定性的另外一层含义是方向上的稳定性，均线可以确定现有趋势，指示未来趋势的方向，一旦均线的方向确立，价格会沿着这一趋势持续运行，直到反向行情有足够的力度将其反向方向改变为止。均线方向朝下，表示下行趋势；均线方向朝上，表示上行趋势。均线水平方向代表了震荡或无趋势状态。没有一个指标是十全十美的。关键是从什么样的角度去克服均线的滞后性，而将其确定性和稳定性为我所用。趋势具有持续性和稀缺性。当然，趋势只有持续的时候才能称为趋势，当市场处于趋势时给交易者一种确定性，由于趋势是稀缺的，所以确定性在市场中也是稀缺的。趋势会发生改变，但是确定性的东西会一直存在，这就是趋势的持续性。而均线很好地揭示了趋势的确定性和稀缺性，让“顺势而为”操作成为可能。

均线对趋势的确定性和稳定性，如图 2-1 所示。它是交易中常见的走势，60 日均线从下降转为上升。严格来说，转折点只有一个，即 3371 的位置。一旦确认长期趋势形成，在形成的趋势中会有很多个可以入场的点，换言之，长期趋势形成之后具有惯性，而这个惯性又可以理解为稳定性，也就意味着行情不会轻易发生转变。因此在一段长期趋势中，如果出现了回调，在回调结束时入场，预期（这个预期是基于趋势不会轻易转变的合理逻辑）行情会沿着原来的趋势运行。

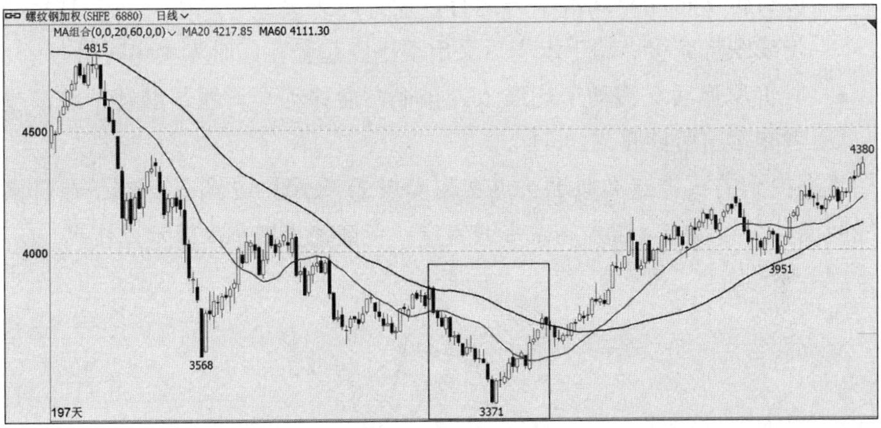

图 2-1　均线对于趋势的确定性和稳定性

四是价格有向突破方向延续一段时间的惯性。均线也是天然的支撑线和压力线。在上升趋势中，价格向下回调至均线附近有止跌反弹的动力，这是均线的支撑作用。在下跌趋势中，价格向上回调至均线附近有受阻回落的压力，这是均线的压力作用。

五是均线揭示了买卖法则，具体如下。

买入法则：

- 移动平均线从下降逐渐走平且略向上方抬头，而股价从移动平均线下方向上方突破，为买进信号。

- 股价位于移动平均线之上运行，回档时未跌破移动平均线后再度上升时为买进时机。
- 股价位于移动平均线之上运行，回档时跌破移动平均线，但短期移动平均线继续呈上升趋势，此时为买进时机。
- 股价位于移动平均线以下运行，突然大幅下跌，距离移动平均线太远，极有可能向移动平均线靠近（物极必反，下跌反弹），此时为买进时机。

卖出法则：

- 股价位于移动平均线之上运行，连续数日大涨，离移动平均线越来越远，说明近期内购买股票者获利丰厚，随时都会产生获利回吐的卖压，投资者应暂时卖出持股。
- 移动平均线从上升逐渐走平，而股价从移动平均线上方向下跌破移动平均线时说明卖压渐重，投资者应卖出所持股票。
- 股价位于移动平均线下方运行，反弹时未突破移动平均线，且移动平均线跌势减缓，趋于水平后又出现下跌趋势，此时为卖出时机。
- 股价反弹后在移动平均线上方徘徊，而移动平均线却继续下跌，投资者宜卖出所持股票。

本书提到的买卖点类似于买点 2 和卖点 2，如图 2-2 所示，都是在价格向均线回调且在回调结束后入场做多或做空，保证了止损小，盈亏比较高。

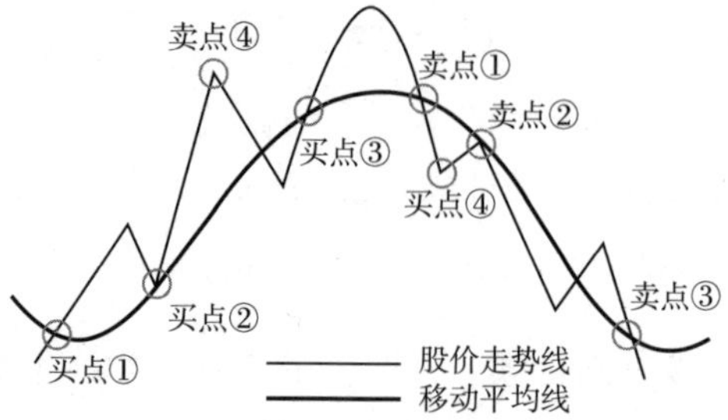

图 2-2　均线与买卖点

另外，均线又可以分为：简单移动均线（simple moving average，SMA）和指数平滑移动平均线（exponential moving average，EMA），通常以收盘价作为计算依据。MACD 实质也是均线指标中的一种（详见 MACD 的计算公式，在此不再赘述）。其他延伸的指标如布林线（BOLL）、顾比均线，其本质均是基于均线。

2.2　短期趋势

本节所讲的趋势均是在单个周期下的定义，特此说明。

K 线走势的 N 形（或 N 字结构）可以视作走势的最小结构，也可以当作短期趋势的方向。可分为：标准上升 N 形和标准下降 N 形。

- 标准上升 N 形［如图 2-3（左）所示］：走势上升到 A 后向下到 B，在 B 处收了一根阳线（即在 B 处获得支撑），B 的最低值不低于上升 N 形的起点，B 之后的 K 线的高点打破 B 处 K 线的最高点且收阳线，即视为上升 N 形成立。注意，不需要 C 突破 A。
- 标准下降 N 形［如图 2-3（右）所示］：走势下跌到 A 后向上到 B，在 B 处收一根阴线（即在 B 处遇到阻力），B 的最高值不低于下降 N 形的起点，B 之后的 K 线的低点跌破 B 处 K 线的最低点且收阴线，即视为下降 N 形成立。注意，不需要 C 向下突破 A。

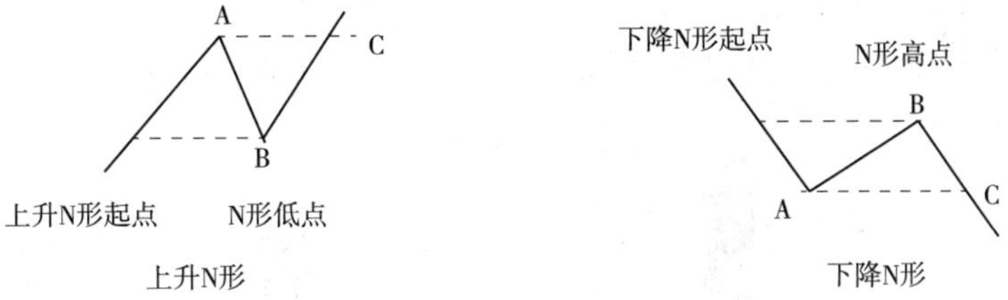

图 2-3　走势的最小结构——N 形

需要注意以下几点：

一是无论是上升 N 形还是下降 N 形，A 到 B 可以是连续相同方向的 K 线，也可以是由小 N 形组成的走势。

二是上升 N 形中的 B 可以是阴线，随后 B 之后的 K 线的高点向上突破过 B 的最高点也算 N 形成立。相反，下降 N 形中的 B 点可以是阳线，随后 B 之后的 K 线的高点向上突破过 B 的最高点也算 N 形成立。N 形结构在任意品种的任何周期中随处可见。

有些读者会产生疑问：连续的阳线或阴线（有可能实体部分还挺大）视作什么？在本书中，连续的阳线或阴线不认为是短期趋势，因此不做过多研究。如图 2-4 所示，行情只画出了结构比较大的 N 形，我们可以看到，每一个大 N 形的每一笔通常都是由小 N 形构成。

在实战过程中我们可以发现，走势是千变万化的，包括 N 形也是千变万化的。有时并不能走出标准的N形，因此一些变体的N形也需要交易者关注。变体N形主要有以下几种：

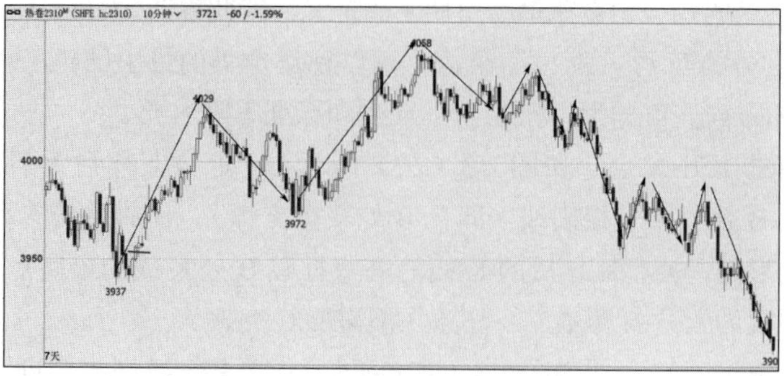

图 2-4　大N形与小N形的构成

2.2.1　吞 没 线

它包括两种形态：看涨吞没和看跌吞没，形态如图2-5所示。

图 2-5　变体N形——吞没线

1. 看涨吞没

看涨吞没形态判断标准有三条：

一是在看涨吞没形态之前，价格运动必须处在清晰可辨的下降趋势之中，哪怕这种趋势只是短期的。

二是看涨吞没形态必须由两条K线组成，其中第二条K线的实体必须覆盖第一条K线的实体（但不一定需要吞没第一条的上下影线）。

三是看涨吞没形态的第二个实体必须与第一个实体的颜色相反（这里不要求是先红后绿，还是先绿后红，只要颜色相反即可）。这一条标准有例外的情况：第一条K线的实体必须非常小，小得几乎构成了一根十字线（或者它就是一根十字线）。如此，在下降趋势中如果遇到一个小小的实体被一个巨大的红色实体吞没，也能构成底部变形 N。

如图 2-6 所示，它是螺纹钢日线图，底部出现了看涨吞没，随后行情出现了一波向上的反弹。

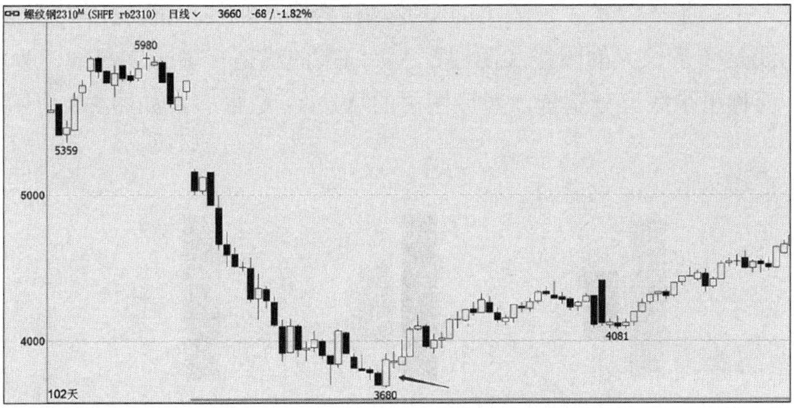

图 2-6　看涨吞没

2. 看跌吞没

看跌吞没形态判断标准有三条：

一是在此形态出现之前，市场必须处在清晰可辨的上升趋势中。

二是此形态必须由两条蜡烛线组成，其中第二根蜡烛线的实体必须覆盖第一根蜡烛线的实体。

三是此形态须由两根蜡烛线组成，第一根为阳烛，第二根为阴烛，颜色相反。

如图 2-7 所示，箭头位置，阴线将上一根阳线的实体全部包围其中，完成了一个向下的变形 N。

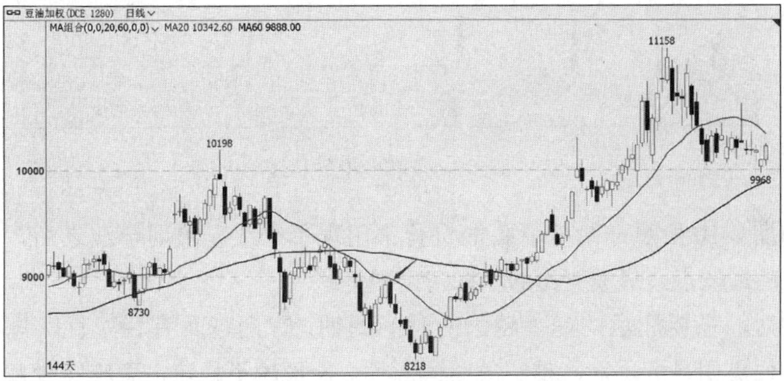

图 2-7　看跌吞没

2.2.2 孕线（且孕线被突破）

孕线一般分为三种形态：一是前一条图线是一条长大的阳线，第二条图线是一条短小的阴线，称为阳孕阴线，简称阴孕线；二是前一条图线是一条长大的阴线，第二条图线是一条短小的阳线，称为阴孕阳线，简称阳孕线；三是前一条图线是一条长大的阳线（阴线），第二条图线是一条十字星线，为十字星孕线，简称星孕线。分别依次对应图中的A、B、C形态，如图2-8所示。

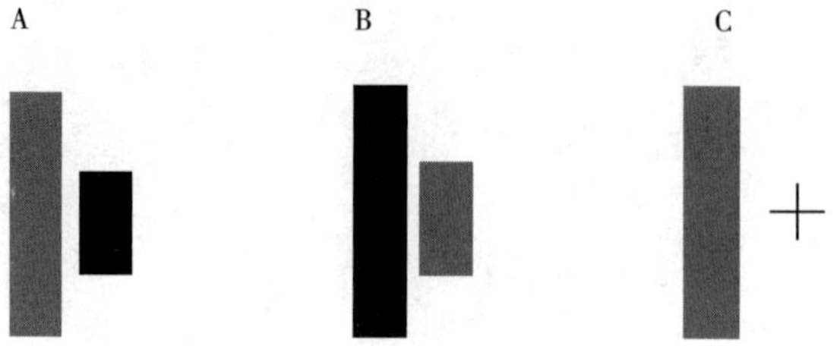

图2-8　变体N形——孕线

如图2-9所示，箭头所指处出现了孕线，且被向上的K线突破，尽管行情出现了猛烈下跌，也说明下跌行情可能趋于缓和，至于反弹到什么程度无从知晓。随后几天又出现看涨吞没K线形态，再次预示短期趋势很有可能向上。

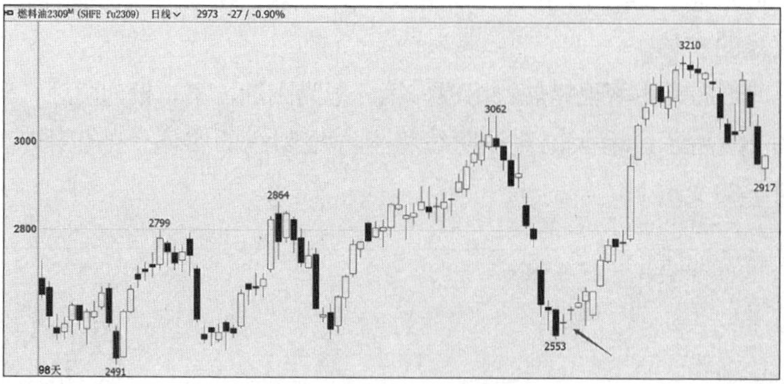

图2-9　反转向上的孕线

如图2-10所示，两处箭头的位置都出现了孕线。出现孕线之后，突破了孕线中的最低点，形成变形N，行情出现下跌。

同时，需要注意的是，越大的时间周期，N形越具有稳定性，短期趋势的指向性更明显。反之，越小的时间周期，N形越不稳定，意味短期趋势越不可靠。

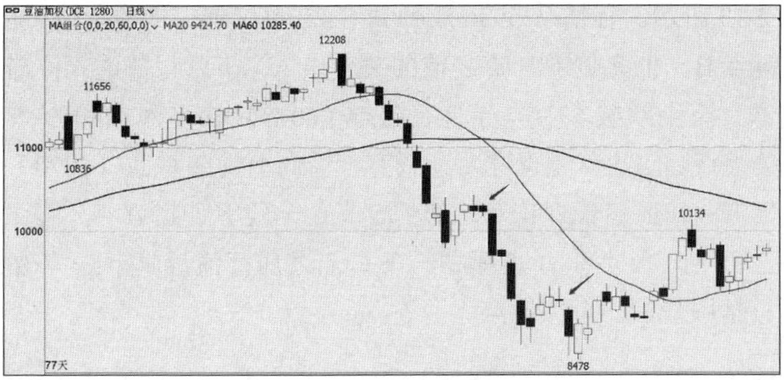

图 2-10　反转向下的孕线

需要特别指出的是，短期 N 形会有被破坏的情况出现。

一是当一段上升行情，相邻两个波峰之间的最低点被突破（哪怕只突破一个价位），都当作上升的行情进入停滞状态，不过，停滞不意味着反转，而是上升走势暂时判断不会延续。当一段下降行情相邻两个波谷之间的最高点被突破（哪怕只突破一个价位），都当作下降行情进入停滞状态。这个被突破的点称为“关键点”。行情的转折不会一蹴而就，在关键点没有被突破以前，通常不视作行情反转。同时，任何趋势的运行方式都不存在一种固定的模式，尽管始终会遵循趋势的基本定义发展，但是打破规则运行也非常常见，即关键点高低点的变化。如图 2-11 所示，A 点和 B 点都是曾经的关键点，在行情到达 5480 的高点之后，C 点（5392）取代 A 点和 B 点成为关键点，即 5480 之前的最后一个关键点为 C 点（5392），只有行情向下突破 5392，才能认为在图中的上升趋势进入停滞状态。按照道氏理论对趋势的定义，一段上升趋势中，回调低点也在不断抬高，C 点比 A 点和 B 点都低，在 C 点之后行情还创出了 5480 的新高，因此 C 点是图中在到达 5480 之前的最后一个关键点。

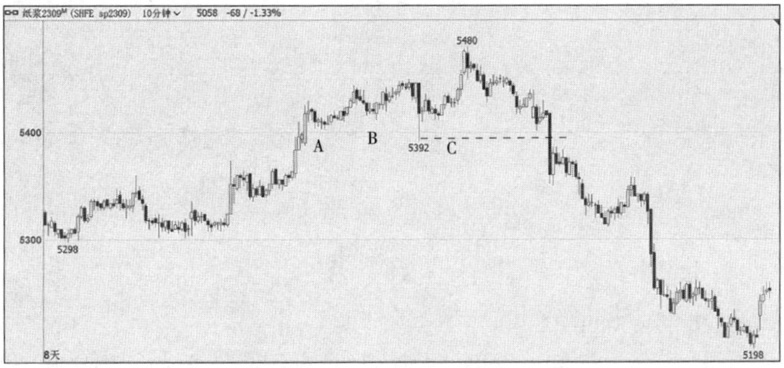

图 2-11　上涨 N 形关键点被突破

如图 2-12 所示，行情从 5936 反弹到 C 点（6070），突破了 5936。前的最后一个关键点 B，也突破了 B 点之前的关键点 A，下跌行情进入停滞，随后行情缓慢下跌，直至跌破 5936，至此，C 点（6070）取代 A 点和 B 点成为图中最后一个关键点。这也就是意味着，只有行情向上突破 C 点（6070）才能认为进入下跌停滞。按照道氏理论对趋势的定义，一段下跌趋势中，回调高点也在不断下降，C 点比 A 点和 B 点都高，在 C 点之后行情反复下跌突破 5936，因此 C 点是行情中最后一个关键点。

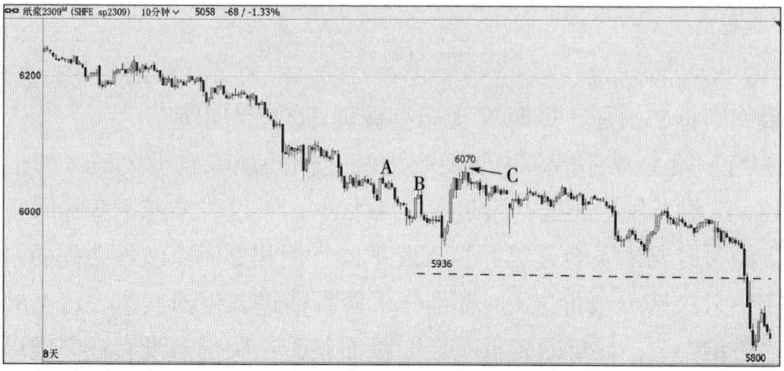

图 2-12　下跌 N 形关键点被突破

二是短期趋势的反转，它包括向上短期趋势的反转和向下短期趋势的反转。前者是指出现下跌的 N 形且打破之前向上 N 形的低点；后者是指出现上涨的 N 形且打破之前向下 N 形的高点。如图 2-13 所示，它是甲醇的一段 15 分钟走势，图中画横线的地方就是之前的短线趋势被打破的地方。

三是短期趋势的延续，是指上升趋势波峰和波谷依次提高且未被下跌 N 形突破，下降趋势波谷和波峰依次降低且未被上涨 N 形突破。

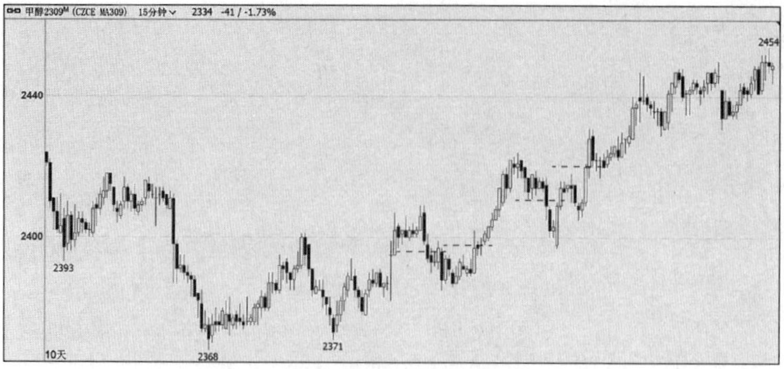

图 2-13　短期趋势的反转

2.3　中期趋势

它是以简单移动平均线（SMA），参数 20（参数可因人而异），作为中期趋势的方向。随便打开任意交易品种的 K 线图表，添加上 20 MA，即可发现 20 MA，尽管不那么灵敏并将所有行情的变化全部囊括其中，但是掐头去尾，将辅助投资者决断 80% 的行情，足够为搭建交易系统添砖加瓦。20 日均线的周期不短也不长，所以能够较真实地反映出价格最为接近的趋势。它既可避免按 10 日均线交易过于频繁、失误过多、交易成本过高的缺点，又可弥补长周期均线过于滞后的不足。下面展开说明中期趋势的几种形态。

一是中期趋势上涨，即 20 MA 处于向上的走势当中，如图 2-14 所示（绿色线是 20 MA）。

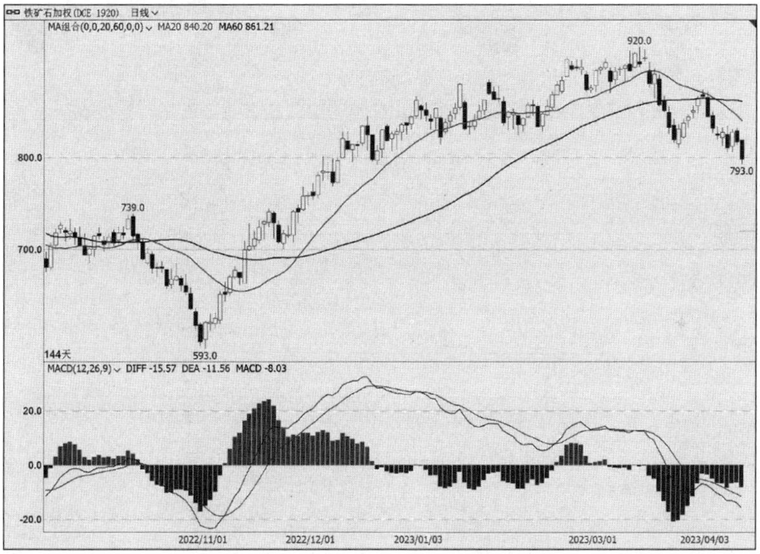

图 2-14　中期趋势（20 MA）上涨

二是中期趋势下跌，即 20 MA 处于向下的趋势当中，如图 2-15 所示。

三是中期趋势处于无方向或震荡状态，即 20 MA 走平或无明显的角度，即图中方框内的走势，如图 2-16 所示。

四是中期趋势的反转，通常而言，反转的顺序为：K 线→ N 形（大 N 形）、MACD → 20 MA 方向发生变化。如图 2-17 所示，在 K 线跌破 20 MA 之前，MACD 已经呈现了上涨力度的减弱，而下跌力度在增强的状态（MACD 变绿不代表不会再上涨），在 20 线之下出现了连续向下的 N 形走势，带动 20 MA

由向上转为水平再转为向下，在这一过程当中，向下突破了关键点。由此可以判断，中期趋势向上的走势大概率终结，从向上转为向下。

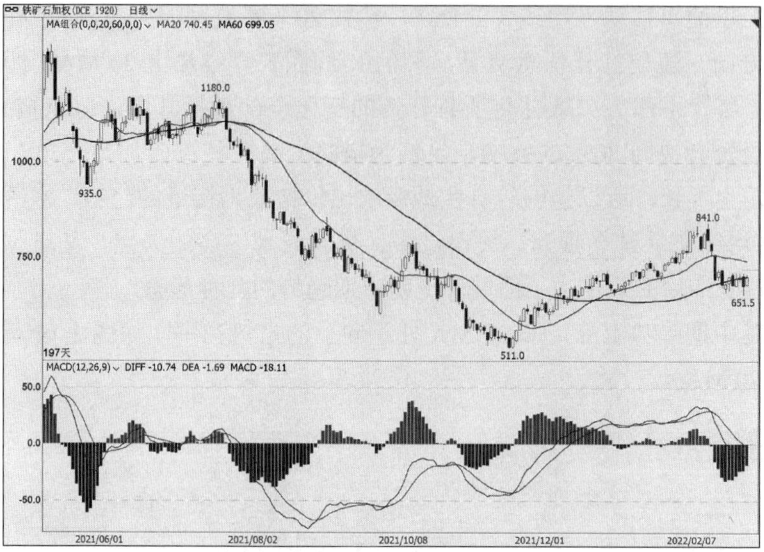

图 2-15　中期趋势（20 MA）下跌

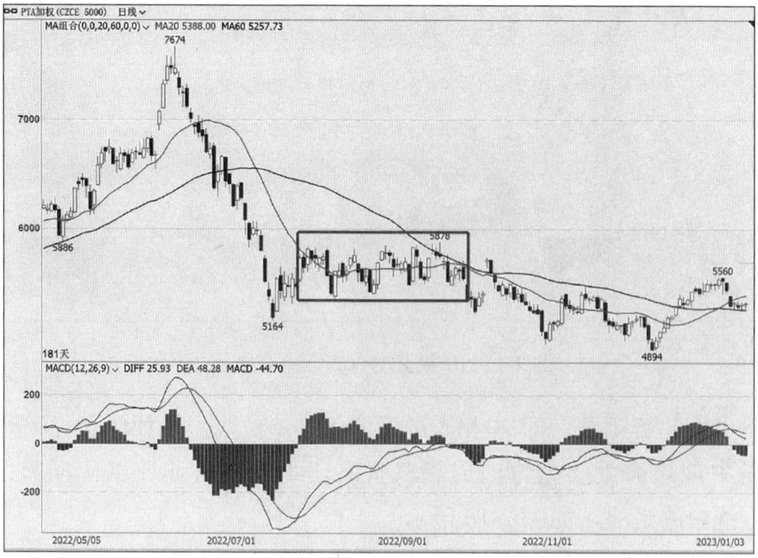

图 2-16　中期趋势（20 MA）震荡或无方向

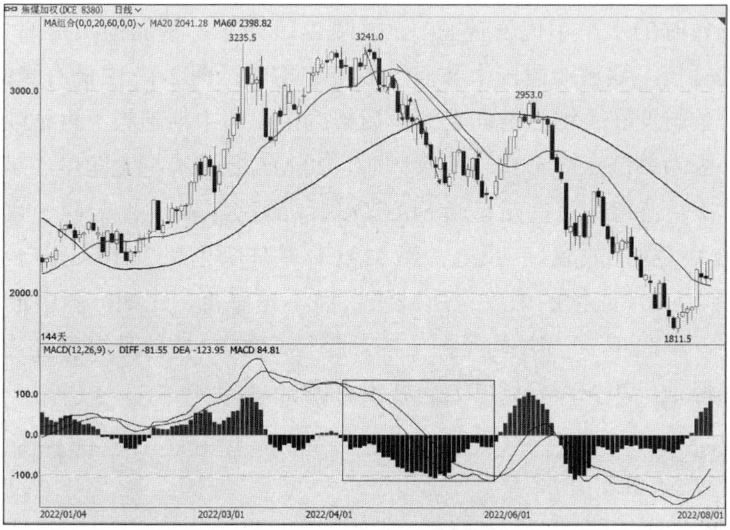

图 2-17　中期趋势向上走势终结

如图 2-18 所示，它是中期趋势由向下转为向上，价格从最低 1 717.5 元处反弹，在 20 MA 处形成阻力后下跌，随后形成 N 形（此时的 MACD 已经由绿转红，即下跌的力度在减弱而上涨的力度在增强），在 20 MA 之上连续的 N 形，尽管 20 MA 还是向下的，至少说明投资者此时做空的风险要大于做多的风险，行情不断通过 N 形向上演进，直至突破关键点。

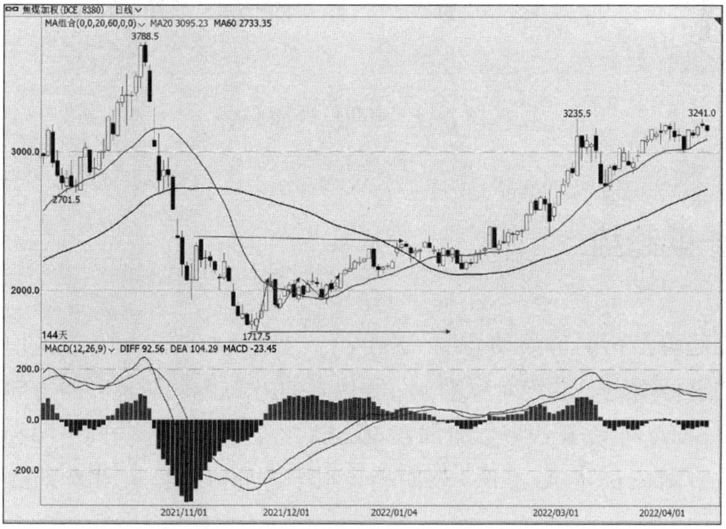

图 2-18　中期趋势向下走势终结

五是中期趋势的延续是指关键点未被反向突破，且中期趋势的方向没有发生转变（暂时的水平不代表转变）。如图 2-19 所示，横向箭头是部分关键点，这一段的行情主要由一段向上和向下的走势构成，图 2-19 中最右侧的箭头处，中期趋势的转变在关键点被向上突破后被确定，即中期趋势不再延续下跌并转为上升，因为关键点被 K 线向上突破时，20 MA 已经有向上角度（尽管向上的角度不大）。值得注意的是：当 MACD 柱体颜色与 20 MA 方向一致时，延续的概率加大（叠加效应），反之，当 MACD 柱体颜色和 20 MA 方向不一致时，只能说明 20 MA 延续的力度有所减缓，而不是停止，比如，图中最左边箭头处的行情，K 线和 20 MA 均是向上的，但是 MACD 柱体是绿色且持续的时间并不短，但是，20 MA 延续的方向并没有停止。

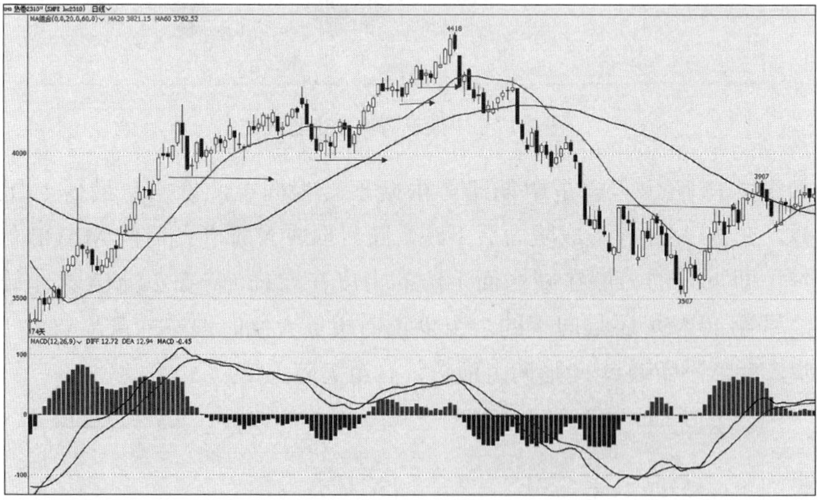

图 2-19　中期趋势的延续

2.4　长期趋势

长期趋势是指简单移动均线（SMA），参数 60（在 ±10 以内均可，可根据自己的喜好而定，非绝对标准），所代表的方向为长期趋势的方向。长期趋势向上即 SMA 向上，K 线多数时间在 60 MA 之上；长期趋势向下即 SMA 向下，K 线多数时间在 60 MA 之下；长期趋势水平方向，根据 K 线和均线的位置分析，有两种可能：

一是行情已经发生转折，由于均线的滞后性，60 MA 还没有发生转折；

二是 K 线在 60 MA 上下震荡并且维持了较长时间，说明长期趋势也处于震荡状态而暂时没有方向。60 MA 通常被称为多空分界线，因为它不像 5 MA、10 MA 甚至 20 MA 受短期、中期走势的影响，也不像 120 MA、200 MA 那样滞后。

1. 长期趋势的开始

新的长期趋势的开始也可以被理解为原长期趋势的终结，下面通过图 2-20 的走势来分析行情长期趋势的开始和终结。

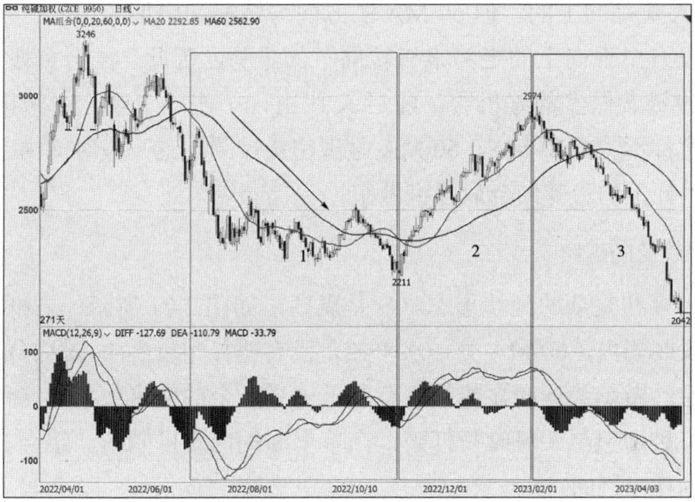

图 2-20　长期趋势的开始和终结

方框 1 内，K 线跌破关键点之后，未创新高，从小的 N 形发展到大的 N 形，随着 MACD 变绿、20 MA 向下，60 MA 从向上转为水平并逐渐转为向下。意味着长期趋势的上涨终结，开启了长期趋势向下的走势。这段下降趋势到中后期发生了变化，K 线出现了向上的 N 形，MACD 也从绿转红，20 MA 下降的角度变缓，K 线多次突破 20 MA 并收于 20 MA 的另一侧，这时的 60 MA 仍然是向下的（均线滞后性），按照 60 MA 的方向做交易仍然正确，但是对单张图而言，操作难度加大了，因为短期方向与中期、长期方向出现了很大的博弈。在 K 线突破 60 MA 之后，60 MA 转为水平（转为水平不能视作长期趋势发生反转），随后 K 线继续向下创出 2211 的低点。

方框 2 内，从 2211 最低点反弹，60 MA 向下，但角度趋于缓和。在离关键点的位置还很远，K 线一路反弹，走出了一波 V 形反转的走势（V 形反转不在本书探讨的范围内），反弹的幅度很大，但是要抓到的难度也很大。在突破关键点之后，60 MA 从水平转为向上，MACD 也早已变红、20 MA 也由跌转升。K 线一直在 20 线之上运行（中间有出现过 MACD 变绿的情况，我们一再强调，MACD 变绿不代表行情不再上涨，而是上涨的力度出现暂时减弱），20 MA 和 60 MA 呈现多头排列，一直运行到最高点 2974。

方框 3 内，在突破关键点时，MACD 已经变绿（变绿后没有出现过变红的情况），K 线走出连续的下降 N 形，带动 20 MA 由向上转水平再转向下，在 60 MA 处受到支撑并反弹，行情在 20 MA 附近受到压制，没有重新站上 20 MA，或是站上后仅维持了一天，第二天又跌破 20 MA。随后跌破 60 MA，此时 60 MA 还是向上的，但 60 MA 的方向与短期和中期的方向已经出现了相悖，并且没有出现向上的走势来扭转向下的走势，因此，结合整段走势分析，此时不是投资者做多的好机会。随后 K 线出现了明显下跌，中间虽有向上反弹，但力度都不大，20 MA、60 MA 呈现空头排列，这一段时间内，投资者最佳做法是等向上的反弹结合后择机做空。

2. 长期趋势的延续

包括震荡和复杂的延续形态。一是震荡，如图 2-21 所示。方框内的趋势，在很长一段时间内，60 MA 处于水平或是没有明显角度之中，这样的行情建议投资者回避，做趋势性明显的行情有利于提高资金的使用效率。这种平衡状态终将会被打破，但至于何时被打破，在单个周期内难以判断，结合多个时间周期能更好地作出判断。

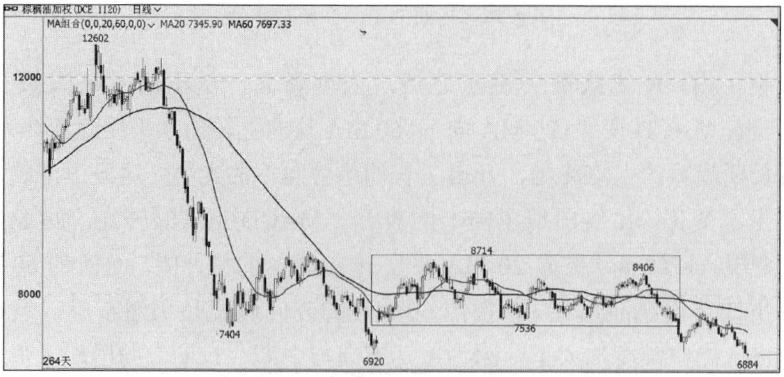

图 2-21　长期趋势的延续

短、中、长期良好的形态延续，如图 2-22 所示。为向上的走势，K 线阳多阴少，且很少跌破上一个回调的低点，K 线很快跌破 20 MA，或在 20 MA

之下维持的时间不久，K 线从未回调至 60 线附近。这种情况下，投资者试图做空无异于“刀口舔血”，面临着巨大的风险。

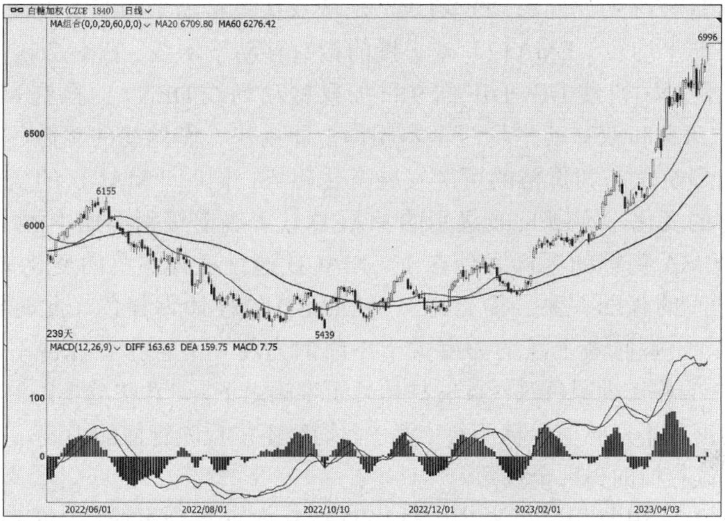

图 2-22　短、中、长期趋势延续

二是复杂的延续形态，如图 2-23 所示。60 MA 一直处于向上状态，但角度变小。出现两处明显的震荡行情（小方框），在 9734 高点之后再未创出新高，同时也在 9734 点之后出现大幅回调，连续向下突破 20 MA 和 60 MA，随后，20 MA 和 60 MA 都是低角度向上运行。总体做单方向且做多，但此时投资者需要密切关注行情变化，它随时有可能转为向下。这种延续状态对于交易者来说操作难度非常大，单靠一个周期来判断走势需要非常高的技术水平。

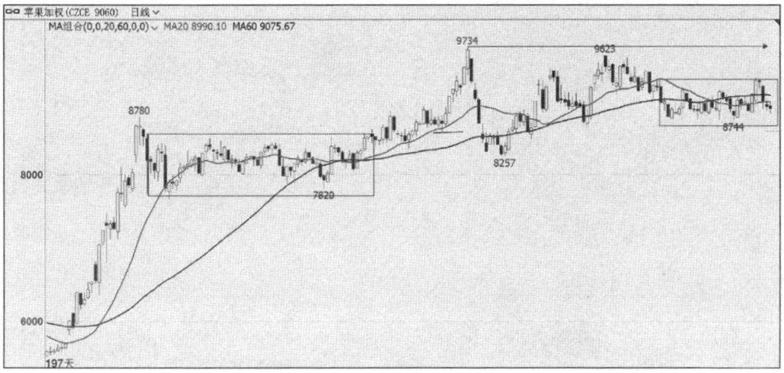

图 2-23　长期趋势复杂的延续形态

2.5 MACD 的概念

MACD 被称为异同移动平均线，是从双指数移动平均线发展而来，由快的指数移动平均线（EMA12）减去慢的指数移动平均线（EMA26）得到快线 DIF，再用 2×（快线 DIF-DIF 的 9 日加权移动均线 DEA），得到 MACD 柱。MACD 的意义和双移动平均线基本相同，即由快、慢均线的离散、聚合，表明当前的多空状态和价格的可能发展变化趋势。同时，MACD 的变化代表着市场趋势的变化，不同 K 线级别的 MACD 代表当前级别周期中的买卖趋势。MACD 跟 MA 指标的不同之处在于，MACD 通过柱体颜色的变化来衡量快、慢均线之间的强弱关系。简言之，当 MACD 的柱体为红色（此时柱体处于零轴之上），意味着上涨的力度大于下跌的力度（不意味着行情不会下跌）；当 MACD 的柱体为绿色时（此时柱体处于零轴之下），意味着下跌的力度大于上涨的力度（不意味着行情不会上涨），均线不能反映行情的力度，而 MACD 提供了解读行情的另一个视角。

从图 2-24 中我们可以看出，MACD 指标由三部分组成：DIF（快线，蓝色）、DEA（慢线，红色）和 MACD（柱子，红色或绿色）。图 2-24 中左边的方框，价格是往上走的，但对应的 MACD 却是绿色，说明上涨的力度减弱，行情可能会回调。右边的方框，价格是往下走的，但是对应的 MACD 却是红色，说明下跌的力度减弱，行情可能会延续下跌走势。另外，从图 2-24 中我们可以看出 MACD 指标是以零轴为中心上下波动。MACD 零轴对应于 60 MA（这个对应不是精确对应而是大致对应），那么，60 MA 是多空分界线，因此 MACD 零轴也可以被称为多空分界线。它附近发生的 MACD 的双线穿越可以作为投资者辅助判断行情走势的一个角度。

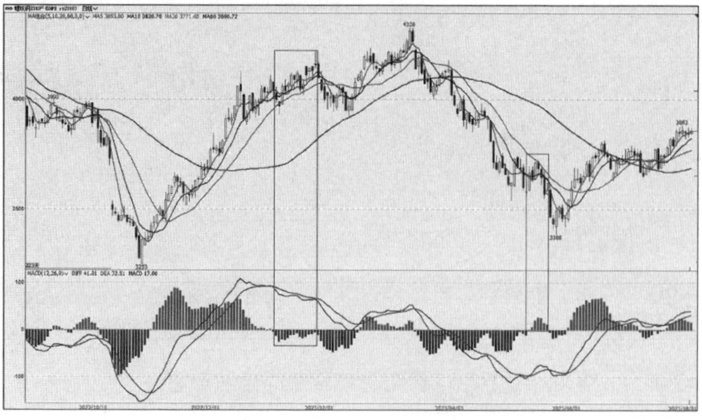

图 2-24　MACD 指标

2.6　K 线的具体含义

前文中讲到的 N 形是最小的结构，而 K 线只是最小单位的技术分析工具。因此有必要对 K 线进行解读。它是柱状的线条，由上下影线和实体两部分组成（有可能没有影线）。如果收盘价高于开盘价，称为阳线；如果收盘价低于开盘价，称为阴线。K 线的含义有以下三个方面：

一是阴阳代表支撑和阻力，也代表着方向。连续下跌的趋势中收了一根阳 K 线（哪怕是小十字星阳 K 线），说明行情在此处获得了支撑；连续上涨的趋势中收了一根阴 K 线（哪怕是小十字星阴 K 线），说明行情在此处遇到了阻力。阳线代表多头，阴线代表空头。在一轮上升趋势中，最明显的特征肯定是阳线的数量要多于阴线的数量，而下降趋势中阴线的数量则多于阳线的数量。

如果投资者要做多，需要等一个向下的回调结束，结束的标志之一是必须先收出一根阳线。并且这根阳线的高点被之后的阳线高点突破。

如果投资者要做空，需要等向上的回调结束，结束的标志之一是必须先收出一根阴线。并且这个阴线的低点被之后的阴线突破。

以上两种情况是标准的情形。实际交易中也会出现收出阳线，阳线突破了前一根阴线的高点；或是收出阴线，这根阴线的低点突破前一根阳线的低点。

补充：

- K 线实体部分大小代表强弱：实体部分的大小代表了做多或做空力量的大小。实体小，则力量较弱；实体大，则力量较强。从小阳线至中阳线，再到大阳线，表明多方力量增强。同样，从小阴线到中阴线，再到大阴线，表明空方力量增强。
- K 线影线长短代表反向力量的强弱：上影线越长说明空方力量大于多方，下影线越长说明多方力量强于空方。影线部分超过实体部分的比例越多，行情受到反向力量的影响越大。

2.7　价格与移动平均线（MA）之间的关系

下面分析价格与 MA 之间的动态关系（以上涨转下跌为例），它几乎存在于所有的市场和时间周期，具体如下：

一是在创出阶段性高点之后，价格进入下跌或横向整理之中，这种下跌可以是连续 K 线的下跌也可以是 N 形下跌。终于在某个时刻跌破“关键点”，此时我们可认为上涨趋势进入停滞状态。

二是连续的下降 N 形将 20 MA 从向上拉至水平并转为向下。

三是随着价格继续走低，向上的回调在 20 MA 附近遭遇一次或多次阻力。此时代表长期趋势的 60 线很有可能仍然向上。

四是价格在向上反弹试图突破 20 MA 时无功而返，随着时间的推移，60 MA 由向上转为水平。

五是价格在 60 MA 转为向下时，有可能遇到多次向上的 N 形（或大 N 形）回调，甚至是 20 MA 的回调，也有可能短暂地站到 60 MA 之上，随后再次向下运行。当均线呈现出短期趋势、20 MA 和 60 MA 空头排列时，一个明显的下降趋势已经形成。

下面是不同周期图表下的短、中、长期趋势演变（以豆油为例）。

1. 周线图

如图 2-25 所示，横向虚线是关键点，它没有被突破，通常行情不会发生反转，反转意味着与原趋势相反方向的趋势出现。当然，关键点突破也并不意味着行情马上就反转，只能说是增大了反转的概率。同时，短期趋势由小的 N 形开始发展到大的 N 形，再将 20 线扭转方向（有 MACD 的支持为佳），最后到 60 MA 的反转。由于该过程千变万化。投资者需要关注 N 形的方向、关键点、MACD 的变化、20 MA 的角度变化及支撑阻力作用、60 MA 的角度变化

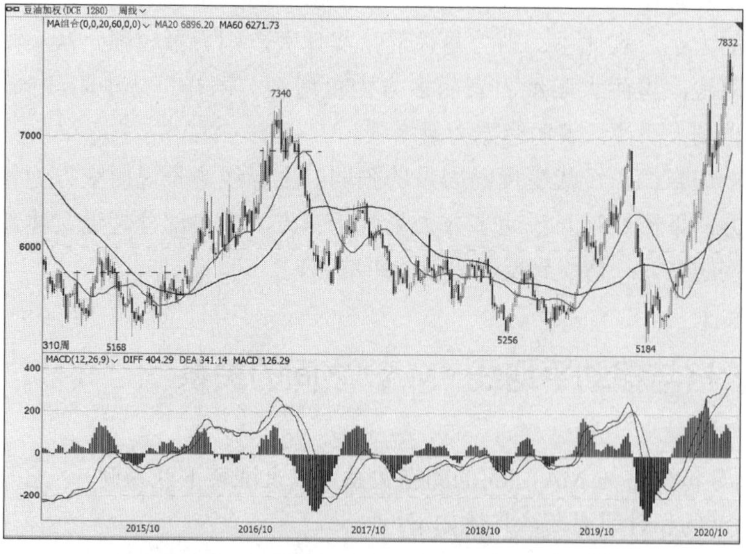

图 2-25　周线图下短、中、长期趋势的演变

及支撑阻力作用。另外，K 线的反应是最灵敏的，也是最不稳定的。因此，单根 K 线应当放到整个行情中考量，即思考这根 K 线在当下的短、中、长期中代表着什么？在行情无法预测的情况下，如何应对当下的行情。

2. 日线图

如图 2-26 所示，在日线图中，关键点突破也不经常出现，因此当关键点被突破时，投资者要提高警惕，行情可能无法延续并转为相反趋势。同时，V 形反转来得凶猛（图 2-26 中是 2022 年 6 月），但不会一直持续，一定会在某个时点出现回调。因此即使做不进去，投资者也要耐心等待时机的出现。另外，60 MA 的稳定性足够让我们在顺着 60 MA 方向交易时赚取足够多的利润。一段顺着 60 MA 方向的趋势，投资者可以进行分段交易或者波段交易，从符合条件入场到符合条件出场，等待下次机会，如此循环反复，分段利润加起来也非常可观。

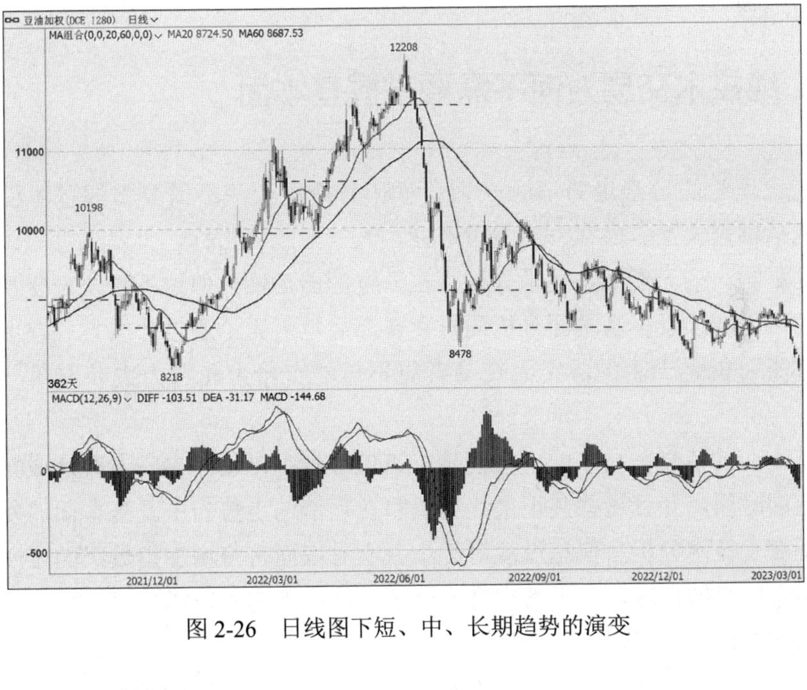

图 2-26　日线图下短、中、长期趋势的演变

3. 豆油 15 分钟图

如图 2-27 所示，即使在 15 分钟图上，关键点发挥的作用也相当显著。同时，越小的时间周期行情波动越剧烈，需要的技术难度越高。另外，使用相同技术指标，能够将行情区分为短、中、长三个趋势。

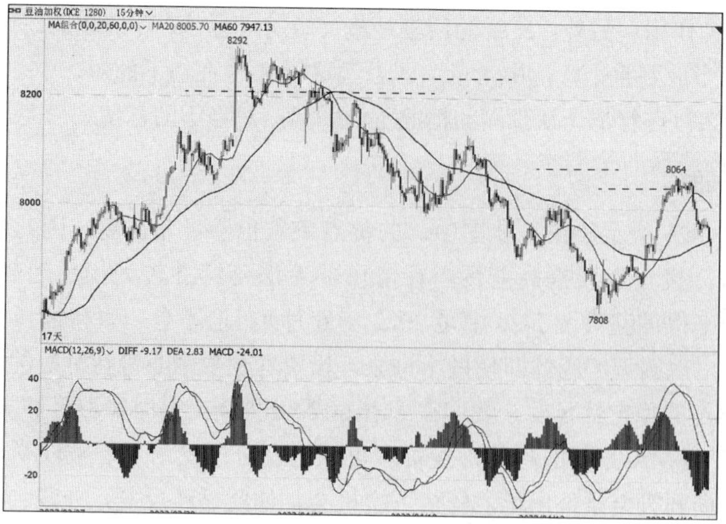

图 2-27　15 分钟图下短、中、长期趋势的演变

2.8　纯技术交易为何不需要掌握基本面

道氏理论的价格走势消融一切，意味着投资者并不需要掌握基本面的知识，包括供需关系、库存、上下游产业、天气、经济指标、突发事件等因素对走势的影响。毫无疑问，技术分析存在一定的滞后性，但这不是决定交易长期成败的最主要因素。基本面分析同样存在滞后性，无论通过什么方式获取的信息，都不可能是一手的，个人交易者更不可能有精力和财力去获取第一手的资料。

基本面的信息与技术面不会同步，可以理解为市场的参与者要达成共识需要一定的时间，并且这些共识最终会反映在行情的走势当中。基本面的复杂程度并不亚于技术分析，信息过载对于个人交易者而言将增加指数级的难度，同时对于不同步的情况，在不考虑技术分析的情况下进入市场，对于资金、心理的要求往往极为严苛。

当然，作为补充，这里再介绍另外一种分析法——跨市场分析。

跨市场分析理论认为，将同一个品种在期货、股票、债券及金融衍生品的总和看作一个蛋糕，资金会在不同的市场流动，同一个品种的资金流动会具有很强的相关性，表现在走势上呈现出整体走势一致的情况，甚至有些市场会先动，因此观察不同市场的走势，可能有助于判断目标市场的后市走势。最常见的有美元和利率的相关性、原油期货和原油股票指数、黄金和黄金股票指数等。下面以黄金与黄金股票指数 HUI 为例（HUI 指数又被称为金甲虫指数，是一种基准指数，用于衡量全球主要黄金矿业公司的股价表现，与费城黄金白银指数 XAU 并列为黄金股票市场的两大核心指标）。同时，HUI 指数由一篮子指标构成，以 1996 年 3 月 15 日为基期，基数为 200。HUI 指数包含 16 家公司，HUI 指数提供了一个良好的工具跟踪金价的走势，与现货金价保持了高度的正相关性。

如图 2-28 所示，K 线是国际黄金市场的走势，黑色线是 HUI 指数的走势，下半部分是两者的相关性，由此可以看出，两者的相关性非常高，经常在 0.9 附近上下波动（相关性越接近 1，说明两者相关性越高）。但图 2-28 中的箭头处，两者的走势并不完全同步，如果互相参照的话，会带来交易上的困惑，当走势出现暂时的背离或差异时。从长期来看，两者的关系是非线性关系，尽管整体上走势一致，但是在某些时候并不同步，而且这种不同步也不是恒定的，交替作为领先指标时常发生。这有点儿像手表定律，当有一块手表时，能很明确地知道时间，当有两块手表时，则不好判断哪块手表的时间是准确的。

图 2-28　跨市场的分析图表（GOLD　VS.HUI 指数）

本章小结

（1）道氏理论是所有技术分析的基石，但其不是一成不变的，投资者需要掌握其中的哲学思想和对趋势的定义，同时了解其不足。道氏理论中对行情进行分类是辨清各种各样走势乃至建立完善交易系统非常重要的指导思想，所有的交易系统都是捕捉符合某一类交易机会，而不是广撒网似地试图抓住所有交易机会。

（2）指标的应用应当建立在客观的基础上，摒除主观指标对交易的影响。没有完美的指标，利用均线结合道氏理论是利用其稳定性和持续性，克服其滞后性。另外，均线还有促进制约、提示买卖点的特性。

（3）短期趋势判断的工具是 N 形，N 形是行情最基本也是最小的结构，N 形的反转以反向 N 形突破原 N 形的高低点；小的 N 形有可能会演变成大的 N 形。关键点对于判断趋势的停滞、反转至关重要，且在不同的周期中发挥的作用都非常重要。在关键点未被反向突破之前行情通常不认为进入停滞或反转。在实际交易中，N 形有多种变体包括吞没形态、孕线形态等，需要灵活运用。

（4）中期趋势判断的工具是 20 MA，它应当结合 MACD 一起观察。有 MACD 加持的行情更有可能延续。

（5）长期趋势判断工具是 60 MA，稳定性和持续性都是 60 MA>20 MA>N 形，滞后性是 K 线 <N 形 <20 MA<60 MA。

（6）MACD 是非常重要的辅助分析指标，在本书中，我们更关注 MACD 柱体颜色的变化。通过柱体颜色的变化来衡量快、慢均线之间的强弱关系。

（7）K 线是最小的分析工具，投资者主要是通过 K 线的阴阳变化去判断方向及支撑阻力；通过 K 线实体的大小，投资者判断当下趋势的强弱；通过 K 线的影线判断反向力量的强弱。

（8）K 线要放在整个走势图中去观察，而不是孤立地观察，这样才不容易被眼前的行情迷惑。

（9）纯技术交易者可以完全放弃基本面分析，基本面最终会反映到技术图表上，同样是短期、中期、长期资金博弈后的结果。跨市场分析大的走势上趋同，但并不是严格同步，存在是非线性影响关系，因此增加了加以利用的难度，不建议一般投资者采用。

第3章

回调的分类与结束

前文提到过，行情以趋势的方向运行。其背后有几层含义：

一是行情从一定时间范围看不是完全随机的，无论是股票市场、期货市场还是外汇市场，完全随机走势不可能长久存在。行情同时存在着有序和无序，这为识别趋势到建立交易体系提供了逻辑依据；

二是趋势进展不是一蹴而就的，一段趋势从形成到结束，中间会经历无数次跟趋势方向相反的走势，即回调走势，因此研究回调种类及回调如何结束对于认知走势和提升交易水平至关重要；

三是一段趋势可以拆分成顺趋向走势＋逆趋向走势（回调），回调的复杂性增加了趋势的判断难度，这也是为什么很多人说历史会重复，但是又不是简单重复，没有一段趋势是完全相同的。弄清楚其中的内在逻辑才是取得成功的关键。回调结束之后，重启原趋势行情，在大概率和盈亏比上具有优势，首先，趋势具有惯性是大概率，其次，回调结束之时择机介入止损会比较小，一旦行情朝着原趋势行进，顺势的力量体现在盈亏比上会非常有利。等回调实际上是等待低风险高收益的机会。投资者掌握好回调，把握行情的节奏与脉搏至关重要。

回调的三个方向：向上、向下、水平，为了便于说明，笔者将反弹和回撤统称为回调，本章将进行详解。

3.1 回调的种类

级别由小到大分别为K线回调、N形回调、MACD回调、20 MA回调和60 MA回调。前四种回调的60 MA方向不变。

3.1.1 最小级别回调：K线回调

K线级别的回调是指在走势当中出现了与某一级别趋势相反的K线走势。其中，趋势向上，收出一根或连续几根阴线，但没有形成下降N形，属于K线的向下回调；与之相反，趋势向下，收出一根或连续几根阳线，但没有形成上涨N形，属于K线的向上回调。此时MACD、20 MA和60 MA通常顺着原来的方向，也有可能是连续几根同方向的大实体K线出现（与原趋势方向相反），导致MACD柱体颜色发生了改变。K线级别的回调可以是单根K线，也可以是多根K线。回调幅度可能小也可能大，但其特点是连续的、同方向的K线。在趋势性行情较为明显的走势中，K线级别回调多于其他回调方式，也从一个侧面反映行情未完结。

如图3-1所示，箭头处收阳线，均是针对向下的20 MA和60 MA的回调。可以看到，这些回调的K线实体有大有小，有一根的，也有连续多根的，但没有形成N形，因此均属于K线回调。在这一段较为流畅的下跌行情中，K线的回调多于其他方式的回调，说明下跌力度大、时间跨度长。

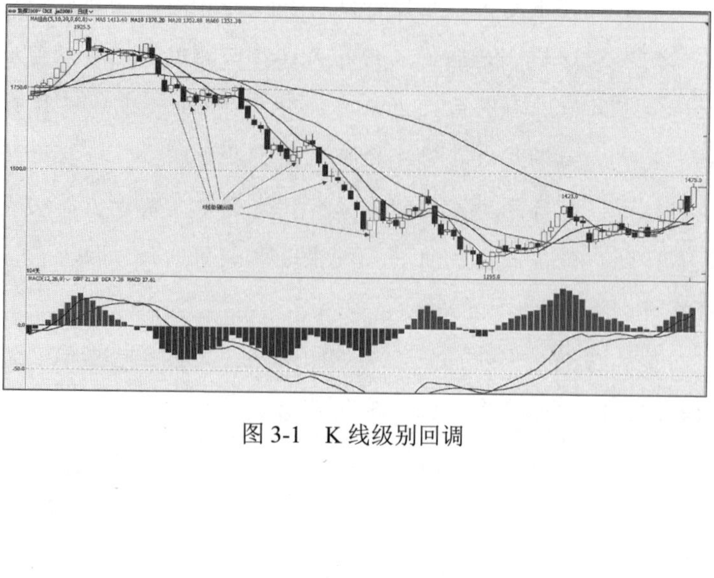

图3-1　K线级别回调

3.1.2　N 形回调

它首先是一个 K 线级别的回调，上涨后再次下跌出现了一个小 N 形级别的回调。如图 3-2 所示，自底部以 N 形回调，其延续带动 MACD 回调、20 MA 回调。回调级别的升级和延续，使向上回调变为反转。在 60 MA 之上有一段较为复杂的 N 形回调，大的 N 形回调里又夹杂着小的 N 形回调。

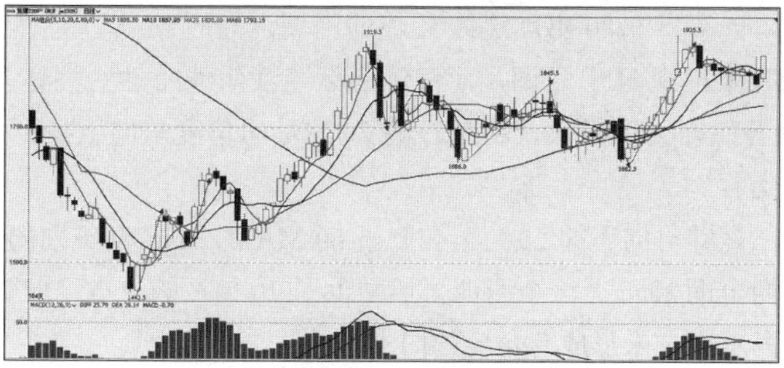

图 3-2　N 形回调

3.1.3　MACD 回调

MACD 回调指 MACD 柱体颜色与当前的趋势（60 MA）相反。如果当前趋势向上，MACD 柱体由红色转绿色；如果当前趋势向下，MACD 柱体由绿色转红色。这两种情况都被称为 MACD 回调。此时 20 MA 和 60 MA 的方向未发生转变。

如图 3-3 所示，我们逐个分析方框内的 MACD 回调。

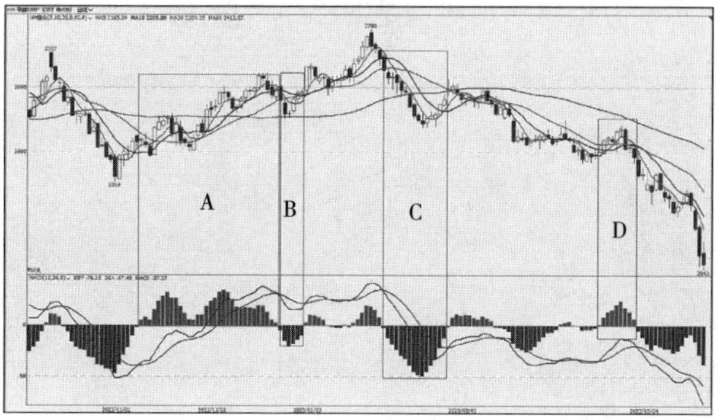

图 3-3　MACD 回调

A 方框：MACD 由绿色转红色，是针对 2707 到 2310 这一段下跌行情的回调。注意 MACD 回调开始时，20 MA 向下，60 MA 低角度向上，在 MACD 柱体转为红色之前已经形成了一个变体的N形。MACD回调的延续（柱体的红色延续），带动了20 MA由向下转为水平，60 MA转为水平，回调延续和持续之后反转。

B方框：之前行情已从向下转为向上（均线已多头排列），因此B方框内的MACD柱体由红色转绿色是针对向上的20 MA和水平的60 MA的回调，持续的时间并不长，所以20 MA仍然保持着有角度的向上。

C方框：自高点2780出现连续K线的回调，随后MACD柱体由红色转绿色（在转绿时未出现N形回调，而仅仅还是连续阴线带动的柱体颜色变化），MACD回调开始，力度很大，将上行的20 MA的角度从向上拉到向下并且在60 MA之下运行。

D方框：是针对向下的20 MA和向下60 MA的MACD级别的回调，在方框内形成了向上的N形，这个回调虽然站上了20 MA的上方，但20 MA的角度至多是拉为水平并未形成有角度的向上。

由此可见，MACD级别的回调，通常是K线回调和N形回调的集合体。MACD级别回调的力度和持续的时间有可能会带动20 MA级别甚至60 MA级别的回调，并将回调转变为反转。

3.1.4 20 MA回调

20 MA回调指20 MA的方向发生了转变，之前是向上的转为水平或向下；之前是向下的转为水平或向上。20 MA代表中周期的方向，此时的60 MA长期趋势的方向未发生转变。

如图3-4所示，方框内的走势均是20 MA的回调，60 MA一直都保持着水

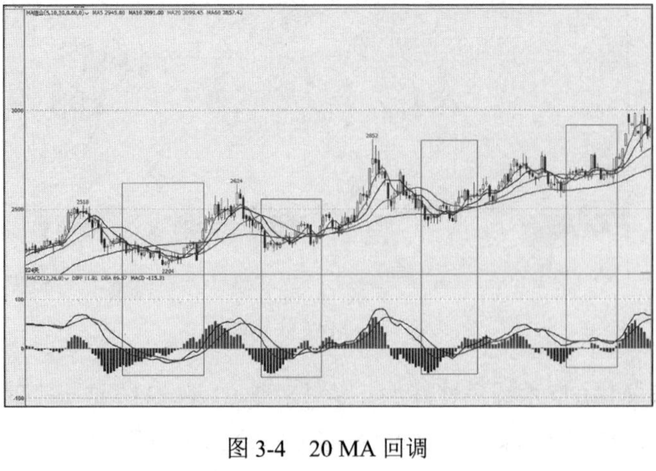

图3-4　20 MA回调

平或低角度向上。前三个方框的 20 MA 角度均由向上转为向下，第四个方框 20 MA 的角度转为近乎水平。在 20 MA 回调发生之前，都可以看到 MACD 回调先于 20 MA 发生，且基本上都是 MACD 回调、N 形回调和 K 线回调的集合体。

3.1.5　60 MA 回调

60 MA 回调代表长期趋势的 60 MA 方向发生转变。需要特别注意的是，由于 60 MA 的滞后性，60 MA 低角度的变化未必意味着这个级别的主要趋势发生反转。60 MA 低角度的反向走势，仅仅意味着回调力度或者持续时间稍微有点儿长，导致 60 MA 角度发生了变化。

如图 3-5 所示，方框内是一段 60 MA 级别的回调，由向上转为水平，并且持续的时间较长，但显然不能认为 60 MA 的趋势已经由向下转为向上，在结束 60 MA 的回调之后，行情仍然向下发展。

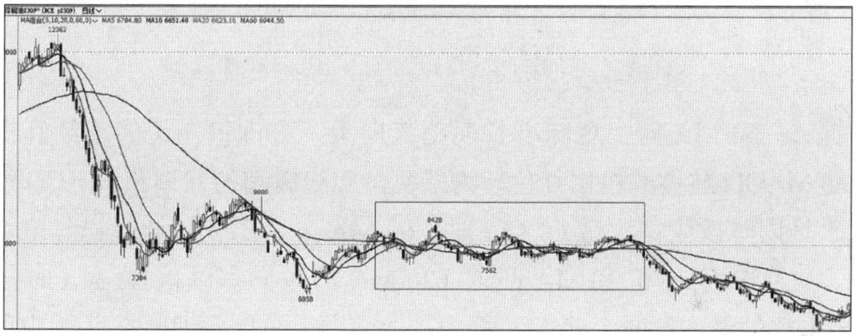

图 3-5　60 MA 回调

3.2　回调的综合研判

利用回调这样一个着力点，深度地去研判每个工具：怎样去应用，在这个过程中要注意走势是怎样动态变化的。在不预测行情的基础上，应该怎样理解行情更合适。不是为了预测行情而是为了应对，所谓应对是指投资者任由行情发展，毕竟，谁都无法预测下一根 K 线会怎样，交易员又何苦为难自己，当然，预测行情根本不是我们交易理念的基础。在不同的位置和不同的场景下，每一款工具从 K 线到 N 形到 MACD、20 MA 和 60 MA，我们的解读并不是完全一样的。

下面通过一段连续行情的回调分析，对回调的分类进行综合研判。

图 3-6 为铁矿石 10 分钟的一段走势，既有上升趋势也有下降趋势。用方框将一部分回调标注，只是为了方便阐述。K 线级别的回调是最简单的一种，在此不做过多分析。

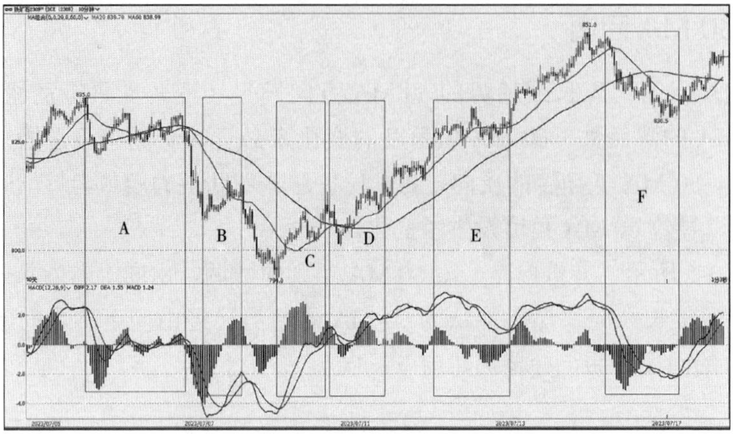

图 3-6　回调综合研判——铁矿 10 分钟走势

方框 A：60 MA 向上意味着长期趋势向上，方框最左边的连续几根大阴线，带动 MACD 柱体颜色由红色转为绿色，K 线级别的回调和 MACD 级别的回调几乎是同时发生。跌破 60 MA 时，60 MA 方向不变，此时已经形成了 N 形回调、MACD 回调和 20 MA 回调（20 MA 的方向在跌破 60 MA 时已经向下）。至方框的最右侧时，60 MA 都未曾改变向上角度，因此方框 A 内的回调最大级别是 20 MA 回调。回调将 20 MA 方向转为向下后，出现了一段向上的震荡，这段震荡应当解读为针对 835 高点下跌回调的回调（这段回调的回调，由上涨 N 形回调发展到 MACD 回调再到 20 MA 回调，20 MA 的角度已经转为水平后略微向上），而自 835 点下跌的回调是针对 10 分钟 60 MA 的回调。有一点绕，但是行情的特性就是不同方向的回调时你中有我、我中有你，也是行情复杂性的体现，在分析时，利用分析工具不会被密密麻麻的 K 线干扰视线。至于回调如何结束，这是后面的内容，在此不做讲解。

方框 B：这一段回调时，60 MA 已经向下，因此是针对向下的 60 MA 的回调。先是由向上的 K 线回调开始，慢慢地发展成向上的 N 形回调，夹杂着大的 N 形和小的 N 形回调，MACD 柱体由绿色转为红色，完成 MACD 级别的回调。行情一度升至 20 MA 之上，但是有没有完成 20 MA 的回调呢？显然没有，我们看到 20 MA 的角度始终是向下的，未曾发生过改变。

方框 C：从最低点 794 反弹向上，仅用了几根大 K 线就完成了 K 线回调到 MACD 级别回调的转变，MACD 柱体很快就由绿色转为红色，在突破向下的 20 MA 之后走出 N 形回调（由此可见，有的时候 N 形回调滞后于 MACD 级别的回调），在 K 线触碰到仍然是向下的 60 MA 时，20 MA 已经转为向上，20 MA 的回调也完成了。这时不能判断为反转，原因是 60 MA 的角度仍然是向下，尽管这个回调的幅度不小，持续的时间也不算短，但在方框 C 结束时，我们仍然不知道回调会如何发展或何时结束。

方框 D：这一段行情走势比较有意思，完成了 60 MA 级别的回调，接着回调变成反转。从 D 最左侧的大阴线下跌，跌破 60 MA，20 MA 也由向上转为水平，MACD 也由红色转为绿色。但在前期的低点获得支撑，转而向上，在 60 MA 之上形成向上的 N 形，MACD 由绿色再次转为红色，20 MA 由水平转为向上，这一段是回调延续的行情。60 MA 从向下转为低角度向下，随着 N 形回调的继续，20 MA 形成了有角度的向上，60 MA 由水平转为向上。此时的短期趋势（向上 N 形）、中期趋势（20 MA）、长期趋势（60 MA）均向上，回调变成反转。

方框 E：形成向下 N 形回调时，MACD 回调也完成，随后在 20 MA 处向上反弹了几根连续的阳线并创出方框 E 内的新高，此时的 MACD 仍然是绿色，意味着回调并未结束。随后又再次展开 N 形下跌，并把 20 MA 的角度拉为水平，形成了 20 MA 级别的回调。

方框 F：在行情跌破 20 MA 之前，已经形成了 N 形的回调和 MACD 级别的回调。持续的 N 形下跌，将 20 MA 由向上很快拉为向下，20 MA 级别的回调完成。最低跌到 830.50 点，此时 60 MA 已经是低角度向下。之前提到过，60 MA 低角度的变化未必意味着这个级别的主要趋势发生反转，当然，后续我们也看到 20 MA 转而向上。

3.3　回调的结束

趋势就是回调，回调就是趋势，听起来相互矛盾，其实回调与趋势就是一张纸的正反面，它们两个是既相互独立又相互统一，既相互排斥又相互吸引。通过两点可以说明：

一是一旦趋势行情的出现或是发展，大概率上或者在多数情况下，是由回调的结束引发的，所以，没有回调就没有趋势，那么，同样一大波的单边行情出现后，就要出现市场整理，所以，没有趋势就没有回调，没有回调就没有趋势。其实趋势行情也包括很多回调，我们谈回调就是在谈趋势或是谈回调最终的落脚点和归宿都是趋势。它们是一脉相承的，是无缝衔接的。总之，回调本质上是一段趋势行情，无论是短期趋势、中期趋势还是长期趋势，下面分别讲解。

1. K 线级别回调结束

我们先从逻辑上去思考，如果仅仅出现了 K 线级别的回调，而没有出现更大级别的回调，则说明多空之间的博弈相对而言比较有限。那么，要结束这个 K 线级别的回调，大概率上需要重新上涨或者重新下跌的 K 线。有些 K 线级别的回调力度比较强，可能是连续几根比较大的 K 线，此时，如果要结束几根连续较大的 K 线，一定需要几根连续较大的 K 线以冲抵之前反向的力度或者势能。比如，一段上涨趋势当中，出现了连续下跌的几根 K 线，而且力度较大，这时最好是连续几根上涨的 K 线，结束那几根连续下跌的 K 线回调。如果没有出现，则需要更长时间（K 线不需要太大但时间更长）。那么，这就是 N 形，即需要一个 N 形来消化之前连续几根 K 线或是较大 K 线的回调力度或势能。当然，回调还可以延续，如果真的出现连续几个较大的 K 线，那么反弹力度非常有限，也没有形成上涨的 N 形，或者上涨的 N 形力度非常小，还可能再次下跌。

2. N 形级别回调结束

小 N 形一定是从 K 线级别的回调开始。上涨趋势中先出现一两根下降的 K 线，然后再次上涨，再次上涨没有升破之前 K 线的高点，然后重新再下跌，出现了 N 形，但是这个 N 形没有改变上涨的 20 MA 的方向。不妨思考一下：行情可能会发生什么情况？将会导致 MACD 柱体处于零轴以下，但是并没有引发 20 MA 的方向或角度的改变。那么，小 N 形级别的回调，一般情况下，时间上比 K 线级别的回调要长一点。这时我们要去看这个 N 形的 K 线力度。背后的逻辑是：N 形 K 线的大小显得比较重要了，如果这个小 N 形的每根 K 线都不大（虽是 N 形，但是 N 形的力度都不大），一根较大的阳线就有可能或者大概率上结束这个小 N 形级别的回调。因此，我们必须要注意 K 线多空之间力量的变化，因为行情是一个动态变化的过程。

3. MACD 级别回调的结束

MACD 级别的回调比 N 形是要大，那么，要结束 MACD 的回调，绝对不是一两根 K 线就能够做到的。至少应该是一个 N 形，或是连续的几个大 K 线。

4. 20 MA 级别回调结束

20 MA 级别的回调说明中期趋势得以改变，要想重新结束这个中期趋势，短期趋势首先应该要形成比其他级别更小的大 N 形级别的回调。当然，它是比较复杂的，有大 N 形时，20 MA 会上蹿下跳。

5. 60 MA 级别回调结束

结合多周期，低角度的下跌，如果得不到验证，大概率上要重新上涨。但是如果 60 MA 向下掉头，那么它需要重新上涨，首先是 20 MA 要上涨，如果 20 MA 不能重新上涨，60 MA 更不可能重新上涨。

下面用铁矿的 10 分钟走势图分析各个级别的回调是如何结束的，如图 3-7 所示。

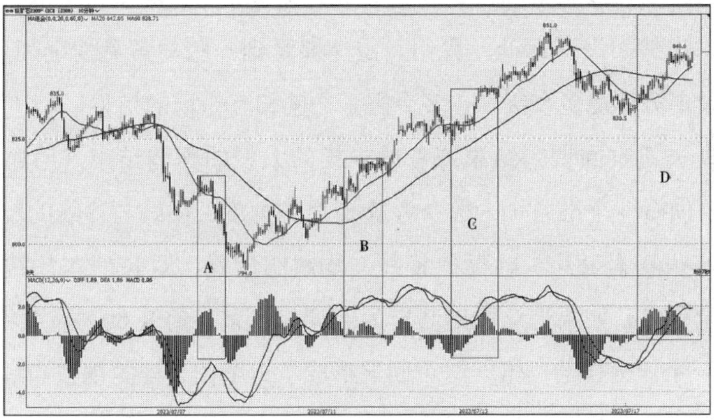

图 3-7　回调结束研判——铁矿 10 分钟走势

方框 A：方框 A 之前发生了 MACD 级别的回调，20 MA 未转变方向，因此 20 MA 级别回调未发生。可以看到，自回调高点走了向下的 N 形 + 连续的大 K 线完成了之前 MACD 级别回调的结束，MACD 柱体再次由红色转绿色。

方框 B：之前是 N 形回调，力度较弱，没有使 MACD 框体的颜色发生转变。以两根大阳线 + 向上 N 形宣告 N 形回调结束。

方框 C：它是 20 MA 级别的回调，20 MA 已经转为水平。在 20 MA 之下先走了一个向上的 N 形，MACD 的绿柱在缩短，一根大阳线收盘时，MACD 已经由绿色转为红色，是回调结束的时候，同时，20 MA 已经转为向上，20 MA 的回调也随之结束。

方框 D：MACD 柱体由绿色转红色，20 MA 重新向上，意味着 20 MA 回调结束，但是 60 MA 仍是低角度向上。意味着 60 MA 的回调没有结束。我们知道：想让 60 MA 的回调结束，一般情况下，在时间上和空间上都不是一蹴而就的。

3.4 关于回调的连续动态分析图表

一些成规模的回调是怎样结束的？行情永远是千变万化的，它是一个动态变化的过程，我们带着多空之间博弈的思路去看待一些比较成规模的回调（它不单单是K线级别的回调，也不单单是一个小N形级别的回调，至少是一个MACD级别的回调，更大的可能是20 MA级别的回调，或者一些单N形级别的回调）。首先需要我们分析这个回调是怎样形成的。然后再来分析，这个回调是怎么一步一步结束的，有哪些关键的因素或是有哪些常见的考量需要我们去关注，当然，没有标准。我们一定能够看到一些与常见情况相反的情况。因为每一段走势都是多个级别、多个因素之间相互作用的结果。

同时，去考察回调的结束或者成规模的大型的回调结束，用逻辑去分析它。首先要做好一个准备——综合考量K线的力度、K线与均线的位置、均线的角度等这些基本工具。再查看K线与均线的位置，即K线与均线处于一个什么样的位置中。如果把这段走势定为回调，那么当前K线与重要的20 MA、60 MA是一个什么样的位置？这个回调形成了一个什么样的规模和幅度？大概的走势结构是什么？这些都是需要我们去分析的。另外，我们要注意，对于一些大型的回调走势而言，往往需要二次确认回调高点或者回调低点。从发起回调结束角度分析，一定是从某一根K线开始，毕竟，一根K线逐步形成了一个N形，是一步一步发展来的，从K线到N形，从N形到更大规模的反转，反转回调走势的结构，这个结构多数情况下会二次确认阻力跟支撑。

怎样去巩固回调结束？去测试20 MA。在20 MA附近，包括上方附近、下方附近或是20 MA处。比如回调的走势向上，然后不断地开始阴跌，又把20 MA角度转为向下，此时，再次反弹去测试20 MA，就是一个巩固结束回调走势的可靠信号。那么，进一步延续能延续多久？我们看60 MA的角度及60 MA的方向到底能够延续多久，或是之前的60 MA方向能够延续多久。因为60 MA代表着长期趋势的方向，回调结束了，20 MA附近也出现“阵地战”的博弈了。

下面是热卷10分钟回调及回调结合分析，如图3-8所示。

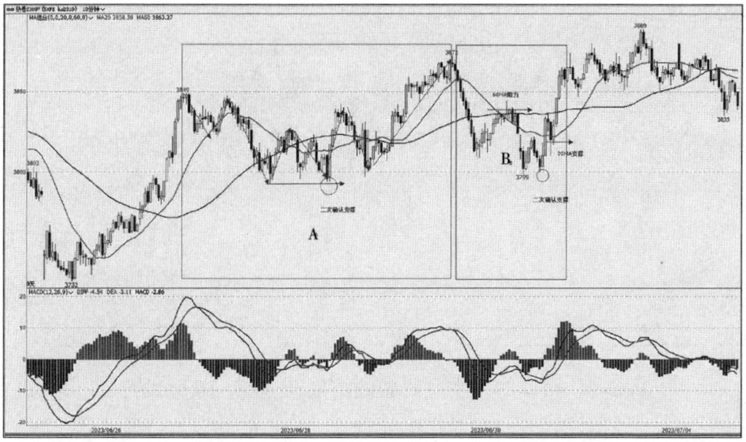

图 3-8　回调的发生及结束——热卷 10 分钟走势

方框 A：这是一段非常复杂的，持续时间比较久的回调及回调的结束。方框左侧，自 3849 点走出了一个大型的 N 形回调（小 N 形未画出，读者可以自行画出），MACD 柱体由红色转为绿色，20 MA 也向下运行，整个结构看上去挺大。但是 60 MA 的角度在二次支撑之前都是向上的。在二次确认支撑时，20 MA 已经转为水平，在二次确认支撑之后连续大 K 线向上，MACD 柱体由绿色转为红色，K 线重新站上 20 MA 并开始重新低角度向上，这是第一次完成了回调的结束。反弹到 60 MA 之下后，又开启了一段 N 形回调和 MACD 的回调，但是 20 MA 的角度只是转为水平并未向下，随后在二次确认支撑位的上方开始向上 N 形反弹，在突破 20 MA 时 K 线的力度较大，回调结束得以巩固。

方框 B：从高点 3872 连续中、大 K 线阴线的回调，20 MA 很快从向上转为向下，这个回调看似力度很大，但是需要注意的是，60 MA 仍然水平未改变方向。连续大 K 线的回调结束，通常不会很快结束。因此，看到向上反弹试图结束之前的大规模回调并未很快完成。反弹至 60 MA 遇阻，此时 20 MA 的角度仍然向下。在 60 MA 遇阻后再次以大阴 K 线下跌，最低跌至 3799 点后再次向上反弹，这里也很巧，出现了一个二次确认支撑的位置，在 3799 点的上方。在二次确认支撑后再次向上突破 20 MA，在 60 MA 再次遇到阻力后下行，但在 20 MA 处得到了支撑，即验证了 20 MA 的支撑力度。此时的 MACD 柱体已经变红，随着几根大 K 阳线最终突破 60 MA，20 MA 已经转为向上，最终完成回调的结束。

下面是 PTA 10 分钟走势回调分析，如图 3-9 所示。

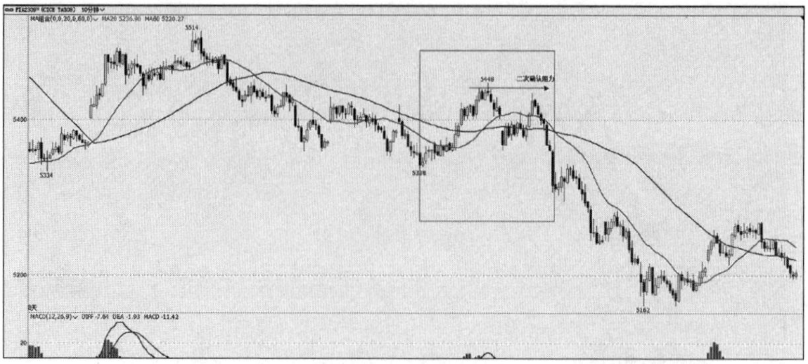

图 3-9　回调的发生及回调的结束——PTA10 分钟走势

方框最左侧，从 5538 点开始向上走出 K 线回调、N 形回调、MACD 回调和 20 MA 回调，回调突破了 60 MA，最高点到了 5448，这时 60 MA 已经走平甚至有些略微向上，此时还不能认定为主要趋势反转。从 5448 点进行了 N 形的下跌，并在 60 MA 下方得到支撑，展开一段 N 形的反弹。可以看到，在 60 MA 附近，K 线阴阳交替，连续三根阳线突破了 20 MA 并达到了上一个回调高点附近，MACD 柱体短暂转为红色，随即开始了连续的阴 K 线下跌，且下跌力度在加大，带动 MACD 柱体变绿，20 MA 向下，最终终结了这一回调。

下面是玻璃 10 分钟回调及回调结束分析，如图 3-10 所示。

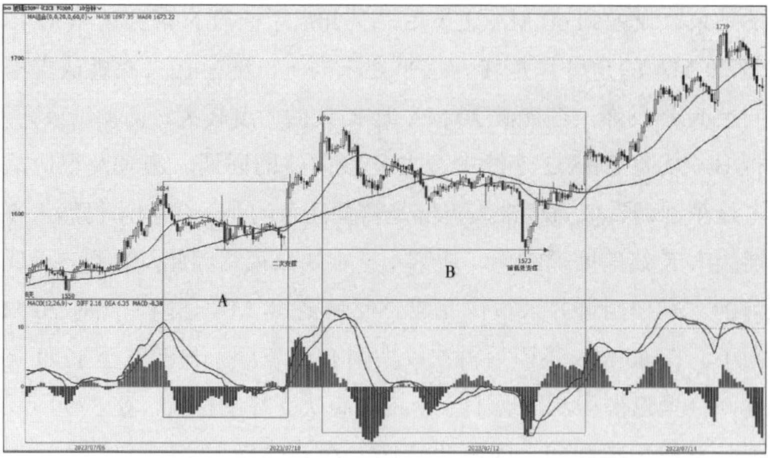

图 3-10　回调的发生及回调的结束——玻璃 10 分钟走势

方框 A：自 1614 高点起先是连续几根 K 线的回调，随后很快形成 MACD 的回调，K 线受到 20 MA 的压制，一直在 20 MA 下方运行，在试图向上突破 20 MA 时（长上影线的阳线）收阴并随后收出一根大阴 K 线，但这根 K 线在

60 MA 处得到支撑，并未下破。随后在这根大阴 K 线、20 MA 和 60 MA 之间的 N 形上下震荡，方框右侧，在二次确认支撑后，行情跳空反转向上，MACD 回调结束，随后 20 MA 向上，20 MA 回调结束，由于 60 MA 一直是向上的，20 MA 回调结束也意味着这个回调结束。

方框 B：这是一段颇为复杂的回调。自 1659 高点起 K 线回调、N 形回调带动 MACD 回调，回调到 60 MA 得到短暂支撑，此时 20 MA 也已经形成回调。在得到 60 MA 支撑后展开一小段 N 形向上走势，但在下行的 20 MA 受阻，这时虽然 MACD 变红，但柱体非常小。在 20 MA 受阻后再次向上，说明回调得到巩固将继续回调走势。在 60 MA 下方展开一段向上 N 形反弹，可以看到 K 线的力度都不大，很显然反弹的力度不大。反弹突破了 20 MA 最终在 60 MA 受阻，虽然这一段反弹 MACD 柱体变红，20 MA 水平并低角度向上，但是 60 MA 已经由水平转为向下，这个回调显然没有结束。在反弹至 60 MA 受阻后再次向下 N 形下跌。这里需要注意的是，在测试前低时，下跌的 K 线力度很大。如果要反转这个力度，要么是大 K 阳线向上扭转这个下跌力度，要么是时间跨度大的 N 形反转。在测试低点后，行情走出大幅向上的 K 线，随着 N 形向上，MACD 柱体转红，20 MA 重新向上，60 MA 转为水平方向，最终扭转了 60 MA 的回调走势。

下面是塑料 10 分钟回调及回调结束分析，如图 3-11 所示。方框内，自 7922 高点起 N 形回调、MACD 回调、20 MA 回调，在 7851 点的位置上获得支撑后形成向上的反弹。这个 N 形反弹的力度不大，且时间跨度很长，价格在 7918 点，也就是前高的位置受阻。这一段反弹实际上结合了前一段 20 MA 的回调，在实际交易中，并没有多少利润可言。同时，这是维持了一段时间的震

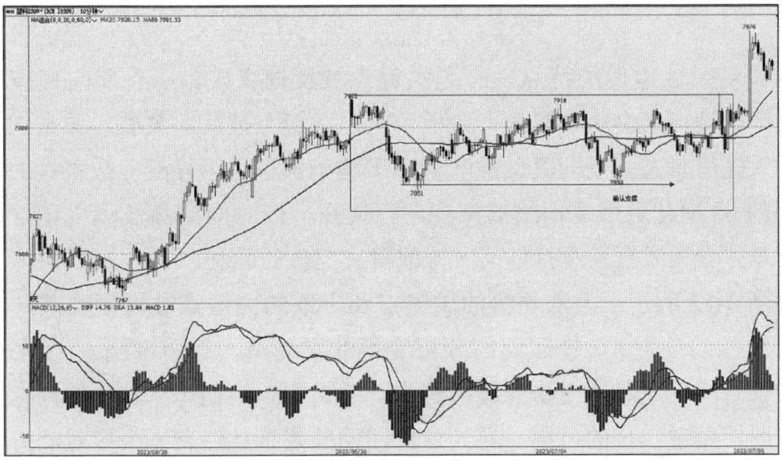

图 3-11　回调的发生及回调的结束——塑料 10 分钟走势

荡上行的行情，它自 7918 点再次下跌回调，这次回调的幅度和力度跟前一段反弹的力度相比显然要来得迅猛。但巧合的是，在前期低点 7851 的上方，下跌停止了，事后看在这里获得了支撑，在实际交易中，在这个位置 K 线的反应是需要重点关注的。自 7859 点又再次向上反弹，有几根大 K 线，随后走出了 N 形反弹、MACD 反弹、20 MA 反弹，在前期高点再次下挫，一度跌破 20 MA 和 60 MA，但 20 MA 和 60 MA 的角度发生变化，在前期的低点又再次获得支撑，实际上这里一共获得过三次支撑，随后行情震荡上行，最终经由 20 MA 的向上实现了 60 MA 回调的终结。

由前面的例子可以看出，没有任何一个回调及回调的结束完全一样，就像没有两片树叶是完全一样的。我们不能用固定的思维去研判每一次回调及回调的结束。但是研判的工具和角度是一样的，从这些工具和角度出发，按图索骥就能发现行情的细微变化和节奏。回调的开始和结束，实际上是一种状况和另外一种状况的比较，从不同的角度比较分析才能得到一个相对准确的答案。

3.5 回调的复杂性

它是走势复杂性的一部分，作为行情回调的分类，不能够把所有的回调全部囊括，这是任意一个交易分析方法都做不到的。但这并不影响我们抓住大部分行情回调的分类，这些回调会以不同的面貌在不同的地方出现，关键是能够识别并且利用工具和角度进行综合而全面的分析，这对做交易而言已经足够了。

回调复杂性体现的特点之一是关键点被反向突破。一旦反向突破过关键点，这个回调可能会更加复杂。之前讲过，关键点被反向突破，原来的一段趋势会进入停滞状态。反向突破意味着上下趋势都进入了停滞，最直接的表现是小周期的 60 MA 走平及均线的缠绕，行情在一段时间的高低点内运行，也表明多空双方交战激烈，没有任何一方取得决定性的胜利。

如图 3-12 所示，上涨趋势的关键点和下跌的关键点被反复突破（图 3-12 中箭头所指的位置），使回调的分析变得非常复杂。行情围绕 60 MA 上下震荡了很长时间，这时做交易的难度极大。这是在单周期无法解决的问题，需要结合多周期做进一步的研判。遇到这种回调的复杂性还有一个应对的方法——先观望，因为多空双方在没有决出哪一边获胜的情况下，贸然进场很容易被误伤。从做交易的角度来说，我们没有必要去挑战高难度的行情，做那些看得懂的行情会节约大量的时间成本和资金成本。

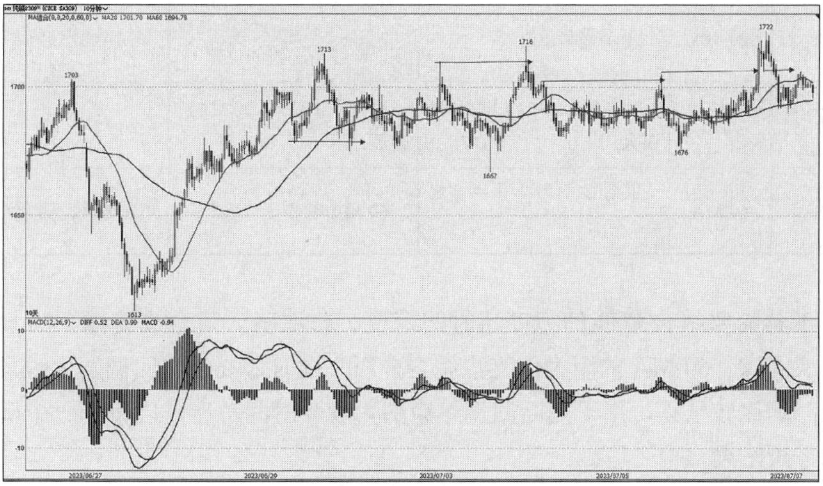

图 3-12　回调的复杂性

本章小结

（1）回调分类和结束方式总结，见表 3-1。

表 3-1　回调分类和结束方式总结

序　　号	回调种类	特　　点	需要考虑的内容	结束方式
1	K 线级别回调	可以是单根 K 线，或多根同向 K 线	对比 K 线力度	K 线或 N 形
2	小 N 形	MACD 柱体颜色未发生变化，20 MA、60 MA 角度不变	K 线的力度（实体大小、幅度）、时间跨度，对比小 N 形的 K 线力度、二次确认阻力 / 支撑（在前高 / 低、20 MA）	
3	MACD	MACD 柱体颜色发生变化，20 MA、60 MA 角度不变	大 K 线的力度（实体大小、幅度）、时间跨度，连续 N 型的力度，以及 20 MA 支撑 / 阻力	至少是连续几根大 K 线或 N 形，柱体颜色发生变化

续上表

序号	回调种类	特点	需要考虑的内容	结束方式
4	20 MA	中期趋势改变	20 MA 验证、K 线的力度，K 线与均线的位置	MACD 转势
5	大 N 形	比较复杂，结构上 20 MA 要大	结合关键位置、20 MA，验证	20 MA
6	60 MA	长期趋势发生走平或转变	60 MA 的验证	20 MA、60 MA

工具需要结合 K 线的力度、时间跨度、二次确认阻力或支撑、20 MA 的阻力或支撑、60 MA 的阻力或支撑综合分析。同时还要结合回调发生时与回调结束时的比较结果，用于判断回调结束的力度和时间跨度，以得到一个概率较高的分析结果。

（2）回调与趋势是一体两面的存在，既相互独立又彼此关联，通过对回调的分类及其如何结合的分析，对把握行情的节奏与脉搏至关重要，对于行情研判具有重要而关键的作用。所有的行情都可以简单分为趋势和回调。而回调则可以理解为暂时的逆趋势。因此，分析工具与趋势分析工具并无不同。

（3）研判回调及回调如何结束的工具仍然是 K 线、N 形、MACD、20 MA 和 60 MA，这也保持了分析工具的一致性，无论是趋势行情还是回调，使用的研判工具均相同。一致性的工具使不同时间周期的分析难度降低，不再受纷繁复杂的行情干扰。回调从开始到结束又可以分为回调开始、回调延续、回调巩固、回调结束、回调转为反转。

（4）研判回调及回调如何结束，是为了给做顺势交易打好基础。我们一直遵从低多高空的交易理念，其间回调是很重要的一个着力点。回调结束，只需等待符合交易系统的入场时机。交易机会是靠等出来的，再加上分析，才能在市场中长久生存。研判回调不是为了去预测行情，而是坚持一贯的应对理念，即兵来将挡，水来土掩。

（5）回调具有复杂性和多变性，这也是走势复杂性的一部分。本章所讲的回调种类和结合不可能涵盖所有情形。复杂性体现在上下一段趋势的关键点被反复反向突破，使分析难度加大。回调的复杂性在单个周期中难以解决，需要结合多周期加以判断。

第4章

多周期

人们经常会对某一品种看多或者看空，但若没有时间参照都是毫无意义的。正好比我们对时间有多重划分一样，价格运动也必须在多周期上加以研判才能获得对趋势最为客观的分析结论。把技术分析与多周期进行叠加才能更进一步看清当下走势所处的趋势，以及揭示获利可能最大化的交易机会。

4.1 在时间和空间上解析多周期

K 线图是金融市场中最常用的图表类型之一，可以提供价格走势和交易活动的信息。K 线图中的不同周期表示不同时间间隔内的价格变动情况。

下面是几种常见的 K 线周期及其构成关系：

- 年 K 线：一根年 K 线由 4 根季 K 线构成。
- 季 K 线：一根季 K 线由 3 根月 K 线构成。
- 月 K 线：一根月 K 线由 4 根周 K 线构成（通常一月有 4 周，有时有 5 周）。
- 周 K 线：一根周 K 线由 5 根日 K 线构成。
- 日 K 线：一根日 K 线由 4 根 60 分钟 K 线构成。
- 60 分钟 K 线：一根 60 分钟 K 线由 2 根 30 分钟 K 线构成。
- 30 分钟 K 线：一根 30 分钟 K 线由 2 根 15 分钟 K 线构成。
- 15 分钟 K 线：一根 15 分钟 K 线由 3 根 5 分钟 K 线构成。
- 5 分钟 K 线：一根 5 分钟 K 线由 5 根 1 分钟 K 线构成。

由以上 K 线周期及其构成关系可知，在时间上，较长周期与较短（较小）周期存在一定的倍数差。较长周期的 K 线图能够提供更长期的趋势和支撑阻力水平，适合用于中长期投资决策。较短周期的 K 线图则能提供更详细的价格波动和交易机会，适合用于短期交易或日内交易。

在技术分析中，有一个常见的观点是大周期的趋势会对小周期的趋势产生影响。大周期趋势通常被视为更有力和持久的趋势，而小周期趋势则更容易受到大周期趋势的制约。当大周期趋势明显并且稳定时，小周期的价格走势往往会朝着大周期趋势所指示的方向前进。比如，如果日线图显示出明显的上升趋势，那么，在该趋势下，更短期的小周期如 60 分钟或 15 分钟图上也会出现一系列的上涨波动。这是因为大周期上的多头趋势驱动了小周期的价格走势。另外，转折点通常由较短周期的价格波动率增加和方向变化引发。当较短周期的价格走势发生变化时，它有时可以预示着大周期的趋势转变。比如，当较短周期的价格走势开始下跌并与大周期的上升趋势相冲突时，可能是一个潜在的转折点信号。

在空间上，一根大周期的 K 线幅度，在小周期上通常需要运行一段时间才有可能达到，这也就意味着，在大周期上的一根 K 线，可能是中周期或小周期的一段趋势。大周期上的两到三根 K 线也可以把它转换为中周期上的一段趋势，这是一个非常重要的交易理念。我们知道，在一段上涨趋势中，上涨幅度总和大于下跌总和，下跌趋势则刚好相反。这意味着在一段上涨趋势中，如果分段操作，即使中间出现亏损，总体累积的做多利润仍然是十分可观的，甚至有可能大于从鱼头到鱼尾的行情（没有一个人可以将整段行情全部吃干净）。

如图 4-1 所示，棕榈油 2309 合约 2023 年 6 月 16 日周线收盘时，周 K 线仅显示为一根大实体的阳线，而这根阳线是如何形成的，在周线上无法看出。在日线上可以看到，先是收出一根阴线，延续了之前向上的 N 形反弹。在 10 分钟上看，先是走出 20 MA 的回调到 60 MA 的回调，回调结束以后才沿着原来的向上的趋势进展。即使在小周期上，行情的进展也不是一步到位的，中间也是由趋势行情和回调行情构成的。

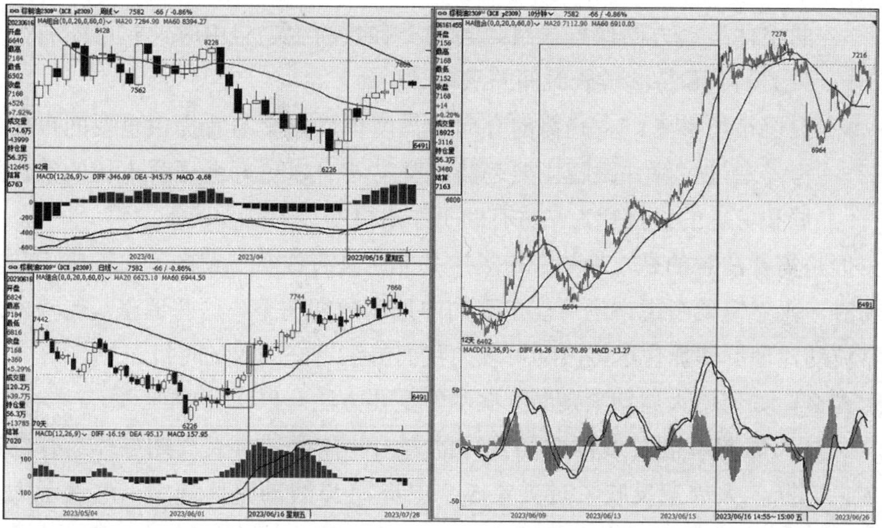

图 4-1　多周期图表实例——棕榈油 2309 合约

综上，大周期和小周期之间存在一定的相互影响。大周期的趋势通常会制约小周期的趋势，而在转折点，小周期的走势可能引领大周期的转势。在更小的时间尺度上，才能更清楚地看到更大的时间周期的开盘价、收盘价、最高点、最低点是怎样形成的，以及价格运行的趋势是怎样的。这对于研判和理解行情至关重要，将大、中、小三个周期在时间和空间上的运行弄清楚，才能更好地应用顺势的交易理念。

4.2 大周期

在本书中，笔者将大周期定义为方向周期。以大周期指示的方向作为参照标准。原因是：大周期代表着长期趋势，而长期趋势的力度最为强劲。且长期趋势通常具有更大的力量和影响力，并且大周期的趋势会对中、小周期的价格走势产生较大的影响。顺应主趋势进行交易的策略，通常被认为是降低风险和增加获利概率的一种做法。

顺应大周期进行交易可以获得以下几点好处：

- 降低风险：顺应主趋势交易意味着与市场的主要力量站在一边，避免了交易者与趋势对抗的风险。长期趋势所表明的方向往往具有较高的可信度，将交易方向与趋势保持一致有助于降低交易风险。
- 增加获利概率：跟随主趋势进行交易可以将交易者的利润潜力与市场的整体运动方向保持一致。当处于有效的主趋势中时，有可能获得更大的利润和持续较长时间的涨幅。
- 提供市场参考：主趋势的方向和力度可以为交易者提供重要的市场参考。通过了解并跟随主要趋势，交易者可以更好地理解市场的整体格局和可能的价格行为。这有助于作出更明智的交易决策。

但是需要注意的是，趋势在市场中并非总是直线且持续的。在顺应主趋势交易时，仍然需要考虑市场可能出现的中期和短期调整。这些调整是趋势中的正常波动，理解和抓住这些波动可以为我们提供更好的入场时机。

那么，如何用大周期来判断方向呢？主要方法有以下几种：

一是大周期单根 K 线的阴阳变化的方向，需要结合大周期整体运行的趋势加以判断。大周期反映了过去 4~5 个中周期 K 线的整体倾向。这表示大周期上的单根 K 线需要结合中周期的 4 至 5 根 K 线才能完整展现。所以，大周期上的一根阳线代表着看涨的倾向，无论是顺主要趋势、中期趋势还是短期趋势，或者是合力下的反弹。在大周期上，要坚持客观，如果是阳线，则说明在大周期级别中，比如周线、多头掌握了形势。如果是反弹，则说明过去的一周多头推动价格上涨反弹。如果当前的 K 线之前也是一根阳线，并且过去几根 K 线也都是阳线，则意味着有可能突破了上周的高点，价格进一步上涨。无论这种上涨是顺势还是反弹，总之，它是上涨。这是一个非常客观的情况。大周期代表了过去 5~6 个中周期 K 线最终形成的整体倾向。因此，我们在大周期的

K 线上一定要注意，它比中周期的 K 线更加稳定。

如图 4-2 所示，方框 A 内：对应的是周线的一段下跌。在 A 段内，当周线单根 K 线收出阴线时，即周线给出了看空的倾向；当周线收出阳线时，即周线给出了看多的倾向，当然这个倾向需要在中周期中进行验证，在后面会提到。在这一段下跌中，MACD 已经转绿，且 20 MA 向下。因此，方框内收出阳线时，即使给出了看多倾向，它在周线的整体趋势仍处于下风。

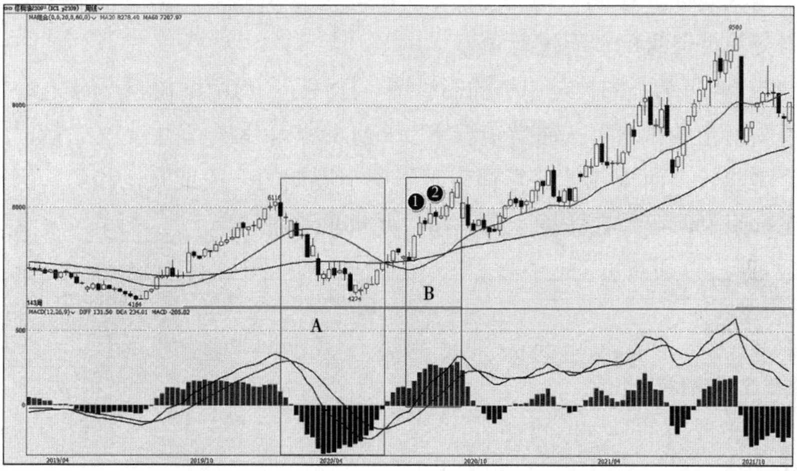

图 4-2　大周期判断方向——K 线阴阳变化

方框 B：对应的是周线的一段上涨。在方框内 MACD 转红，20 MA 向上。周 K 线也多以阳线收盘。1、2 收出的是阴线，且是下影线较长的阴线，这两根阴 K 线在周线的整体运行中应该是被选择性的忽略，即不考虑这两根阴 K 线所代表的看空的倾向。

二是大周期 K 线的 N 形指示的方向。如图 4-3 所示，画出了周线的 N 形走势。

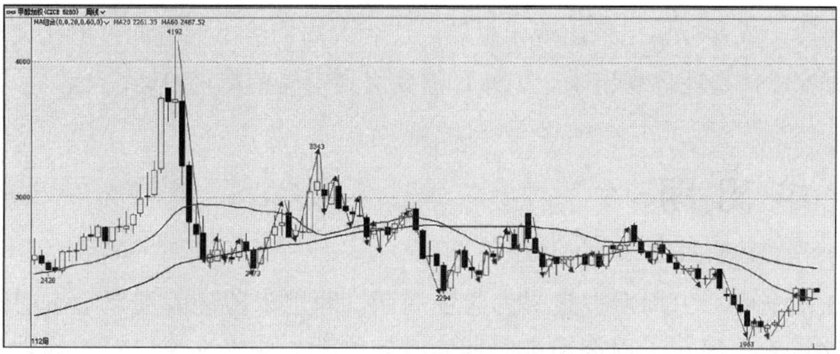

图 4-3　大周期用于判断方向——N 形走势

当N形向上时（指的是当盘中形成了N形，而不是指周线收盘时形成的N形），周线指示的方向为看多；当N形向下时，周线指示的方向看空。同样需要注意的是，要放在周线自身的整体趋势中去判断。当20 MA和60 MA向下，向上的周线N形可能持续的时间不会很长，所代表看多的意味没有那么强烈。同时，我们要关注MACD柱体颜色的变化，当周线MACD柱体颜色与周线N形所指示方向一致时，更容易形成顺势的力量。

三是大周期的移动平均线交叉的方向。通常用的是5 MA和10 MA。也可以根据交易员自身的情况进行调整。

如图4-4所示，同样是甲醇的周线图，标注了5 MA和10 MA的交叉（图4-4中的箭头所指的位置）。通常情况下，5 MA和10 MA发生交叉之后，运行的时间会比较长，而周线的运行幅度等于中小周期的一段或几段趋势。因此，无论是在时间上，还是在空间上都具备了足够的弹性。

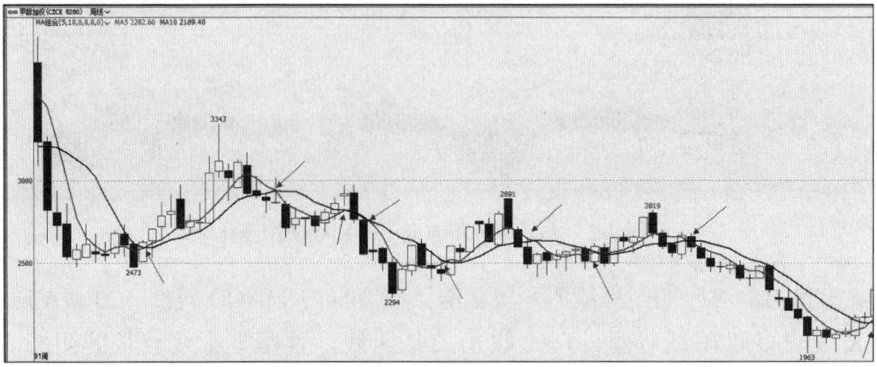

图4-4　大周期判断方向——均线交叉

我之前提到趋势具有惯性，而利用大周期作为方向周期，正是利用了趋势的这一特性。但是大周期明显的不足是其滞后性，当收盘时，行情可能已经起了一大段，或者行情已经出现了反转，逆着大周期给出的方向，但在大周期上还没有收盘，不能体现出来。因此，需要用到中周期作为验证。

4.3 中周期

在本书中，中周期被定义为验证周期。即用于验证大周期给出的倾向是否能够得到实现。大周期和中周期的时间倍数差应当在5倍左右为宜，原因是：最小的走势结构是N形，一个N形的形成理论上最少需要4根K线，因此一定的倍数差才能够更清楚地分析当下的走势。验证周期的另一层含义是，因为日线（中周期）比周线（大周期）走得快，因此日线有可能顺着周线所指示的方向运行，也可能逆着周线的所指示的方向运行，在时间上可以作出提前判断。当中周期顺着大周期的方向运行，也就意味着大、中周期出现了方向上的共振；当中周期逆着大周期的方向运行，意味着出现了大、中周期的不共振，不共振表示在大周期和中周期上出现了多空力量的博弈，而这种博弈目前没有形成一致的结果。以大周期为周线的单根 K 线的倾向为例。我们可以利用中周期的 N 形、20 MA 和 60 MA（MACD 指标辅助）来对应大周期的 K 线、N 形或 MACD。之前我们已经对趋势进行了分类，N 形、20 MA 和 60 MA 分别代表单个周期下的短期、中期和长期趋势。在实际应用中，我们更关注的是大周期的 K 线与中周期的 N 形和 MACD 指标之间的相互验证。我们会使用大周期的 K 线形成的倾向，在中周期上进行验证和对应。这样的做法是基于市场中普遍存在的共振现象（它是指不同周期或指标之间存在相互印证、共同验证的关系）。通过将不同周期或指标的信号进行验证和印证，可以加强对市场走势的把握和判断。因此，通过中周期的 60 MA、20 MA 和 MACD 指标与大周期的 N 形或 K 线之间的验证，有助于更好地理解和判断市场的走势，如图 4-5 所示。

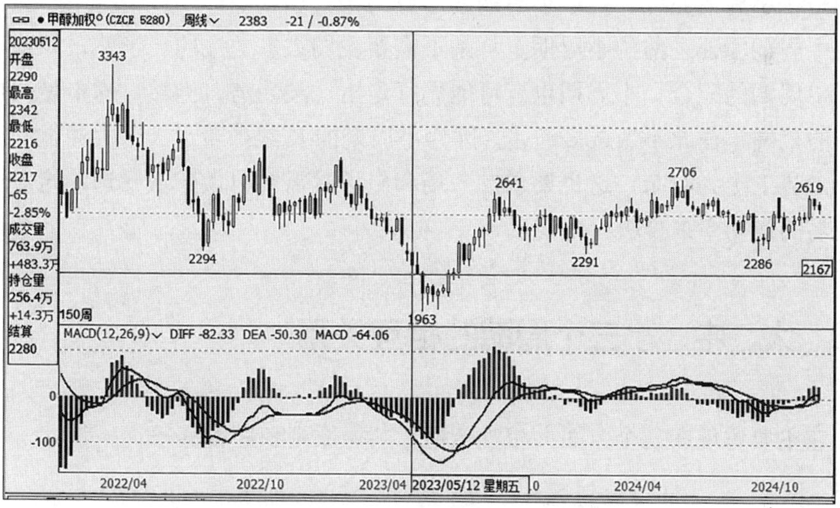

图 4-5　大、中周期的相互验证

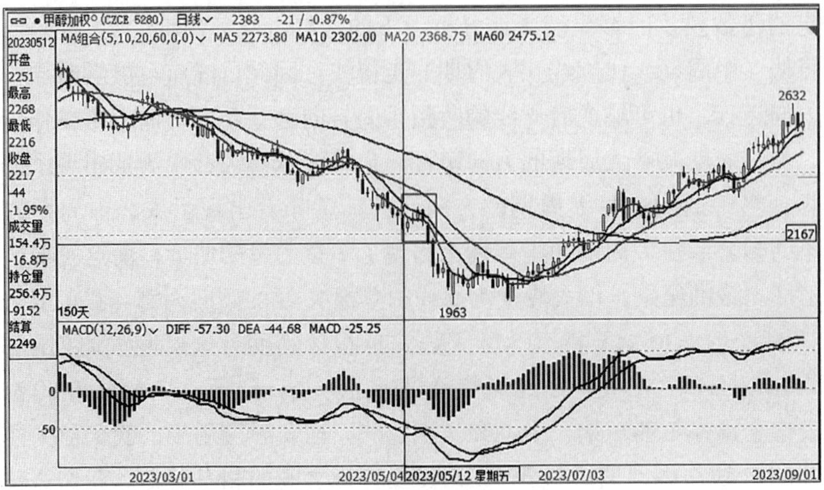

图 4-5　大、中周期的相互验证（续）

4.4　小 周 期

小周期被定义为交易周期或操作周期。即入场、出场、止损、仓位的设定均是在小周期完成。由于小周期波动更为频繁和剧烈，一般情况下，在没有经过中周期验证之前的小周期走势是不需要我们太多关注的。当然，即使没有大、中周期的配合，小周期也有可能先行走出一波趋势，当然，这不是我们要考虑的范围，在此不做过多阐述。因为小周期的 K 线数量远大于大周期和中周期，走势上更为复杂，这也要求在入场和出场时需要再做一次筛选，这对于提高交易的成功率来说极为重要。

4.5　大、中、小三个周期的相互关系

它主要体现在三个方面：相互转换、共振原则和逻辑链条。

4.5.1　关系一：相互转换

在行情趋势末期，小周期行情的扭转可以引领大周期行情的转变。在大周期行情趋势保持不变之前，大周期往往会对小周期行情产生制约作用。

- 行情改变的过程：行情的改变通常是从小周期开始的。小时间周期的

价格行为和趋势变化可以成为较长时间周期趋势转变的先行指标。这是因为较短时间周期的价格走势更敏感，更容易反映市场的变化。

- 时机放大：当长期趋势保持不变时，操作者通常会将时间周期放大，以更好地抓住大周期趋势的机会。这意味着将重点放在更长时间的 K 线周期上，比如从较短时间周期（如 15 分钟、30 分钟）转移到较长时间周期（如 1 小时、4 小时、日线），以捕捉更大的行情波动。
- 制约关系：长期趋势对于短期趋势有一定的制约作用。当大周期行情保持稳定和强劲时，短期趋势可能受到大周期趋势的限制。因为大周期趋势所表明的市场方向和力量更有可信度，相对于较短时间周期的波动更具影响力。

市场走势和价格行为具有一定的不确定性，行情的改变是一个复杂的过程，受到众多因素和参与者的影响。因此，应综合考虑多个时间周期的趋势和其他技术指标，以作出更准确的交易决策。

总结：行情的变化通常从较短时间周期开始，小周期行情的扭转可以引领大周期行情的扭转。在操作过程中，我们将注意力放在大周期趋势上，并通过放大时间周期来捕捉大周期行情的机会。然而，交易决策仍然需要结合市场条件，使用其他技术指标进行确认和验证。

4.5.2　关系二：共振原则

在交易中，多周期共振和多周期上趋势的统一和巩固是最大化获利概率的关键。当我们对趋势的方向感到迷惑时，最好参考较长时间周期上的趋势走向作为决策的依据。短期调整最终会与长期趋势保持一致。

- 大周期给予看多倾向，中周期验证了大周期看多倾向，小周期向上，波段做多。在这种情况下，大周期看多倾向得到验证且小周期趋势也向上，表明行情整体看涨。应采取做多的策略，即在合适的时机进入，买入头寸，并持有一段时间以捕捉预期的上涨。可以结合其他技术指标和信号来确认入场和出场时机。
- 大周期给予看空倾向，中周期验证了大周期看空倾向，小周期向下，波段做空。在这种情况下，大周期看空倾向得到中周期验证且小周期趋势也向下，表明行情整体看跌。应采取做空的策略，即在合适的时机进入，卖出头寸，并持有一段时间以捕捉预期的下跌。同样，可以使用其他技术指标和信号来确认入场和出场时机。
- 大周期给予看多倾向，中周期走出向下趋势（短期、中期或长期向下），我们不参与，也无须参考小周期。大周期给予看空倾向，中周期走出向上趋势（短期、中期或长期向上），我们也不参与这类行情，同样无须参考小周期的走势。

在进行交易时，笔者偏向于顺应主趋势的方向，以降低风险并增加获利概率。对于短期交易（1~10 天），通常会将日线作为主趋势的参考周期。当然，主趋势是指适用于笔者所考虑的交易机会的最长时间周期。在市场上，跟随长期趋势进行交易可以获得最大的获利机会。特别是在趋势初期，趋势反转的可能性较小，此时跟随趋势交易具有更大的潜在收益且风险较小。

确定预计持有期间的长期时间周期是成功的关键之一。顺应主趋势的原因很简单，因为在上升趋势中，上涨阶段的力量总是大于下跌阶段。当然，在这个过程中会有短期调整和空头卖空出现，但总体趋势仍然向上。同样的原则适用于在下降趋势中交易的情况，只是方向相反：在下降趋势中，下跌阶段的力量总是大于上涨阶段。在上升趋势和下降趋势中，可能也可以通过逆趋势交易获利，但机会较少且风险较高。当长期时间周期上的趋势开始展开（比如月线或周），这意味着在未来的几周、几个月甚至几年内都会出现许多交易机会。一旦主趋势确立，新一轮的趋势在短期回调后会提供符合中周期趋势的交易机会。在短期回调后入场通常是一个相对低风险参与已确立趋势的方式。

4.5.3 关系三：逻辑链条

大周期 K 线数量少且结构简单，似乎容易看清行情。但其弱点除了滞后性，还有一个弱点——无法提供入场和出场的位置（在一根 K 线中不能交易），因此在大周期上无法进行操作。小周期 K 线多，但行情又纷繁复杂，我们很容易迷失在 K 线“森林”里。所以常规的“看大做小”出现了矛盾。

大周期看方向，中周期验证方向，小周期操作的方法有效地化解了看大做小的矛盾。确定方向是交易的第一步，也是极为关键的一步，第一步错会导致步步错。大周期提供的是一个方向的倾向，多周期技术分析从大周期开始，因为这能使我们了解主流资金的动向和最小阻力的路径。交易员应该避免与这些长期的、更为强劲有力的趋势为敌，否则一旦发生失误，损失会被成倍放大。

因此，用大周期可以产生交易想法，而不能把握交易时机。大周期的倾向必须得到中周期的验证。这个验证也可以被称为过滤。当中周期验证不通过，多空双方的力量会互相抵消，则不会存在共振的力量。中周期验证通过了，确保了大周期和中周期方向共振（这是首要逻辑）。大周期的趋势由数根小周期走势积累而成。

在小周期趋势形成的过程中，有顺着大周期的方向的，也有逆着大周期的方向（也就是回调走势）的，当回调结束后，行情大概率会朝着原来的方向运行。因此，在小周期上我们也要选择回调结束后，顺着大、中周期已经验证过的方向入场。我一再强调，行情做在趋势发展的初期利润才是最大的。而小周期正是提供了这样一个判断入场的位置。分析小周期上的趋势可以使你的入场点更为精准，最终降低你的入场风险。

在小周期上回调结束后朝着大周期的方向发展，即在小周期上回调结束入场是小周期趋势又一次朝着大周期的方向发展，这是趋势又一次发展的初期，尽管不知道趋势会如何发展及发展的幅度如何，但设想一下，如果朝着大周期的方向发展（时间和幅度），长期累积的概率优势是非常显著的。

小周期还有另一个作用：试错。过滤大部分无效的行情，在某些时候，你的信号发生时去试错，用最小的成本去试错，只能在小周期中进行。用大、中周期相互验证，在小周期顺势交易都是为了获得大概率的优势，出发点都是为了提升成功的概率、降低潜在风险，提升概率跟潜在风险几乎是反向的，提高了概率同时意味着潜在风险就少一些。

大、中、小周期的整体逻辑，从方向到验证，将行情先进行切割，这是大周期中需要解决的问题，而不单单是判断所谓的趋势。再经过中周期的验证，产生一个交易的基础——方向的确定。有了这个基础就可以开始到小周期中去设置进场的定量体系，这个体系要兼顾行情方向、大小、频率、节奏和盈亏比，同时兼顾试错的频率和效率，最终将交易通过三个周期进行连接。自此我们会发现：整个逻辑形成了闭环，剩下的才是细节问题，如果逻辑问题得不到解决，依然做不好交易。

大、中、小三周期的逻辑，如图 4-6 所示。

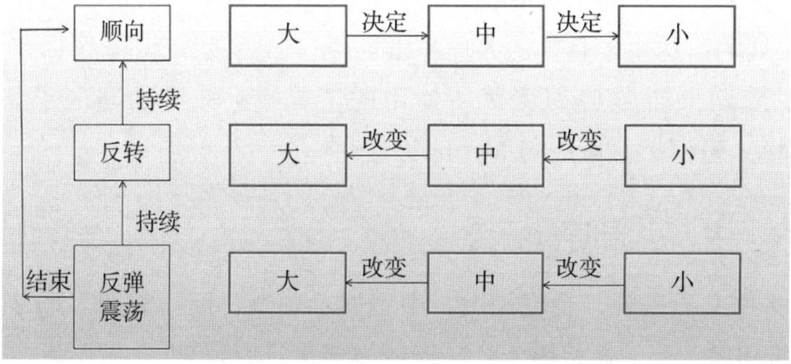

图 4-6　大、中、小三周期转换逻辑

识别一轮新的趋势是找到低风险、高收益的趋势性交易机会的关键所在，然后同等重要的是，辨别趋势正在衰弱或即将反转线索的能力。交易品种从调整中重新恢复到主趋势运行方向所耗费的时间是另一个衡量买卖双方信心的指标。恢复到主趋势运行方向花费的时间越久，趋势持续下去的可能性越小，因为它表明多空之间的争夺更为激烈。

此外，无论在哪一个时间周期上，市场的周期性结构都将使移动平均线看起来像是发散形态。当把股价与移动平均线结合起来观察时，你将注意到在K线和各条移动平均线之间存在着特定的关系。正是K线和移动平均线之间的这种相互关联使你可以清晰和客观地把一只交易合约所“位于”的阶段进行归类。识别和衡量在给定时间周期上存在的多重趋势可以让你更透彻地了解走势，从这样的分析中建立的信心将会最小化情绪因素干扰决策过程的可能。

4.6 大、中、小周期看顺势与震荡

如前文所述，使用不同的时间周期可以帮助交易者判断趋势和震荡，其原理是利用不同时间周期的共振原理。不同周期的作用如下：

- 大周期：较长的时间周期（如日线、周线）用来指示市场的主要趋势。通过观察行情在大周期内的变动，可以提示市场是处于上升趋势、下降趋势还是横盘震荡。大周期的图表提供的是趋势的倾向，而非确定的方向。
- 中期周期：如日线、1小时用于确认或验证大周期给予的倾向，并进行进一步的细化。在中期图表上可以进一步确认市场的趋势，并判断价格是否处于震荡阶段，也可以提供更多的细节和信号帮助投资者确定交易的入场和出场时机。
- 小周期：适用于具体的入场和出场。
- 多周期分析顺势和震荡所使用的工具有：K线的高低点、关键点、MA、MACD、K线与MA的位置。

4.6.1 大、中、小周期看顺势

从严格意义上来说，我们用大、中周期看顺势，用小周期入场（在第8章中进行详细讲解）。下面将用连续图表的方式来进行讲解。

一是周线（2022年10月31日—2022年11月4日），如图4-7所示，标

注 1 处收出一根阳线。这根周线的阳线给出的是看多的倾向。但在周线的整体趋势中，这根阳线看多的意味被削弱了。原因是周线的 20 MA 和 60 MA 均是向下，MACD 的柱体也是绿色图右侧尽管较小。

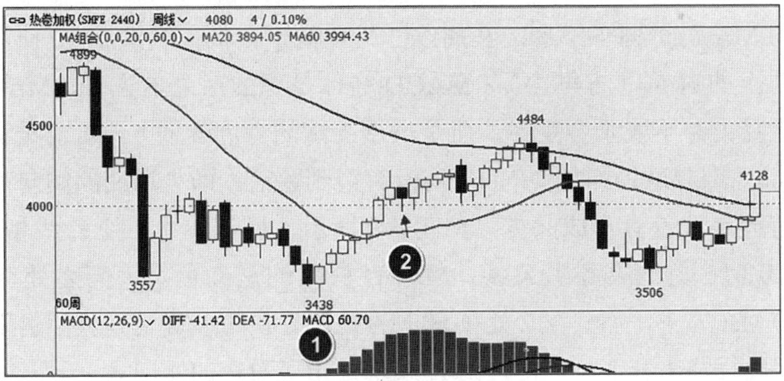

图 4-7　大、中、小周期看顺势——大周期

二是日线，如图 4-8 所示，第一根 K 线创出新低（3438 点），跌破了上周的低点。随后向上展开反弹，连续四天收出阳线。至收盘时 MACD 柱体由绿转红。连续 K 线的反弹没有 N 形，也没有突破关键点。

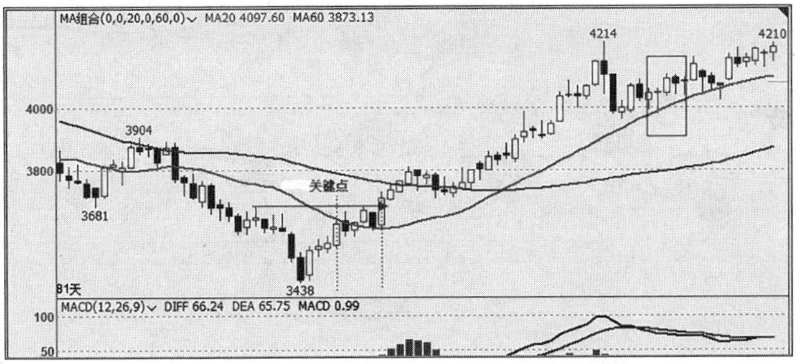

图 4-8　大、中、小周期看顺势——中周期

周五，突破了关键点，同时在本周的走势中（2022 年 11 月 7 日—2022 年 11 月 11 日），连续出现了两个向上的 N 形，同时 MACD 持续变红并且柱体在增长。从 K 线与均线的位置看，K 线站上了 20 MA，并使 20 MA 低角度向上，60 MA 仍然向下。因此得出结论，上一周周 K 线给出的看多倾向，在本周的日线上得到了验证。这个验证是日线短期趋势的验证（MACD 的验证），而没有得到日线 20 MA 和 60 MA 的验证。随后日线 K 线不断走出向上的 N 形，MACD 柱体一直是红色，20 MA 由向下转为向上，突破 60 MA 后再带

动 60 MA 从向下转为水平再转为向上。最高到 4214 点受阻回落，其间的周线给出的均是看多倾向，日线从短期、中期再到长期均验证了周线的看多倾向（把上面的周线和日线图联合起来看）。值得关注的是周线的 2 号位。收出一根阴线，这根阴线是在周线的 20 MA 之上，但周线的 MACD 柱体仍然是看多倾向，60 MA 仍然向下不变。在周线 2 号位的下一周，日线在 20 MA 之上走了一个向上的 N 形（方框内），MACD 柱体是绿的（之前说过，MACD 柱体绿色在上涨中并不表示会反转，而是表示上涨的力度变弱）。那意味着周线的看空倾向，在日线的短期和中期中均没有得到验证。即大周期的倾向和日线的方向没有校准，没有形成共振，如图 4-9 所示，标记 1 和 2 处 K 线相同之处，均是在 20 MA 之上收到阴 K 线，MACD 柱体均是红色。不同之处在于标注 1 处在 60 MA 之下，而标注 2 处在 60 MA 之上，由于 MA 也是天然的阻力和支撑位，因此标注 1 和 2 处收出的阴 K 线均给出了看空的倾向。

图 4-9 热卷周线 1

再结合日线分析，看看有没有得到验证，如图 4-10 所示。

方框 A，对应的是周线标记 1 处给出的看空倾向之后的下一周走势。在水平的 20 MA 之下走了一个向上的 N 形（此时 MACD 柱体是绿色），60 MA 向上。也就意味着日线的短期趋势没有验证这个周 K 线的看空倾向。而我们知道，日线要比周线走得快，因此在没有得到验证的情况下，我们不能入场做空。

方框 B，对应的是周线 2 处给出的看空倾向后的下一周走势。日线从 4484 高点下挫，在方框内已经形成了下降 N 形，且 20 MA 已经转向，MACD 柱体颜色持续为绿色。也就意味着，方框 B 的上一周周 K 线给出的看空倾向，在方框内的这一周在日线上得到了短期趋势（下降 N 形）和中期趋势的验证。因为日线 60 MA 的方向变动会相对迟缓，因此在验证大周期的方向时，仅作为辅助参考。

图 4-10　热卷日线 1

周线 1 处，如图 4-11 所示，在周线连续走出 2 根下跌阴线之后，收出一根阳线。这根阳线处于向上的 20 MA 之上，向下的 60 MA 之下，MACD 仍然是红色。周线 2 处，这根阳线收在向下的 20 MA 和 60 MA 之下，MACD 柱体也是绿色，意味着周线的短期、中期和长期均向下。这根阳线在周线级别是一个 K 线级别的反弹。但不管怎样，收出阳线还是给出了看多倾向。

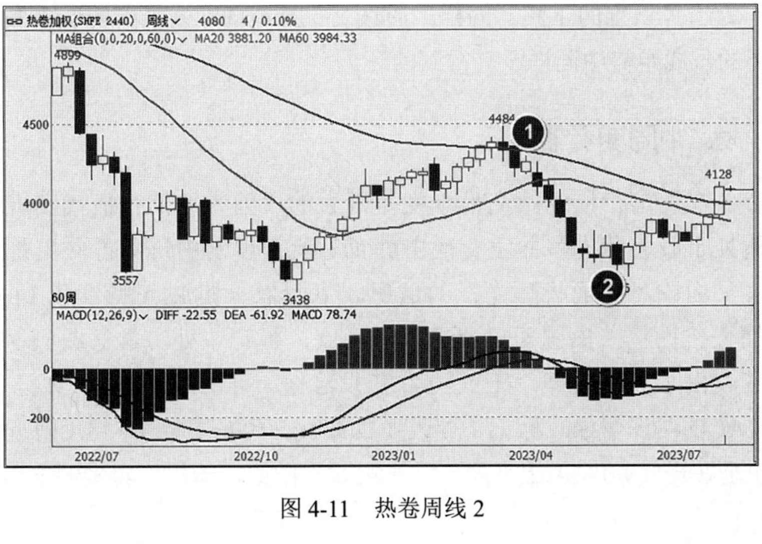

图 4-11　热卷周线 2

如图 4-12 所示，A 方框对应的是周线 1 处（图 4-11）之后一周的走势。在向下的 20 MA 和水平的 60 MA 之下，在 A 处延续了下跌 N 形。MACD 柱体保持绿色，即周线 1 处给出的看多倾向，在日线的方框内没有得到验证，日线无论是短期（N 形）、中期（20 MA）和长期（60 MA）均处于下跌趋势中，因此我们不能入场做多。

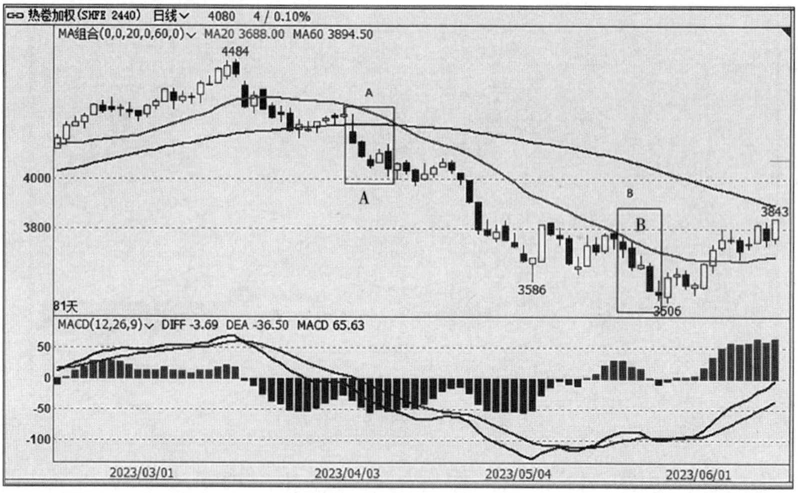

图 4-12　热卷日线 2

B 方框是周线 2 处之后的走势，跟方框 A 不同的是，此时的日线在向下的 20 MA（并受到 20 MA 的压制）和向下的 60 MA 走出一个向下的 N 形，这时的 MACD 柱体是红色的，但是我们之前讲过 MACD 柱体只是作为辅助判断，并不能作为趋势识别的工具。同样，周线 2（图 4-11）处给出的看多倾向，在随后一周的日线走势中同样没有得到验证。

4.6.2 大、中周期看震荡

投资者在震荡行情中做交易难度是极大的，因为震荡行情代表着多空双方的力量处于胶着状态，并没有决出胜负。要在震荡中辨别方向更是难上加难。很容易面临“两面挨耳光”的情况。下面以一段 PTA 持续了 14 周的震荡多周期分析为例，如图 4-13 所示（周线），标记 1 处，最低跌到 5164 点。周线连续收出 5 根阴 K 线，下跌的力度非常猛，且已经跌破 60 MA，20 MA 向下，MACD 柱体变绿。标记 1 处收出的阳线，刚好位于 60 MA 附近。随后的震荡也是在周线 60 MA 上下展开。周线收出阳线，给出了看多的方向。

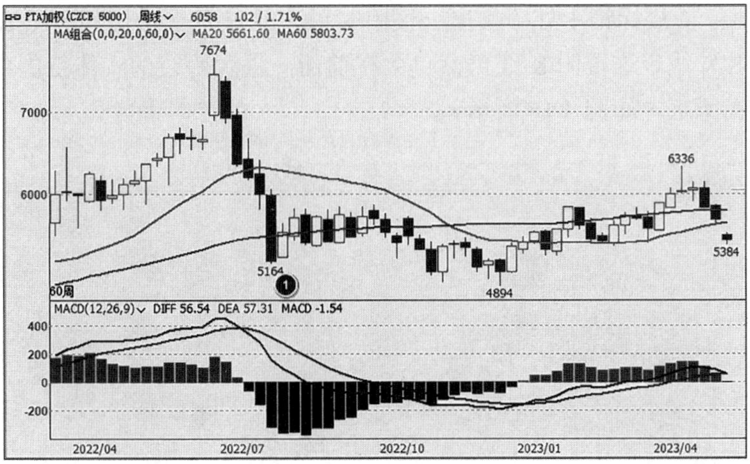

图 4-13　大周期识别震荡 1

如图 4-14 所示（日线），A 方框对应的是图 4-13 中周线标记 1 之后一周的走势。之前已走出了一个向上的 N 形，MACD 柱体变红。周一收出一根阴线，周二收出一根阳线并突破了阴线的高点，向上的 N 形延续，周三收出一根阴线，周四再收出一根阳线又突破了周三阴线的高点，再次形成一个上涨 N 形。MACD 也持续为红色。至收盘时 K 线收于 20 MA 上方，20 MA 角度仍然向下。在周二阳线的高点高过周一阴线的高点时，即向上的 N 形延续形成时，意味着在中周期（日线）上短期已经验证了周线标注 1 给的看多倾向。这时应该择机入场做多。这里不涉及小周期的入场。假设入场了，我们看到后续的走势，最坏的结果是打到平保，不会产生亏损。

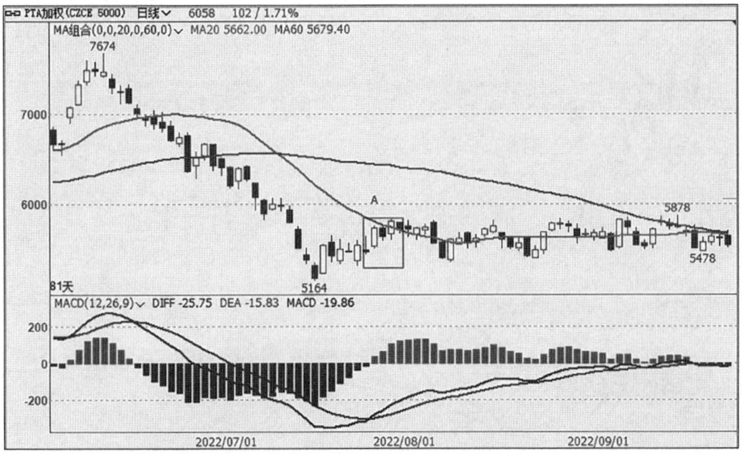

图 4-14　中周期识别震荡 1

同时，周线标记1处，收出一根阳K线，这是继上一周收出阳K线后再次收出阳K线。这根阳K线仍然包含在前面一根大阴线的实体范围内，且距离60 MA不远，如图4-15所示。

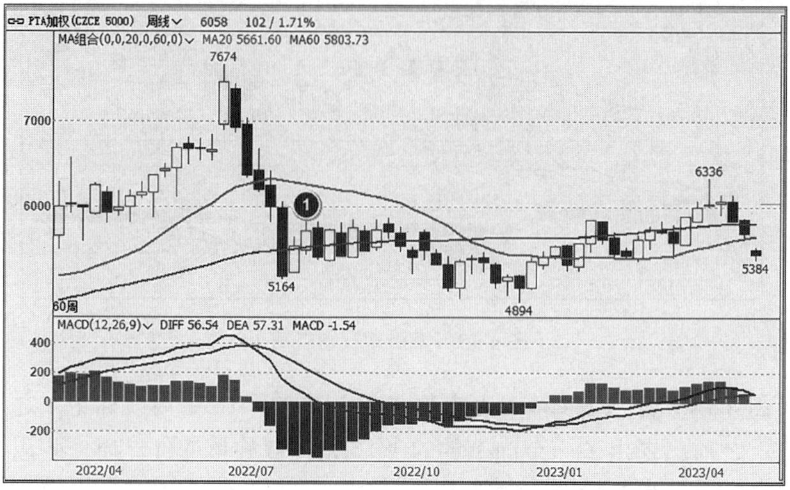

图4-15　大周期识别震荡2

如图4-16所示（日线），K级还是先在向下的20 MA上方运行，周二时收出一根阳线，周三的阳线突破了周二阳线的高点，向上的N形延续，如果在小周期中应该有一个入场做多的机会（在此忽略），周四冲高回落连续两天收出大阴线。假设我们在小周期入场做多，最坏的结果也只是打到平保，不会产生亏损。

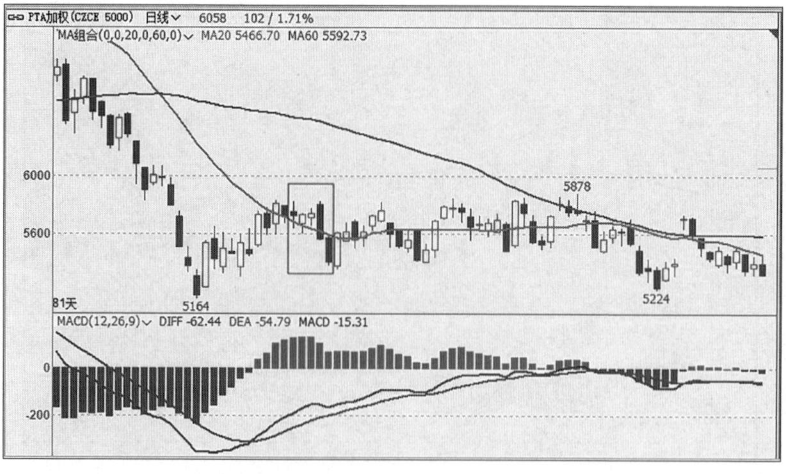

图4-16　中周期识别震荡2

如图 4-17 所示（周线和日线）。

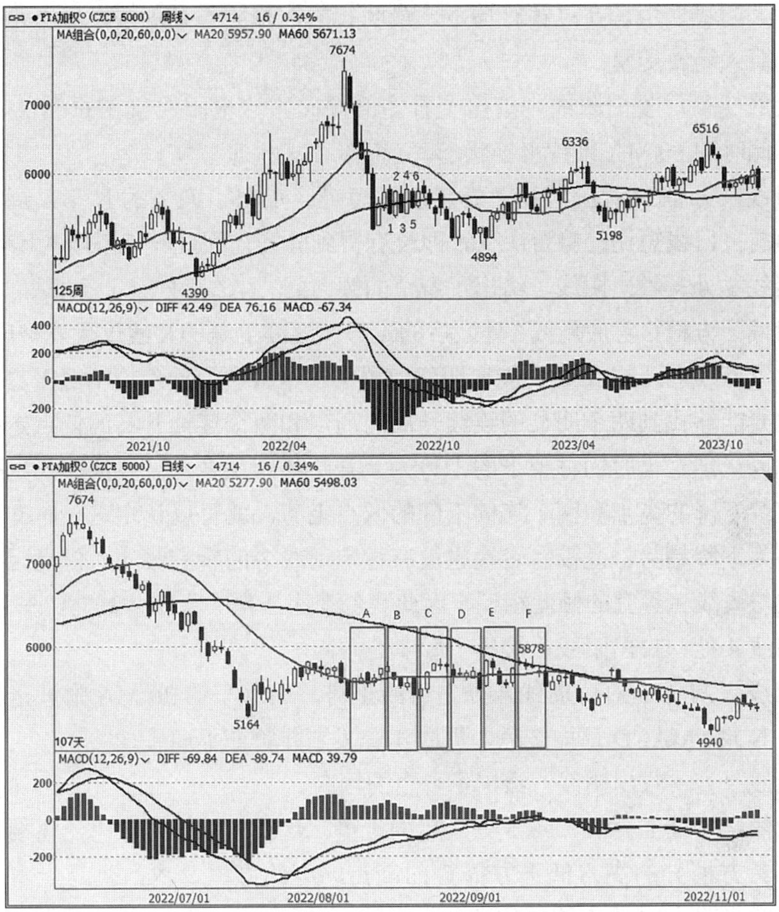

图 4-17　大、中周期识别震荡

周线 1 处：在 60 MA 附近下方收出阴线，给出了看空的倾向。此时周线 20 MA 向下，MACD 柱体绿色。

日线：A 方框对应周线 1 处之后的走势。我们可以看出行情走出一个向上的 N 形，这个 N 形所代表的短期趋势向上，是逆着周线 1 处的看空倾向的，因此这个验证没有通过。可能有读者会问，方框 A 中的周线的阴线跌破了前一天 K 线的低点，不是向下 N 形的一部分吗？是不是得到了验证？答案是：对的，没错。这里得到了验证。从多周期交易系统来说，可能出现了一个做空的机会。但是这个做空的机会有没有在小周期中能入场的机会，不得而知。即使入场，我们可以预料到的结果是：很可能会被打止损。从 A~F 的走势有一个很明显的特点是日线的 20 MA 走平且 MACD 柱体的颜色与向下的 60 MA 是相反的，我会在第 8 章讲到，20 MA 走平是震荡很重要的一个表现。而且周线 1~6 均处于大阴线之中。在这种行情下，最明智的选择应当是观望，而不是挑战高难度非要入场做交易。

周线 2 处：收出阳线，给出了看多的倾向。这根阳线收在 60 MA 上方不远处，此时的 60 MA 维持水平状态。

日线：方框 B 对应周线 2 处之后的走势。走出了向下的 N 形，周线 2 的看多倾向被日线短期趋势否决了，即没有得到验证，因此我们不能入场做多。

周线 3 处：收出阴线，给出了看空的倾向。

日线：方框 C 对应周线 3 处之后的走势。连续上涨的 K 线仅代表一段上涨。注意这里连续上涨的 K 线不能证明任何事情。不符合道氏理论中对于趋势的定义：只要能够找到两个明显的连续升高的高点和两个连续升高的低点走势，那么，可以认定这一时间框架下的走势为上升趋势。反之，只要能够找到两个明显的连续下降的高点和两个连续下降的低点走势，就可以认定这一时间框架下的走势为下降趋势。既没有否决也没有肯定周线 3 的看空倾向。但是因为收出阳线，与周线 3 看空的倾向相反，因此我们在小周期中无法入场。

周线 4 处：收出阳线，给出了看多的倾向。

日线：方框 D 对应周线 4 处之后的走势。在水平的 20 MA 附近走出一个向下的 N 形，MACD 柱体红色，周线 4 看多倾向验证不通过。

周线 5 处：收出阴线，给出了看空的倾向。

日线：方框 E 对应周线 5 处之后的走势。这段走势很有意思，需要我们仔细辨别。方框 E 的高点低于方框 C 的高点，因此方框 E 内，先是走出一个向下的 N 形验证了周线 5 的看空倾向。这里是有可能会出现符合多周期交易系统（在不考虑小周期的情况下）的交易机会。随后在方框内又走出了一个向上的 N 形。也就意味着先是验证了周线 5 的看空倾向，随后又否定了看空倾向。至周五收盘时，周 K 线收出阳线，与周五的阴线再次交错出现。

周线 6：收出阳线，给出了看多的倾向。周线从 1~6 连续出现阴阳交错的走势。对于以大周期单根 K 线的阴阳变化判断来说增加了相当的难度。

日线：方框 F 对应周线 6 处之后的走势。实际上走出一个向上的 N 形，最高冲至 5878 点时回落，严格来说，已经验证了周线 6 的看多倾向。假设我们入场做多，可以预料到最坏的结果是被止损。如果资金管理控制得当，应当不会产生亏损，因为行情冲高至 5878 点时，按照交易系统中资金管理的内容，应该有机会将止损调整到盈亏平衡点。

大、中周期在震荡中的验证方式与在趋势行情中一样。只是震荡行情比较复杂，持续时间可长可短，在实际交易中，很有可能会出现连续的止损。因此作为成熟的交易者，应当尽量避免在震荡中反复入场，毕竟这些对于资金管理非常不利。

本章小结

（1）多周期分析的意义在于将技术分析与不同周期进行叠加，才能更进一步看清当下走势所处的趋势及揭示获利可能最大化的交易机会。

（2）在时间上，大周期趋势更为稳定和持久，体现出趋势的惯性，而小周期趋势则更容易受到大周期趋势的制约。发生转折时，一定是小周期带动中周期再到大周期转折。从空间上说，大周期 1~2 根方向相同的 K 线，对于中周期和小周期已经有足够的获利空间，这也是贯彻一段趋势分段做的交易理念的由来。

（3）将大周期定义为方向周期。利用的是大周期的稳定性。大周期给出的是方向倾向。大周期用于判断方向的方式主要有以下三种：

大周期 K 线的阴阳变化；

大周期 N 形给出的方向；

大周期移动平均交叉的方向。

当然，这三种方法还需要结合大周期整体运行的趋势加以判断。

（4）中周期定义为验证周期，同时也是主趋势周期。因为中周期的走势要比大周期来得快，因此大周期给出方向上的倾向，必须在中周期中得以验证，才能说明大周期和中周期发生了共振。我们关注的是大周期的 K 线与中周期的 N 形和 MACD 指标之间的相互验证。

（5）小周期定义为操作周期。即具体的入场、出场、止损、仓位的设定均是在小周期完成。

（6）大、中、小周期的关系主要有以下三种：

相互转换。行情的改变通常是从小周期开始，当大周期趋势持续且稳定时，中周期和小周期可能受到大周期趋势的限制。

共振原则。多周期共振和多周期上趋势的统一和巩固是最大化获利概率的关键。仅参与大周期和中周期互相验证为一致行情当中。

逻辑链条。大周期看方向，中周期验证方向，小周期操作的方法有效地化解了看大做小的矛盾。三个周期互相验证使得概率优势得以提升。

（7）用大、中、小周期判断顺势和震荡。所用的方法都一样。先由大周期给出方向的倾向，然后在下一个大周期的时间框架内需要中周期去验证这个倾向是否产生了共振。验证的方法仍然是中周期的短期（N 形）、中期（20 MA）和长期（60 MA）趋势及 MACD 柱体颜色变化的辅助判断。同时还要考虑的是：K 线所处的位置与 20 MA、60 MA 的位置关系。

将大、中周期联系起来可以判断行情是否处于震荡之中。当行情处于震荡之中，尽管用本章所讲的分析方法不会产生大的交易亏损，但从交易的难度和资金管理的角度出发，仍建议大家尽量避免做震荡行情。

第5章

入场与持仓

入场是进行交易的第一个环节，入场即“开仓”，是期货交易的开始。用杰西·利弗莫尔的经典语录来说明入场的重要性再合适不过了：无论何时，只要耐心等待市场到达我所说的“关键点”后才动手，我就总能从交易中获利。为什么？因为在这种情况下，我选择的正是标志着行情启动的心理时机。我永远用不着为亏损而焦虑，原因很简单，我恰好在准则发出信号时果断行动，并根据准则发出的信号逐步积累头寸。之后，我唯一要做的就是静观其变，任由市场自动展开行情演变的过程。我知道，只需如此，市场自身的表现就会在合适的时机发出信号，让我了结获利。不管什么时候，只要鼓起勇气和耐住性子等待这样的信号，它总是在它该来的时候到来，从不例外。我的经验始终如一地表明：如果没有在行情开始后不久就入市，则从来不会从这轮行情中获得太大的利润。原因可能是：如果没有及时入市，丧失一大段利润储备，而在后来行情演变过程中直至行情结束，这段利润储备都是勇气和耐心的可靠保障，因此这是十分必要的。在行情演变过程中直至行情结束，市场必定会不时地出现各种各样的小规模回落行情或者小规模回升行情，而这段利润储备正是我不为之所动、顺利通过的可靠保障。那么，如何更好地入场？我们应该对入场持有以下认知。

5.1 为何说入场比出场更重要

入场比出场更重要的原因主要有两方面：精准入场有利于提高胜率、有利于持仓并提升交易者的整体交易效果和盈利能力。

1. 精准入场有利于提高胜率

好的开始是成功的一半。孙子兵法有云："胜兵先胜而后求战，败兵先战而后求胜"。这句话在交易中的理解是指成功的交易者注重在适当的时机进场，而不是盲目地进场。这与胜兵先胜而后求战的思想相呼应。在交易中，选择适当的入场时机是非常重要的。与胜兵先胜而后求战相类似，成功的交易者在进行交易之前会进行充分的研究和分析，以确定何时进场。他们等待市场给出明确的信号和确认，而不是盲目地追逐价格或进行随机的交易。理解这句话在交易中的作用有两个关键点：

一是选择合适的市场条件，即交易者要等待适宜的市场条件和趋势出现，才能进场进行交易以增加获利的可能性，不会在市场没有明确趋势或众多不确定因素存在时盲目进场，因为这样可能导致高风险和不确定的结果。

二是确定好入场信号，即交易者在等待合适的市场条件出现后，寻找明确的入场信号。这些信号可以是技术指标、价格突破、反转形态等。通过等待并确认这些信号，交易者能够增加进场的成功概率，并减少错误交易的可能性。

通过胜兵先胜而后求战的原则，交易者能够更加谨慎地选择入场时机，避免过度交易或冲动交易，降低损失的风险，并增加获利的机会。这种方法能够帮助交易者避免无谓的交易，保护资金，并在市场提供合适的机会时追求获利。

2. 精准入场有利于持仓并提升交易者的整体交易效果和盈利能力

在交易中，精准入场指的是根据市场分析和确定的入场策略，在合适的时机以精确的价格进入交易。精准入场对于持仓的利益有以下几个方面：

- 降低入场成本：通过精准入场，可以将交易的成本降至最低限度。在正确的时机以精确的价格进入交易，可以避免过高或过低的成本，从而最大限度地减少交易成本。

- 提高获利潜力：精准入场有助于提高获利的潜力。在精确的入场时机进入交易，可以增加获利的机会。比如，如果预期市场将上涨，并在价格触及支撑位后迅速入场，那么，我们可能在价格反弹时获得较大的利润。相比之下，如果入场时机不准确，可能会导致我们错过获利机会或者进入一个不利的价格位置，从而减少获利潜力。
- 限制风险：精准入场有助于限制风险并保护资金。在精确的时机进入交易，可以减少交易风险和损失。同时，遵循止损策略，并在价格触及事先设定的止损位时将损失控制在可接受的范围内，有助于保护资金并降低风险。

5.2 入场方式

在第 4 章中我分享了多周期的相关知识时提到小周期是操作周期，因此下面讲的入场方式均是在小周期的图表中展开讲解。当然，小周期对于不同的交易员而言是不同的，可以是 1 分钟、5 分钟、10 分钟、15 分钟、30 分钟、1 小时甚至是日线。为了讲解方便，本节统一用 10 分钟图表作为小周期的时间周期。另外，大周期和中周期的相互验证在第 4 章中已讲解，这里不再赘述。

5.2.1 入场方式一：突破关键点后回调后入场

如图 5-1 所示，它是一个入场做多的例子（10 分钟图表）。

假设大、中周期图表相互验证了看多倾向。在 10 分钟图表上，行情自 1684 低点向上展开了 N 形反弹，并突破了自 1769~1684 回调的关键点。突破关键点是第一步，说明下降的回调趋势进入停滞状态。在突破关键点时，MACD 柱体变红，20 MA 已经低角度向上，60 MA 向下。但此时还不能入场，我们需要再等待一个回调，回调结束后才能入场，可以看到，在突破关键点后，行情进行了 N 形的回调，并在 20 MA 处得到了支撑。在箭头处，收出一根阳线，且这根阳线与前一根阴线没有形成孕线。这时我们有三种入场方式：

一是突破前一根阴线的高点时入场。

二是箭头处 K 线收盘时入场。

三是等待行情再次突破箭头处的阳线的高点时再入场，而第三种方式相对于前两种是较为安全的入场方式。

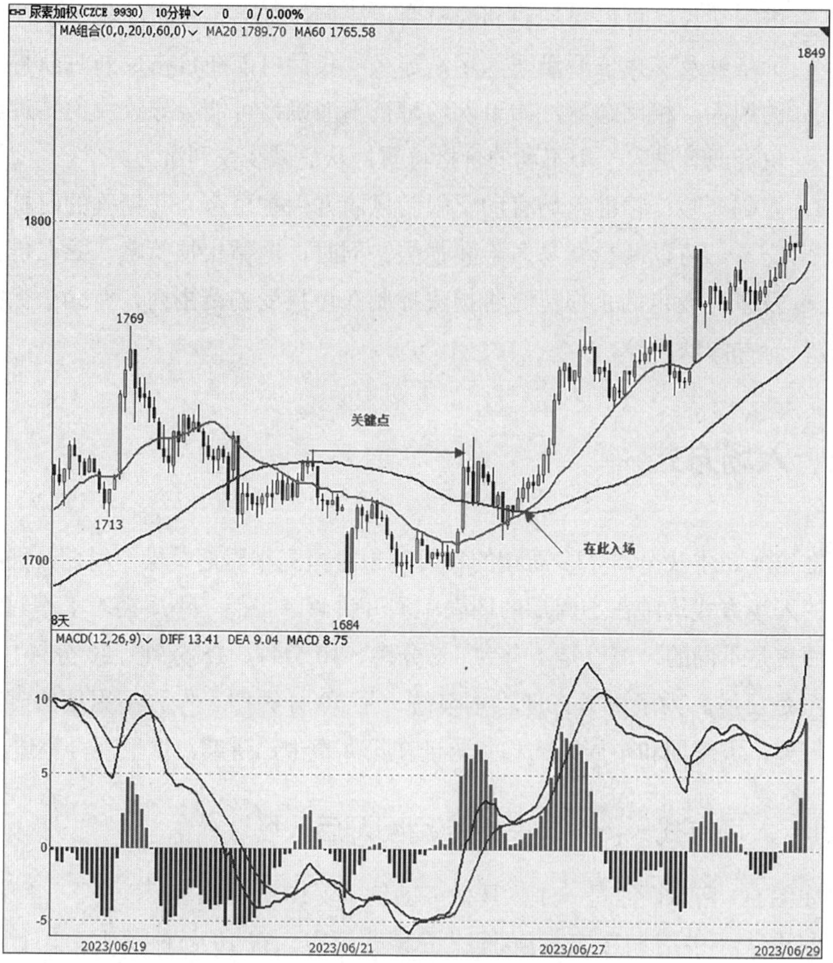

图 5-1 突破关键点后回调入场做多

如图 5-2 所示，它是甲醇做空的入场图。大周期和中周期已经验证看空倾向。在 10 分钟图表上，我们等待做空的时机。在突破关键点后，等待 K 线向上回调，K 线回调结束后入场做空（这里只讲入场，未涉及止损的设置）。可以看到，入场做空后，行情并没有朝着预期向下的方向进展，而是向上展开了 N 形反弹，并最终扭转了 20 MA 的角度形成了一个 20 MA 级别的回调。并且价格一度在 60 MA 之上运行，最终在 60 MA 上方遇到前期阻力后再次下跌。

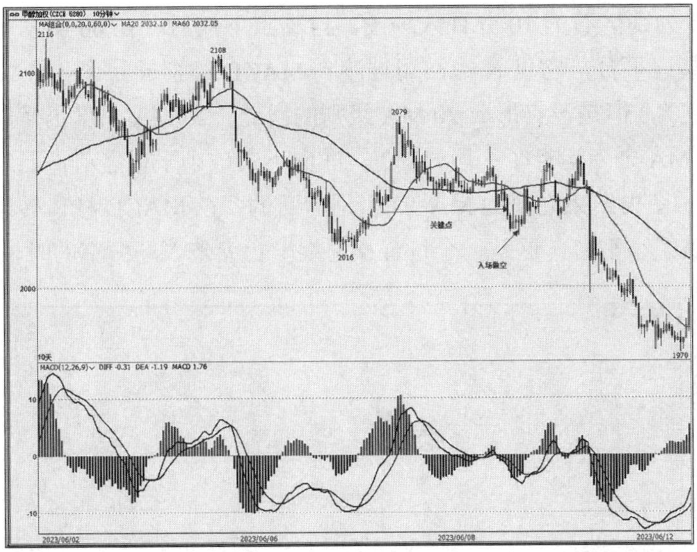

图 5-2　甲醇做空的入场图

5.2.2　入场方式二：小周期突破平台入场

平台实际上是震荡走势的一种表现，突破平台后行情大幅运动的概率加大。图 5-3 为焦煤的 10 分钟入场图。可以看到，在形成阶段性高点之后，行情进行了横向整理，用回调的角度来看，从 K 线回调逐步发展到 N 形回调、MACD 回调和 20 MA 回调（20 MA 已经从向上转为水平）。结合回调结束的判断，K 线形成了向上的 N 形，然后 MACD 柱体由绿色转为红色，20 MA 略微向下转为向上，60 MA 始终是向上的，因此在突破小平台后箭头处入场。

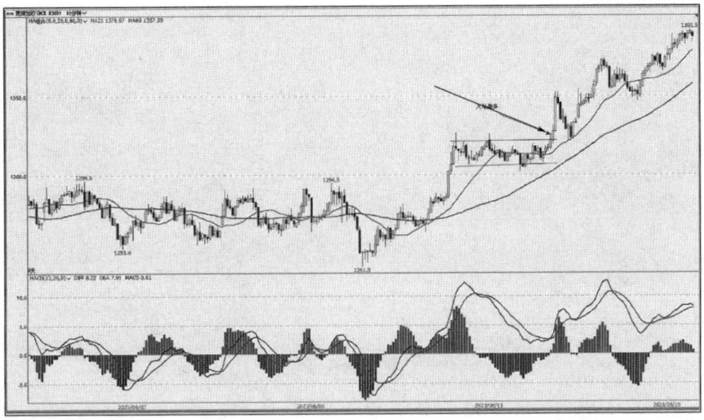

图 5-3　焦煤的 10 分钟入场图

图 5-4 为铁矿石的 10 分钟入场图。自高点下挫后，在 60 MA 下方形成了一个横向整理平台，它以 N 形回调过渡到 MACD 级别的回调（MACD 柱体已经由绿变红），但是没有形成 20 MA 级别的回调（20 MA 角度仍然向下，尽管 K 线在 20 MA 之上运行了一段时间）。在向下突破小平台之前，已经形成了向下的 N 形试图去结束之前的 MACD 级别的回调。在 MACD 柱体转绿时，K 线也向下突破了小平台，这是一个符合小周期平台突破入场做空的时机。

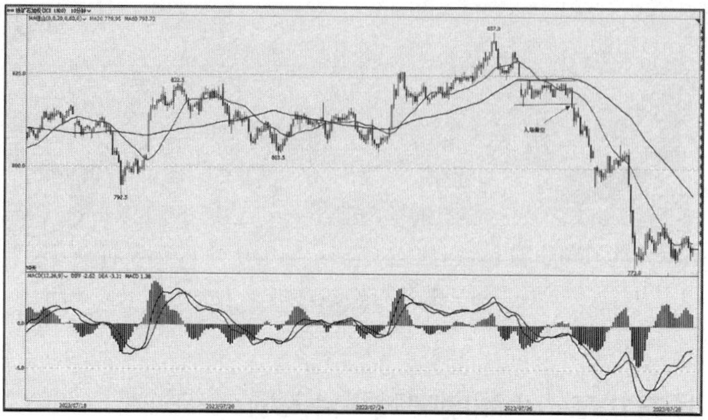

图 5-4　铁矿石的 10 分钟入场图

5.2.3　MACD 背驰入场

这种入场方式是利用 MACD 双线的背驰而非 MACD 柱体的背离入场，这两种背离（背驰）强度不一样，而双线背驰的强度又大于柱体背离。以橡胶入场做多作为例子，如图 5-5 所示。

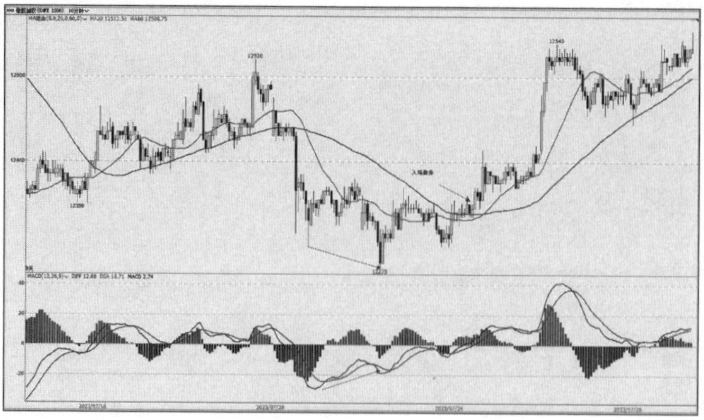

图 5-5　MACD 背驰入场——橡胶

当 K 线跌到 12275 点时，价格低于前一个低点，但是 MACD 双线的位置高于前一个低点对应的位置，这里发生了 MACD 的双线背驰。那么，是不是一出现背驰就马上入场呢？答案是否定的。我们还需要等待回调的结束。在发生背驰时，60 MA 向下，20 MA 向下，MACD 柱体也是绿色，此时入场，从后来行情的发展来看似乎是一个绝佳的位置，但是不符合我们顺势的理念。要一直等到 MACD 柱体变红，且 20 MA 有角度的支持、60 MA 转为低角度运行，这时才符合本书交易理念的入场时机。如果在创出低点后的第二根 K 线入场，可以看到，行情上下震荡非常剧烈，此时多空双方还处于博弈的状态，并没有决出胜负。而在箭头处入场，基本上可以判断 60 MA 的回调已经结束，此时入场做多，我们在持仓心理上也占据优势，行情很快朝预期方向发展。需要特别强调一点：背驰发生未必一定会反转，有可能会出现连续的背驰。

图 5-6 为苯乙烯的 10 分钟入场做空。

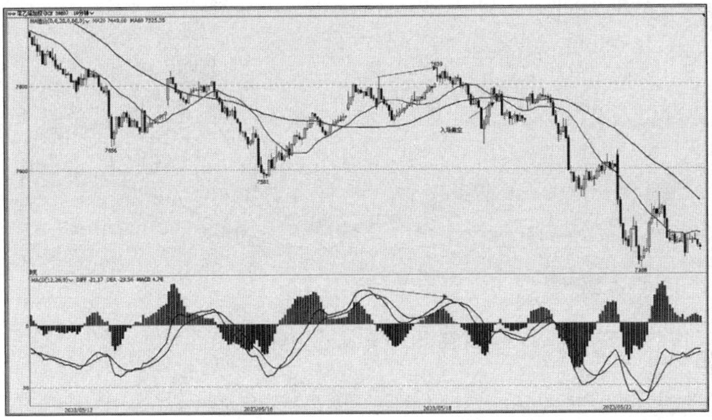

图 5-6　苯乙烯的 10 分钟入场做空

在创出 7839 高点之时，这是一段 60 MA 级别的回调（原来的趋势向下）。MACD 的双线在创出高点时，位置低于前一个高点，MACD 双线背驰出现了。跟上一个例子相似（橡胶入场做多的例子），并不是一出现背驰就入场，正确的做法是耐心等待入场时机。行情自高点向下发展，在前期的低点获得支撑后又向上展开了 K 线级别的回调，连续收出几根阳线，但在 20 MA 处受到阻力后再次向下，在收出阴线且阴线低点被跌破后入场做空。此时，我们做空有几个有利条件：

一是 MACD 背驰发生过。

二是向上回调的关键点已经被跌破过。

三是测试了 20 MA 天然阻力的强度。

尽管入场后行情并没有马上出现大幅下跌，并且在下一个交易日开盘时还向上跳空，但最终朝着预期的方向发展。毕竟在入场后，我们无法预测下一根K线如何运行，因此无法避免入场后的震荡或者是一小段反向走势。应该要做的是保持足够的耐心，在资金管理的前提下应对行情的变化。

5.2.4 MACD双线在零轴附近入场

在第2章我讲过MACD零轴是多空分界线（与60 MA均线大致对应），因为在零轴附近入场，行情走势力度大的可能性大。下面是一个MACD双线零轴入场做多的例子，如图5-7所示。MACD双线在零轴上方附近，MACD柱体刚变红，K线入场做多位置收盘时，60 MA低角度向上，20 MA支持，符合入场条件。

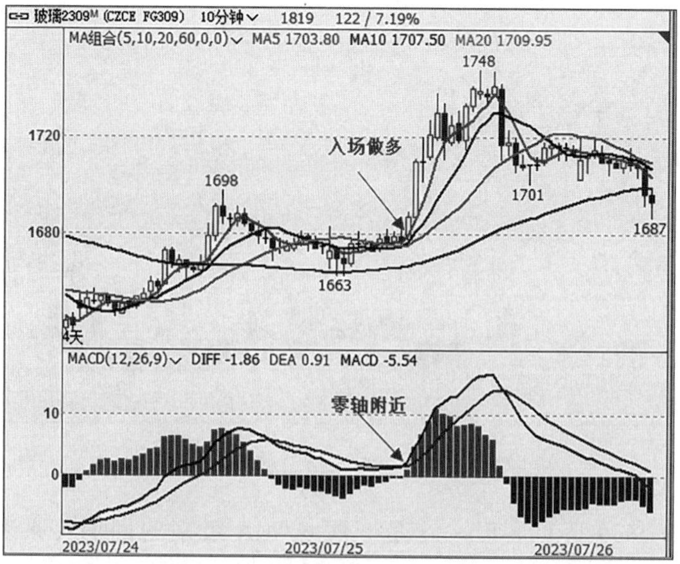

图5-7 MACD双线零轴入场做多

如图5-8所示，出现两次MACD双线在零轴附近做空。需要注意的是，这两个入场有差异。标注1的位置，双线位于零轴的上方形成死叉，可以看到，入场后行情向上回调；标注2的位置，双线位于零轴的下方形成死叉，行情进展比标注1要顺畅很多。

入场方式小结：无论是哪一种入场方式，都必须结合工具来进行综合判断，包括关键点、N形、MACD、20 MA和60 MA。入场的时机出现在回调结束之后，预期行情会朝着原来趋势的方向（即经过验证的大、中周期的方向）

发展，体现了顺势和共振的交易理念。回调结束，行情按照原来的惯性运行，加上周期转换的关系（小周期带动大周期），相当于在小周期上做到了趋势发展的初期，这样我们在时机上占据了概率优势，同时，在盈亏比上也占据了优势。

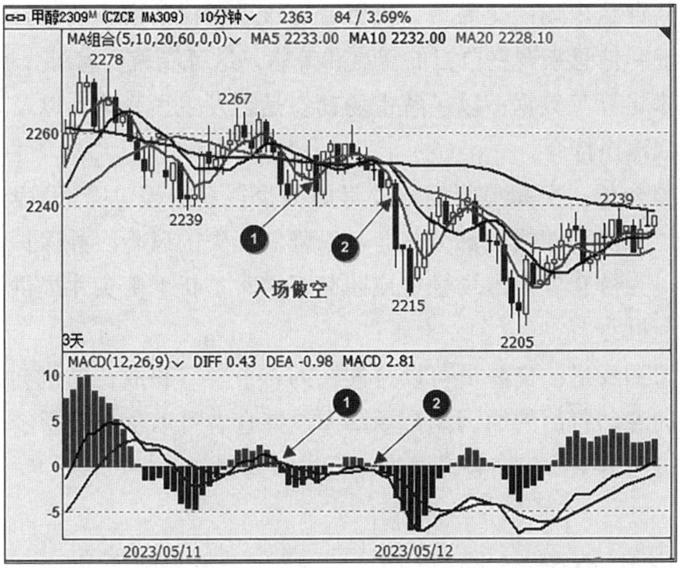

图 5-8　两次 MACD 双线在零轴附近做空

5.3　入场之后的规定动作

它主要包括两个方面：设定止损和反向波动时的持仓心理。

1. 设定止损

在入场的同时，我们应当设定好止损，即不确定止损的价格时，不允许入场。具体止损的设置参见第 6 章。仓位管理参见第 7 章。因为交易的本质是概率，入场之后会存在各种意外情况，也有可能受突发信息的影响，行情朝着反方向运行，运行的幅度和时间都是无法预料的，因此在入场之前，必须做好仓位和止损的设定，将风险控制在可控的范围，这是一个成熟的交易员应该且必须严格遵守的交易纪律。

2. 反向波动时的持仓心理

当行情出现反向波动时，持仓者应该有以下几个方面的应对方法：

- 保持冷静和客观：交易员应该保持冷静和客观的心态。情绪化的决策可能导致错误的判断和不合理的行动，进而加剧损失。因此，持仓者需要保持冷静，并基于理性地分析和判断，以客观的态度来评估市场情况。
- 重新评估市场：交易员、投资者应该重新评估市场情况，并根据新的情况和信息来调整自己的观点和策略。这可能需要重新分析市场趋势、技术指标等数据，以了解市场动态是否发生了变化，以及是否需要调整或退出持仓。
- 调整仓位：交易员可能需要考虑减少持仓规模，降低风险承受能力。通过减少头寸或者部分减仓，以降低损失的风险，并保护资金。这也可以为持仓者在市场稳定或回归正常时重新平衡头寸提供更多的灵活性和机会。
- 学习和反思：交易员可以将其视为一个学习和成长的机会。通过研究反向波动背后的原因和市场动态，持仓者可以从中获得经验教训，并对自己的交易策略和方法进行反思和调整。

5.4 入场机会的过滤

我在多周期中提到了大、中周期的验证，验证也是过滤或校准，用日线的走势来过滤大周期给出的方向倾向。在小周期中，因为K线数量众多，行情走势比大周期和中周期复杂很多，可能会由多段的趋势行情和回调行情组成，而且这些行情的随机性和偶然性又远大于大周期和中周期，因此在小周期中非常有必要再进行一次过滤，将不符合交易系统和交易理念的机会进行摒弃，只做那些能让我们占有概率优势的机会。

1. 看不清楚不做或看不懂不做

图5-9为棕榈油的日线图，方框内的走势上下震荡非常厉害，对于交易员来说极具挑战性。行情要往哪个方向发展，没有人能说得清楚。在日线图上如此，在小周期上更是如此。我们的交易理念是多周期的互相验证。中周期看不清楚，在小周期上更难以作出判断，此时入场一定会被频繁止损。虽然我们有看盘的分析工具，但并不意味着所有的行情都能够利用这些工具进行分析，行情的背后是各类参与者，而不同的参与者的动机、资金大小、交易策略都不同，市场一定会存在不理性的成分，因此不可能存在一种放之四海而皆准的技

术分析方法。所以当行情的走势超出技术分析所能达到的范围，最好的也是最明智的做法就是等待行情明朗再进行交易。不必为那些做不到的行情觉得有什么遗憾，毕竟在期货交易中，永远存在一些显而易见的交易机会。

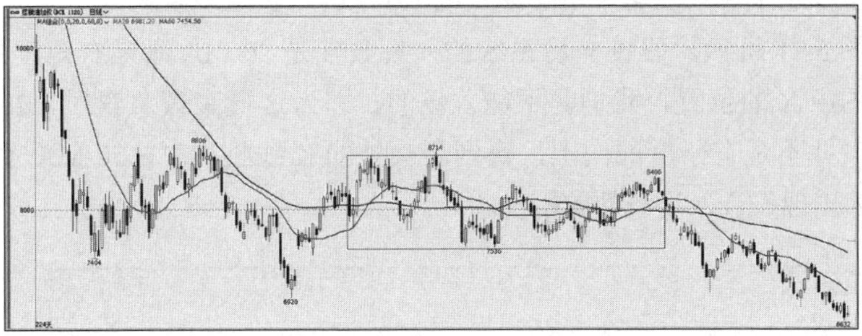

图 5-9　棕榈油的日线图——入场机会的过滤

2. 剔除止损过大的交易机会

止损过大通常意味着盈亏比小，一般会出现在三种行情中：

一是行情突然波动剧烈，入场时价格距离止损位很大。

二是入场时与 20 MA 的乖离率太大。

三是出现了跳空缺口，要入场时，止损难以设定。

如图 5-10 所示，假设我们以突破关键点作为入场条件之一。当突破关键点时，行情已经走了一大段，假如止损位设在前低的位置（图中箭头处）。毫无疑问，这个止损位太大了，盈亏比也非常不理想。行情的发展是波浪式的，很少是直上直下的，入场位置不好，意味着会面临很大回调的可能，这对于持仓极为不利。

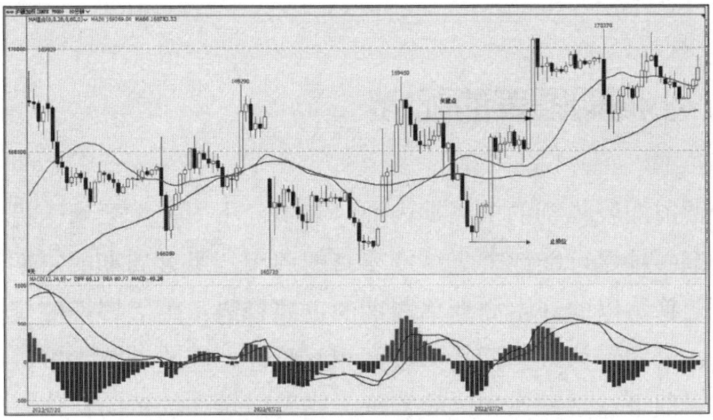

图 5-10　剔除止损过大的交易机会

3. 不符合入场条件不做

它包括逆势不入场，即不符合大、中周期共振方向不做，以及可能更严格的条件，比如 MACD 柱体颜色必须符合预期方向、20 MA 必须有角度的支持、60 MA 至少水平等（在第 8 章交易系统 1.0 中会有进一步讲解）。

如图 5-11 所示，假设交易系统的入场条件是 20 MA 必是有角度的支持。那么，图中 X 的位置，我们是不能入场的，因为这根 K 线收盘时，20 MA 是水平的，并不是有角度的向上，直到箭头处的 K 线收盘时，20 MA 才算有角度，也才出现符合入场条件的机会。

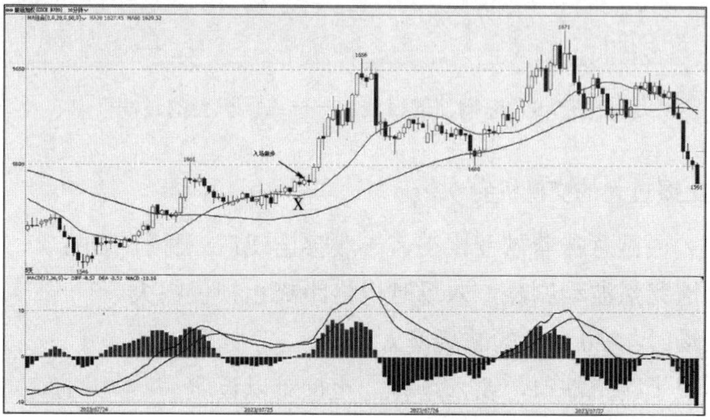

图 5-11　X 位置不能入场

入场机会的过滤是非常有必要的，过滤什么样的机会，与交易员经验的丰富程度和技术水平及心理承受能力相关，并没有统一的标准。交易员应当结合自身的实际情况，在大、中周期验证的前提下，我们再做一层小周期的过滤，这对于提高交易绩效非常有帮助。

5.5　中、小周期图表的配合

大家回顾前面我提到的多周期内容，其中，小周期主要用于提升某笔交易的进场大概率并且尽可能地扩大这笔交易的利润，用大周期的短期趋势来对应中周期的主要趋势以验证中周期单周期的主要趋势，用大周期的倾向和中周期的短期趋势、中期趋势或长期趋势进行相互验证。意味着绝大多数的信号来自中周期，小周期重点是操作和风险管理。先限定潜在的风险，原有的风险在中周期单周期的 K 线上被转化、限定在小周期上，促使风险被进一步下降。

因为走势的自相似性，所以无论在大周期、中周期还是小周期中，都存在短期、中期和长期趋势，这是小周期的特点之一。

同时，小周期是多周期图表中最小观察周期，不能再往下切分，否则会进入一个无限循环，因此小周期上除了利用之前提到的那些工具，还应当将小周期的支撑和阻力区域纳入观察范围。

为了获得更多的胜利和减少损失，我们跟随主趋势（即中周期的趋势）进行交易是最简便的方法。无论是上升趋势还是下降趋势，这一方法可以最小化风险并最大化收益，是一个有效的期货交易策略。

在道氏理论中，上升趋势的基本定义是高点和低点不断上升，这意味着上涨阶段的总和将始终大于下跌阶段的总和（反之，下降趋势中下跌阶段的总和将始终大于上涨阶段的总和）。通过运用这个简单的算法，我们可以从行情中获益。许多期货交易员更喜欢上升趋势，因为商品价格总不会归零，上升趋势的上升幅度在理论上没有极限。他们另外一个喜欢做多的原因是很多期货交易员是从股票交易转过来的，而股票交易只能通过做多赚钱（不考虑融资、融券），因此他们带着股票交易的固有思维进行期货交易。然而，我们也应该注意到，处于下跌趋势中的下跌速度通常比处于上涨趋势的上涨速度更快，这意味着下跌行情也蕴含着许多交易机会，我们不能忽视这点。对于有经验的交易者，对这两类走势的理解都非常重要。无论是做多还是做空，我们都应该始终坚持跟随主趋势的原则。试图逃顶或抄底是高风险的交易行为，它需要较高的风险承受能力和极强的情绪控制能力。

对于趋势交易者而言，他们只对处于已确认的上涨趋势和下降趋势的期货合约感兴趣。接下来，让我们站在波段交易者的时间周期上，通过多周期和小周期分析结合价格、趋势分析，确认理想的做多和做空交易期货合约（中周期和小周期的配合，以图文的方式进行）。

如图 5-12 所示，假设日线已经验证了大周期的看多倾向。日线方框内的走势对应右侧 10 分钟的走势。日线方框内的阳线升破阴线的高点，形成向上 N 形的延续，MACD 柱体红色，20 MA 向上预示着行情依然随着向上的惯性运行。在右侧小周期的图表中，10 分钟跳空突破了关键点 1，这个位置对应的是中周期（日线）方框内第一根阴线的高点。因为小周期带动中周期和大周期，它意味着在小周期上下跌趋势进入了停滞状态。在 10 分钟升破关键点 1 时，MACD 柱体已经变红，且 20 MA 已经向上。在升破关键点 1 之后，出现了 K 线级别的回调，然后收出阳线，阳线高点突破了前一根阴线的高点，第一个入场位 1 出现。但是，这个入场位并不理想，原因是止损过大，盈亏比太小，且前面有一根跳空高开的大阳线，此时入场很可能面临回调或震荡。入场位 2 出现在连续几根幅度较大的阴线的回调并在 60 MA 处得到了支撑，收出一根阳线，阳线的高点也高于它前面一根阴线的高点。这里需要注意的是：这几根下跌 K 线已经将 MACD 柱体转为绿色。但我们看到由于行情波动太剧烈，20 MA 的角度仍然是向上的。这种行情在实际中并不少见。那么，这里符不符合入场条件呢？入场条件的灵活程度因人而异。这里实际上是可以入场的，因为 20 MA 的角度仍然是向上的并且测试了 60 MA 的支撑力度，尽管 MACD 是绿色，但这个绿色在这种情况下可以忽略，这时入场与入场位 1 的止损位是一致的，但是止损幅度小于入场位 1 时的止损幅度，因此具有更好的盈亏比。假设我们不在这里入场也没有关系，在回调知识内容中我们提到 K 线的回调结束，要结合 K 线的力度。这几根下跌 K 线的力度不小，但被同样幅度和力度的阳线结束了回调，因此这里出现了回调结束之后的入场位 3。在这里入场时，我们要止损位进行调整。

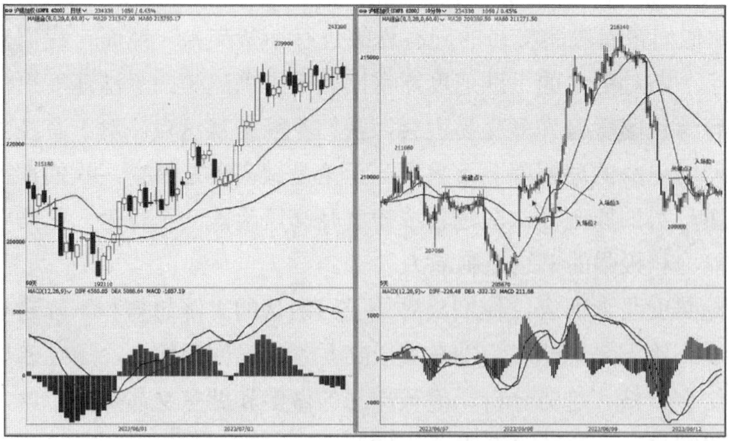

图 5-12　中、小周期图表的相互配合1

再看 10 分钟图表的右侧部分，行情自 216140 点最低跌至 208080 点，这在小周期上是一段迅猛的下跌行情，且以 N 形的方向展开。但在日线上反映的是一根大实体 K 线阴线，它的低点没有低于前一天日线的低点。这表明仍有支撑。巧合的是，208080 点所在的位置，刚好是前一段 K 线下跌在 60 MA 下方获得支撑的位置，这也是我们之前提到的在小周期图表中要将前期支撑和阻力位纳入观察。从最低点向上展开反弹，在 20 MA 的上方突破关键点 2，随着反弹延续，逐渐将 20 MA 的方向从下跌扭转为水平再有角度的向上，在不考虑 60 MA 方向的情况下，出现了入场位 4。这时 10 分钟的短期、中期及 MACD

均是支持的。当然这个入场4具体做不做另当别论，但是客观情况已经出现了。至于行情能走多远我们不做预测。如果我们在前一张图的入场位 4 入场，可以获得一些利润。但是中间的震荡也会非常剧烈。

如图 5-13 所示，中周期日线方框内的第一根 K 线为阴线，也就是日线出现了 K 线级别的回调。我们在右图的小周期上看，小周期在突破回调的关键点 1 后，出现了入场位 1，但是这个入场位是我们所提到的止损较大的入场位，严格来说并不值得交易。尽管后面出现了大幅上涨，但是这个上涨不是我们所能预料到的。

另外，出现了 2 次跳空缺口，这对于交易而言是非常难以交易的情况，跳空缺口看上去惊心动魄，且幅度很大，但在实际交易中很难把握到。

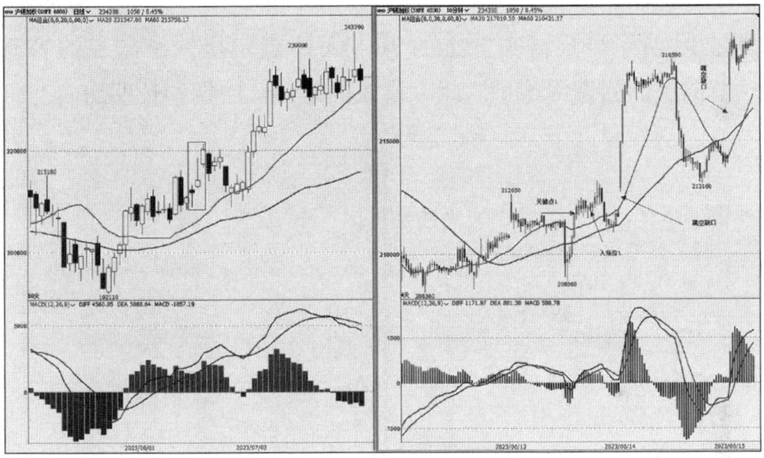

图 5-13　中、小周期图表的相互配合2

如果是反向的跳空缺口，势必会造成资金的大幅亏损。也就意味着没有出现符合条件的入场机会，不能强行入场，否则会将自己立于危墙之下。

如图 5-14 所示，日线方框内，第一根为下跌的阴线，这在日线中周期上就是一根 K 线级别的回调。因为此时的日线 N 形向上，MACD 柱体红色，20 MA 和 60 MA 均向上。日线的短期、中期和长期趋势均向上。

左侧对应的 10 分钟小周期图表上，先是以跳空的方式突破了关键点 1，随后出现了入场位 1。这个入场位同样是属于止损过大、盈亏比不理想的情况，此时距离 20 MA 的乖离太大（乖离是指股市上多空博弈的情况），不是理想的入场位，我们应当予以放弃。尽管后续行情向上，但是这一期间的震荡对于持仓的压力极大。

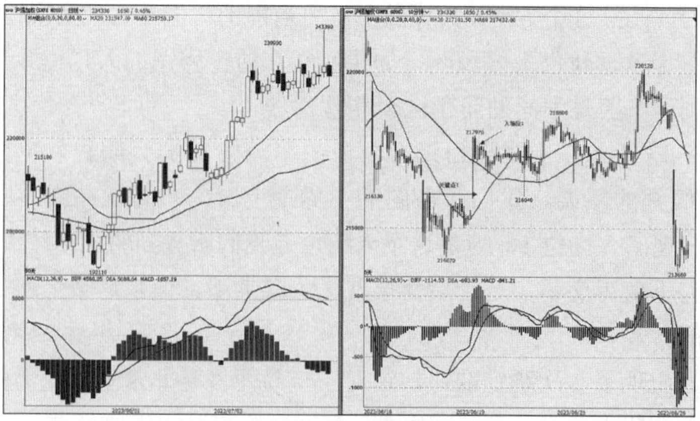

图 5-14　中、小周期图表的相互配合3

如图 5-15 所示，日线在向上的 20 MA 附近走出一个向上的 N 形，这个 N 形将此前向上的回调终结了。此时日线的短期、中期和长期均向上。

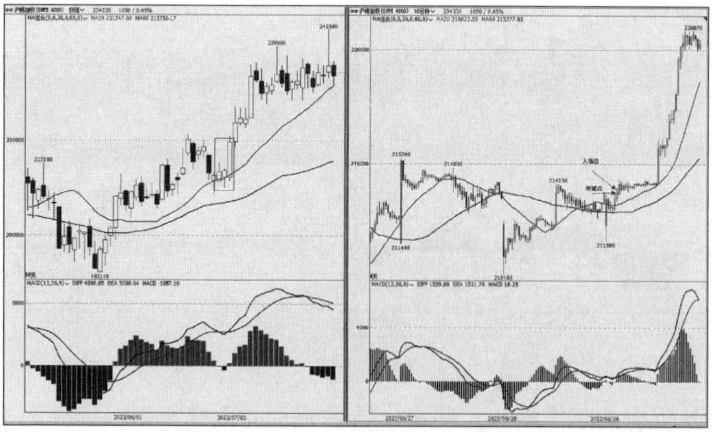

图 5-15　中、小周期图表的相互配合4

再看右侧的 10 分钟，在突破关键点之后出现入场位，这个位置距离 20 MA 不远，止损不算大，且 20 MA 有角度的支持。这里为什么不考虑突破 214830 这个关键点呢？我们曾经提到过一个时间换空间的概念，210160 点的低点距离 214830 点位置较远，要打破这个关键点一般情况下不是 V 形反转才能做到（V 形反转是一种特殊且比较少见的走势）。因此，在 10 分钟自 210160 点反弹运行了很长的时间，随着时间的推移，214830 这个关键点的作用在减弱，因此我们应当灵活地选择 214130~211580 的关键点突破视为回调的结束标志。这体现了交易的灵活性，要依据当下的行情进行调整。如图 5-16 所示，方框内日线的走势，在前一根 K 线高点下方收出两根阳线（这是 K 线回调的一种方式，不一定是 K 线要收出阴线，只要没有突破前一根 K 线的高点都算是回调），也是短期、中期和长期均向上。

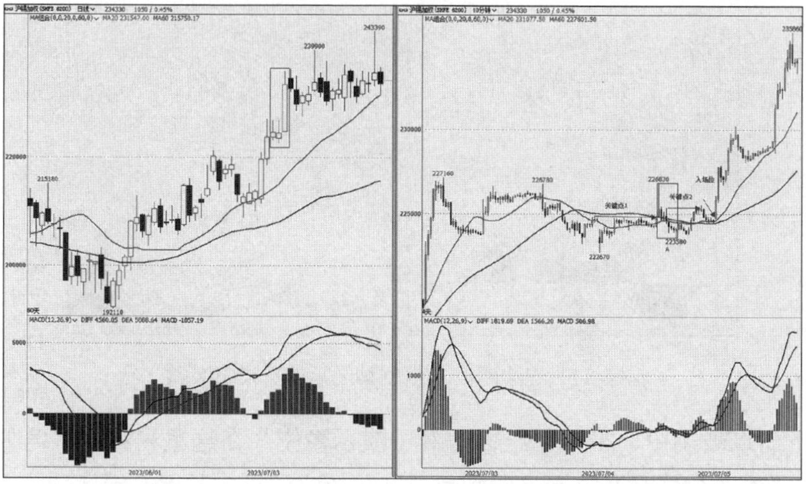

图 5-16　中、小周期图表的相互配合5

右侧 10 分钟图，突破关键点 1 后，冲高回落，在这个过程（右侧红色方框内）中，我们没有出现入场机会。中间收出一根阳 K 线，但这根阳 K 线是收在前一根阴线的实体内，视为阴线。方框 A 内为 MACD 级别的回调，MACD 的柱体已经变成了绿色。此时应该等待这个回调结束再入场做多。行情突破了关键点 2，意味着方框 A 内的回调进入停滞，在突破关键点之后又向下进行了小级别的 N 形回调。小级别 N 形回调结束方式之一是大 K 线终结，于是在有角度的 20 MA 上方出现入场位。这个入场位无论从止损位，还是盈亏比都非常理想。行情没有做过多犹豫或震荡直接展开了大幅上涨。

如图 5-17 所示，方框内的日线在连续两根 K 线回调之后收出一根阳 K 线。

可能有些交易员会觉得这个位置会不会太高，从而不会入场做多。但在本书的交易理念中，很重要的一点是只要趋势没有发生转变，则不能预测其会发生转变。位置的高低不在做顺势交易的范围之内。

右侧 10 分钟图，仍然等待做多的机会。有意思的是，关键点 1 和入场位 1 发生了重合。在突破关键点 1 时，20 MA 已经形成向上角度，MACD 柱体保持红色，当然该入场位的止损有点儿大。假如在入场位 1 没有入场，可以看到在关键点 2 再次出现了入场位的重合。那么，此时我们应该做吗？从日线的逻辑来看，仍然是向上的趋势不变，因此在错过了入场位 1 后，在逻辑不变的情况下，再次出现入场机会，我们理应入场。这里要特别强调的是，它利用了趋势的惯性及多周期相互配合原理下的二次甚至三次入场。

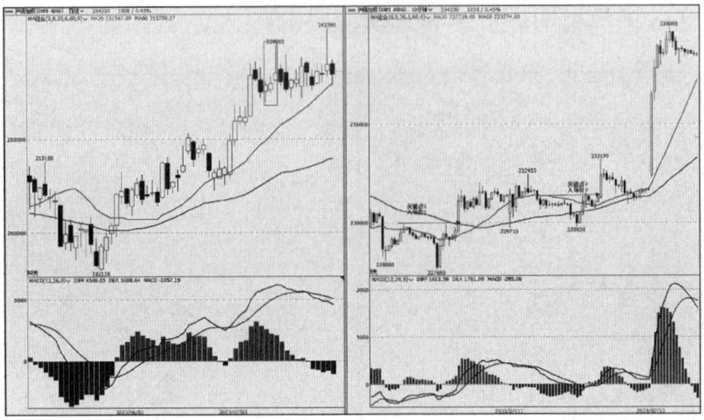

图 5-17　连续两根 K 线回调之后的一根阳 K 线

下面以玻璃中、小周期结合的例子演示做空（在这里只做一些简要的分析）。做空与做多只是方向上的相反，其分析方法在本质上并无区别，通常情况下，下跌的速度会快于上涨的速度。

如图 5-18 所示，玻璃日线方框内的走势。日线在方框内收出一根阳线。虽然看不到大周期，从日线的连续走势可以判断大周期的方向是看空倾向。这一倾向在日线上得到了验证。那么，我们等待的是日线出现回调，然后在小周期择机入场做空。这根日线的阳线即是回调。

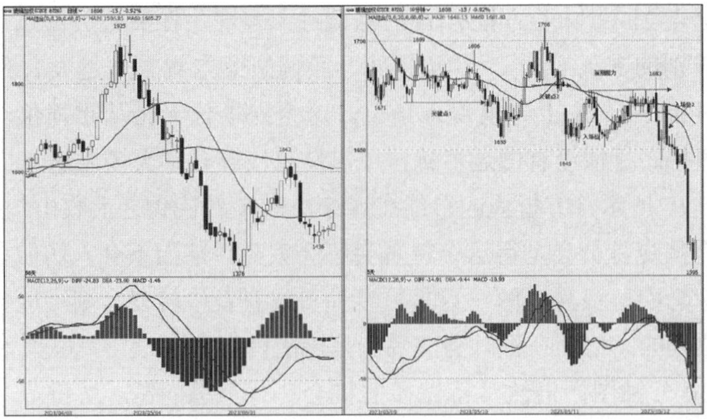

图 5-18　阳线即是回调

于是切换到小周期上，可以看到 60 MA 有角度的向下，突破了关键点 1 的同时出现了入场位，这个入场最好的结果是平保，因为行情没走多远又再次反弹向上。反弹到 1706 点后向下跌破了关键点 2，在 20 MA 附近出现了入场位 1，这是一个值得交易的机会。尽管入场位 1 出现后，行情向下没走多远，随后出现的反弹带动 20 MA 向上回调。可以看到在前期的阻力位受到压制，之前提过，在小周期要将前期的支撑位和阻力位纳入考察范围。在前期高点受阻后向下运行了 2 根 K 线又再次向上 K 线回调，这个回调在 60 MA 处受到压制，随后出现一根大阴线，大阴线的低点低于前一根阳线的低点，于是出现了入场位 2。这个入场位 2 距离 20 MA 不算远，止损也不算大，值得尝试。

5.6　标准入场、提前入场和延后入场

行情是千变万化的，很难出现完全一样的入场方式。因此，在入场时想做到完全一致是不太容易的。我们会在时间上和条件上对入场方式进行区分，即标准入场、提前入场和延后入场。

其中，标准入场是指所有入场条件都符合情况下的入场，这是一种相对严格的入场方式，因为真正符合所有条件的入场机会可能不会有太多，因此我们会错过很多交易机会。另外，当技术水平不是那么熟练且经验不是那么丰富时，执行标准入场是最好的，先建立起对整个交易系统的认知，随着时间的推移才能熟能生巧。

提前入场是指根据当下的行情研判，在不是全部条件都符合或已经出现的情况下入场。这种入场方式具有两面性，一方面，我们有可能获得较大的盈亏比，止损较小；另一方面，因为行情的不可预测，我们也可能会面临行情的反复或反向波动比较剧烈的情况，也有可能会打到止损。这种入场方式对于盘面的解读要求更高，也就是在有了非常良好的盘感后才可以入场。比如，在本书的交易体系 1.0 中，设定的入场条件之一是小周期 60 MA 至少走平。有时，60 MA 不支持入场做单的方向，但行情的整个走势结构已经比较完整或流畅（这个完整和流畅因人而异，即所谓的“盘感”），这时我们借助其他辅助判断的工具（支撑 ÷ 阻力、走势节奏等）可以大胆尝试入场。提前入场时的仓位最好低于标准入场的仓位，以免遭遇止损。

延迟入场，是指虽然所有入场条件都已经出现，但是根据整个走势结构，觉得很“难看”比如，上下震荡非常剧烈，带影线的 K 线密集出现等，这时如果觉得心里膈应，我们完全可以再多等一会儿再看看、判断是否要入场。市场上永远不缺交易的机会，有时延迟入场可以做到很好的位置。

以上三种入场方式也体现了交易的灵活性，交易中没有标准答案。所以依据经验的积累和大量的复盘累积的盘感，我们可以对入场方式做相应调整。

本章小结

（1）入场是进行交易的第一个环节，入场实际上比出场更为重要，原因是精准入场有利于提高胜率，好的入场点需要符合条件及时间，更需要耐心等待。精准入场有利于持仓并提升交易者的整体交易效果和盈利能力。在降低风险的同时，提高获利潜力，从而获得更高的利润。

（2）入场方式主要有四种：

一是突破关键点后回调后入场。

二是小平台突破入场。

三是 MACD 双线背驰入场。

四是 MACD 双线零轴附近入场。

无论是哪一种入场方式，我们都需要利用前面章节提到的技术分析工具进行辅助判断。

（3）入场之后必须要做的是立即或同时设定止损，在没有计算好止损和仓位的前提下，不能盲目入场。否则将是违背资金管理的纪律。另外在持仓时，应当密切关注行情的变化，依据资金管理原则进行仓位或止损位的调整。

（4）入场机会必须要进行过滤，这样才能占据概率优势。主要的过滤原则有：

一是看不清楚或看不懂的行情需要放弃。

二是摒弃止损过大的入场，止损过大意味着盈亏比不好，对于持仓极为不利。

三是放弃不符合入场条件的机会。需要交易者根据自身条件设定。

（5）中、小周期的配合。大周期和中周期是验证方向的，而小周期则是操作周期，使大、中、小三个周期形成逻辑闭环，在方向明确的前提下做顺势交易，体现了多周期的共振原理。

（6）依据入场条件和时间将入场分为标准入场、提前入场和延后入场。全部条件都符合的入场被称为标准入场；部分条件符合或者时机未完全成熟时入场被称为提前入场；标准入场机会已经出现，但整个走势结构有悖于盘感，在标准入场之后再次出现入场机会时的入场被称为延后入场。三种入场方式都有赖于投资者经验的积累和技术水平的熟练程度。

第6章

出　场

出场是交易过程中的最后时刻，它最终决定了交易的盈亏。像跑步比赛最后冲刺过终点线的一瞬间，之前的领先或落后都与最终结果无关，只有在出场时才能真正分出胜负。相对于进场而言，出场更像是一门艺术，进场可以通过设定严格的规则条件以“机械化”方式进行，而出场则远没有那么简单。出场比进场复杂得多。“严进宽出”是期货交易的一个原则，出场不适宜像进场那样通过设置多重条件来筛选信号进行操作，因为进场时主要针对行情的确定性部分进行操作，而出场则更多考虑到行情的不确定性因素，当行情的不确定性增加时，交易者选择出场，以保护已实现的盈利或降低亏损风险。因为行情的不可预测性，增加了出场的难度。

在出场时，交易者需要综合考虑多种因素，比如市场变化、风险状况和已实现盈利水平等，出场决策需要更加灵活和审慎，可以根据市场情况和个人判断来确定最佳出场时机。制定和执行出场策略对于每个交易者来说都是非常重要的，它直接影响着交易结果的长期盈亏。

6.1 关于出场的理念

出场管理是交易系统中必不可少的一环，与资金管理和风险管理息息相关。我非常不认同市场上流传的所谓名言：会卖的是师父。经过实践证明，做好精挑细选的入场，比出场重要得多。在大概率的前提下，入场把握好了，无论是何种方式出场，都不会造成资金的大幅回撤。因此，研究入场比出场更能提升交易绩效水平。

在交易和投资中，我们的目标是在合理控制风险的前提下获得盈利。无论我们对技术分析进行多么详尽的研究，无论最近的期货合约走势如何验证我们进行交易的理由，风险总是与我们共存。如果我们能够充分重视风险，就能与风险共舞，轻视风险势必会被风险吞噬甚至消灭。因此，我们最重要的任务之一就是担任风控管理者的角色。尽管我们都具备通过调整仓位、保持理性预期和把握适当时机等方式来控制风险的能力，但是市场才是真正的主导者。这就是为什么我们在解读行情走势时必须保持客观的原因，建仓之前必须准备好对所有可能结果作出迅速客观反应的能力。职业交易员和业余交易者之间最大的区别：职业交易员具备对可能出现的各种结果做好准备的能力，无论是盈利、亏损还是持平，并且事先考虑好在亏损时应该何时止损。忽视这一教训将导致严重的后果，持续亏损会造成资金的大幅回撤，甚至会让交易员退出交易，以此来惩罚我们对行情走势的无知。因此，我们必须充分认识到风险管理的重要性，并在交易过程中始终给予它必要的重视。

在建立自己的交易系统之后，入场是第一步。然而，一旦入场，首先要做的是保护自己，控制损失，避免大额亏损。止损是一种保护资金不受重大损失的方法，对于期货交易者，我们或许无法准确预测能赚多少，在交易系统的执行过程中，唯一能确定的是如果这笔交易亏损了，亏损的金额是多少，它在入场之前，我们须事先计算出来，并且在入场之后严守交易纪律，在行情没有朝着预期方向发展时，不能随意修改止损位。通过控制损失，可以让利润增长，这是每位投资者所追求的目标。

首先，让我们看看不敢面对亏损的问题。在期货交易中，有很多交易者总是不愿意面对自己的错误，他们选择性“失明”，并且常常找出各种理由来合理化自己的错误决策。无论这些理由是否合理并不重要，重要的是这些理由建立在“我不会犯错，错的是市场”的前提下，通过“选择性过滤”来寻找理由，而不是通过对行情走势按照既定的方法进行客观分析得出正确结论。换言之，他们不承认犯错，这是他们无法客观分析市场的原因。实际上，他们并没有通过原因来进行综合分析以得出结论，而是站在固定结果的基础上寻找原因。简而言之，他们不是因为看多才买入，而是因为已经买入而寻找看多的理由。这类交易者是典型的“刻舟求剑”型交易者，在不断自我暗示的情况下，很容易使自己的信念与市场的客观现实背离。哪怕市场最终的走势与他们预期的结果一致，对他们也没有任何好处。因为这会导致他们的自尊心膨胀，下次更难以面对自己的亏损。这类交易者对自己过于自信，完全偏离了对市场行情的客观分析，认为自己比市场更强大，最终导致巨大亏损。当这类交易者面临交易亏损时，由于他们坚信自己没有错，不愿设置止损，直到无法承受更大的损失时才被强行止损，造成巨额亏损。因此，学会控制损失，采取止损措施是极为重要的，这样我们才能保护自己的本金，让利润实现增长。

在期货交易者中，有一类交易者彻底将亏损归咎于自己。他们绝不容忍在交易中犯下任何错误。一旦出错，他们会陷入无休止的自责循环中，无法自拔。这些交易者深知市场的生存规则就是必须对市场心生敬畏，保持弹性。他们明白市场永远是正确的，与市场斗争简直是愚蠢至极。然而，他们始终无法摆脱“对错与盈亏完全相关”的错误观念，他们对自己要求颇高，将自己无法控制的事情归咎于自己，为交易中的错误承担全部责任，这类交易者总是不停与自己对抗。这些交易者认为亏损是不可原谅的，可以避免的，自身应对全部亏损负责。他们深陷止损的痛苦自责中。他们认为止损是自己的错，是方法错误，完全没有意识到止损实际上很有可能是因为市场价格随机波动常常会触发止损，这本是交易中的必要自我保护机制。然而，许多交易者却错误地将止损归咎于自己的方法问题，完全忽视了市场本身的不确定性因素。

这类交易者，由于没有正确理解止损的重要性，不明白止损是交易过程不可或缺的交易成本。只有通过多次小额止损，才能换取未来的大幅盈利。他们畏惧止损，不敢设置止损点，投资者应该快乐地接受止损，不要因为止损而影响心态和交易操作，而是要积极面对并从中吸取教训。只有这样，才能在交易市场中不断进步，获得长期的成功。

在期货交易中，关键是要认识到亏损在交易中是正常的。只要能够接受这个事实并且认识到每次交易都有可能发生亏损，我们的交易行为才能够变得自如且自信。否则，如果我们在该止损的时候不果断地止损，这种犹豫不决的心理必然会导致巨额亏损的结果。尽管如此，我们依然希望能够尽可能地避免亏损，因为对于交易者来说，获得利润始终比避免亏损更为重要。

因此，我们必须认识到，在这个市场上，交易中的亏损是合理的，我们要学会接受合理的亏损。只有理解了这一点，我们才能从容面对交易中的波动，从而能够更好地管理风险，并最大化交易的利润回报。

交易者们已经意识到，盈利和亏损是我们无法掌控的因素，我们只能从宏观的角度寻找交易的概率优势，而每一次交易的结果只能由市场来决定。可以发现，在交易中，无论是盈利还是亏损，其实都是在做同一件事情。这就是所谓的盈亏同源。避免亏损也等同于避免利润。如果我们的交易系统具有正期望收益，那么避免亏损是不划算的行为。也许此时的交易者开始思考，交易的本质到底是什么。我们必须认识到，市场交易的目标是获取利润，在实现目标之前，适度的亏损是无法避免的，因此应该接受。在交易中，盈利和亏损是不可分割的一部分，我们应该用平常心接纳最终的结果。

当交易者深刻认识到，除了寻找概率优势外，对市场的行为并不能完全掌控时，他们就会明白盈利的关键在于不断止损。交易者需要超越市场 K 线的波动，清楚地认识到每次交易的盈亏都是概率游戏的一部分。唯一需要做的是在亏损时保持小额亏损，而在盈利时争取大额盈利，通过控制盈亏比来实现长期稳定盈利。

这种认识的转变需要很长时间的磨炼和经验积累，一旦交易者理解了这一点，标志着他们正在向成熟转变，不再过度依赖交易结果，而是学会顺其自然。真正成熟的交易者不会把市场视为对手，而是与市场包容与融合，不再害怕亏损，也不会因盈亏而产生剧烈的情绪波动。他们的心态会变得平和，不受外界的干扰。最终，这些交易者会在概率游戏中获得稳定的盈利。这是一个成熟的交易者所具备的重要特质。

每笔交易都有五种可能的结果：大幅盈利、小幅盈利、盈亏平衡、小幅亏损和大幅亏损。其中，我们必须尽一切努力避免大幅亏损，是交易时最需要警惕的情况之一。一旦发生大幅亏损，不仅会对我们的资金造成重大损失，也会影响我们的信心和交易心态，会严重动摇对交易系统的信念，造成的后果可能会有：不敢交易、抛弃交易系统寻找新的交易系统、过度优化交易系统使它能“符合”所有不利的情况。因此，需要采取适当的风险管理措施，以最大限度地降低大幅亏损的风险。

在进行交易时，应该设定合理的止损点，即在交易亏损达到一定程度时主动平仓，以防止亏损进一步扩大，保护资金安全。同时，需要时刻关注市场情况，灵活调整止损点和仓位规模，以适应市场的变化和波动。

另外，还可以采取多样化的交易策略和分散投资组合的方式来降低大幅亏损的风险。通过分散投资于不同品种的期货合约，可以有效冲抵风险，降低单品种交易带来的风险（这部分内容将会在第 11 章单独讲解，这里不再赘述）。

总之，大幅亏损是我们在交易中必须谨慎对待的情况，通过合理的风险管理、设定适当的止损点、灵活调整仓位及分散品种合约投资等方式，以最大限度地避免大幅亏损，并保护自己的资金安全。

6.2　被动出场（止损）的设置

通过上面的分析，我们对亏损有了正确的认识。那么，在交易过程中如何进行止损？又如何做到小赔？

下面我们分析以下问题：止损设在什么位置？被动出场设置在什么位置，即如何设置？

主动出场和被动出场是交易中常见的两种出场方式。主动出场是假设我们入场后获得了一定的利润，但利润幅度有限。比如，我们设置 30 个点的止损，而当前只有 30~40 个点的盈利，此时我们需要考虑下一步的操作。

在这种情况下，如果市场价格出现回调，根据资金管理原则，应先将止损点调整至平保的位置。这意味着在利润有限的情况下，如果市场价格回调，最多会触发一个平保的止损，即保持利润不变。然而，如果利润非常有限，只有一个止损幅度甚至没有止损幅度，这时投资者可能选择设定最大止损。

一个正确的止损策略应该是当我们获得至少一个止损幅度的盈利时（即盈亏比达到 1∶1），最好选择将止损调整到盈亏平衡点。这样我们能够最大化利润并且保护已经获得的盈利。

总而言之，根据利润情况和市场价格的回调，可以采取不同的主动出场策略。在保护利润和资金安全的前提下，可以灵活地调整止损点，并在获得足够利润时选择执行平保操作。

1. 止损位设置方式一：设在入场周期（小周期）的前高 / 前低的位置

如图 6-1 所示，假设在图中 K 线收盘时入场，收盘价为 3 755 元，离入场位最近的一个高点为3777，但是这个高点之前还有一个倒锤子线形成的高点3780，这两个位置相关3个点，因此应当将止损位设于3781点（高于3780一个点）。此时止损距（入场价格与止损价格差值的绝对值）为3 781-3 755=26。入场之后，价格最低跌到3 730元，距离入场位3 755元的价差为25元，这时盈亏比接近1∶1，可以有两个选择：

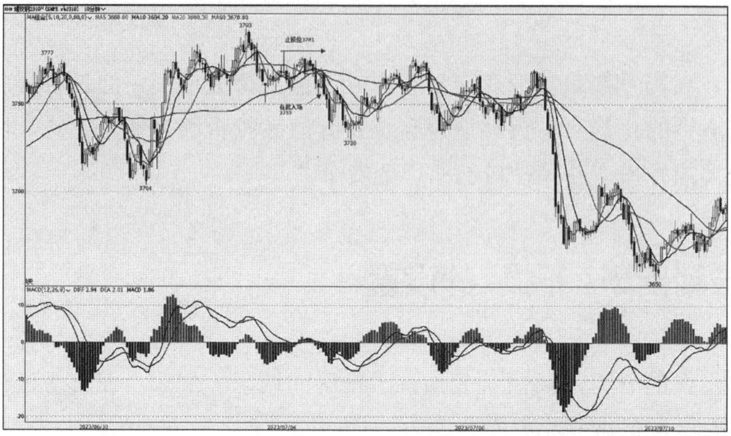

图 6-1　做空入场周期（小周期）的前高

一是调整止损位到盈亏平衡点3754（低于入场位1个点，因为考虑到佣金手续费），后续行情向上反弹，最坏的结果是打了平保，即这笔交易不盈也不亏，相当于没有做这笔交易。

二是不考虑调整止损位，根据交易员自身的风险承受能力，盈亏比达没有达到1∶1（差一个点也是差），或者交易员自身的风险承受能力较高，在没有达到盈亏比1∶2时不调整平保。这两种方式没有优劣之分，根据交易员自身的情况明确即可，明确之后则不应随意调整。我们可以看到第二种选择，虽然没有打到止损，但是入场之后行情的震荡和反复是谁也无法预料到的，最终行情朝着预期的方向下跌，但其间心理上的压力不可避免。

如图6-2所示（做多入场设置止损），假设在3667点入场做多，止损位有两个选择，分别是3647点和3629点，根据自身风险承受能力选择其中一个作为止损位即可。两个止损位之间相隔18个点，并不算大，在可接受范围之内。之后在盈亏比达到1∶1时（或更大时），调整盈亏平衡点到3668（高于3667入场位1个点）即可。对应止损位1调整止损到盈亏平衡点的价格3668，对应止损位2调整止损到盈亏平衡点的价格3 686（3 668+18）点。

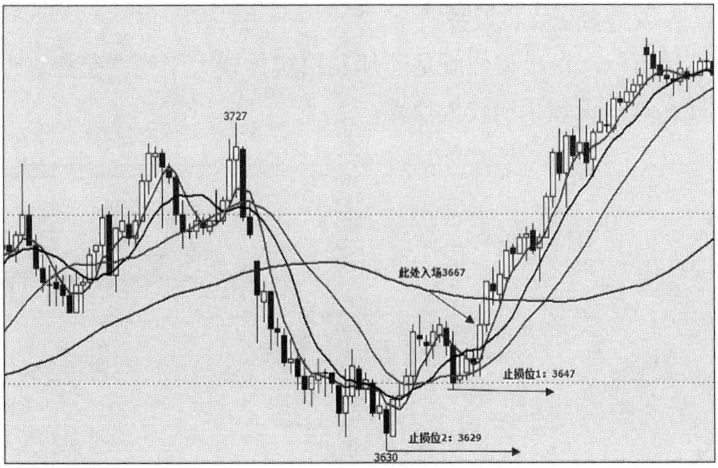

图 6-2　做多入场设置止损

2. 止损位设置之二：大 K 线的起点

原理是 K 线本身有支撑和阻力的作用（第 2 章的知识点），在大 K 线的极值（最高点或最低点）设置止损，实质上也是在支撑和阻力位设置止损。

例 1：入场做空止损位设置。

如图 6-3 所示，假设在图中入场做空，即在 K 线收盘时做空，入场价格 3 636 元。如果设置止损位在前高（图中止损位 1：3659），可以看到，在行情反弹时很容易被打到。如果设置在止损位 2(此处连续走两根实体较大的阴线)，止损价格为 3 673 元。后期向上的反弹没有打到止损位 2。但是我们也可以看到止损位 2 的盈亏比相较止损位 1 不太好。大 K 线起点的原因是具有很强的支撑或阻力作用，价格在此处被打，止损的概率要低一些。设置盈亏平衡点的方法跟之前介绍的方法相同，这里不再赘述。

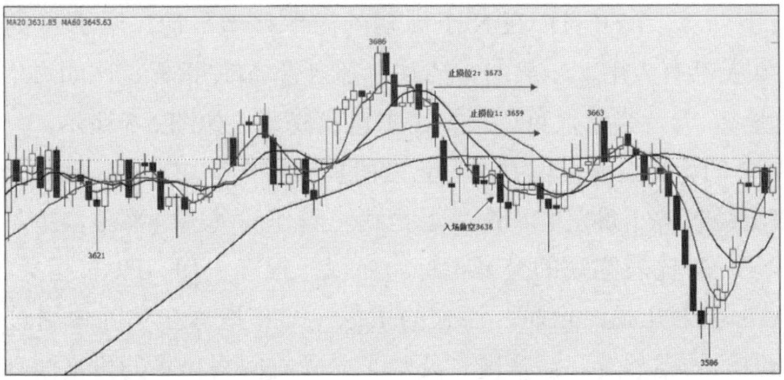

图 6-3　入场做空的止损位

例 2：入场做多止损位设置。

如图 6-4 所示，在止损位既是连续三根实体较大阳线的起点，也是前期的低点，因此在这里设置止损较为稳妥。

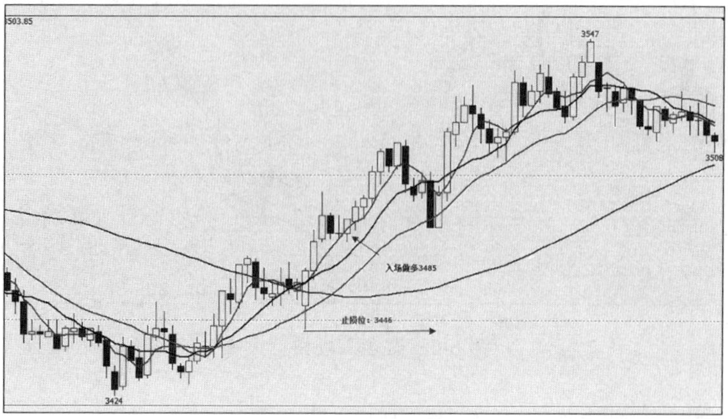

图 6-4　入场做多止损位

3. 止损位设置方法三：ATR 设置止损

ATR 即平均真实波幅，是由美国威尔斯・维尔德（Welles Wilder JR）对金融市场进行分析所发展而来的技术指标 Q，要计算这个平均真实波幅（ATR），须先计算真实波幅 TR。真实波幅 TR 是以下三个数值中的最大者：

- 当前交易日的最高价与最低价间的波幅。
- 前一交易日收盘价与当前交易日最高价间的波幅。
- 前一交易日收盘价与当前交易日最低价间的波幅。

有了真实波幅 TR 后，可以利用一段时间的平均值计算 ATR，现在的看盘软件基本上自带 ATR 指标，可以自动识别和计算 TR 和 ATR 数值，不需要交易员手动算。ATR=TR 在 N 个周期的简单移动平均，至于 N 的数值取多少，10~30 天都有人用，一般的行情软件都自带 ATR 指标，比如文华财经默认 N 的数值是 26 天，当然，可以根据需求自己修改，如图 6-5 所示。

从 ATR 的计算过程可以看出，它之所以被称作平均真实波幅，是因为在计算公式中已经包含了跳空的情况，已把跳空看作波动的一部分，更贴近真实的行情，属于一种比较客观的交易指标。所以，很多人用 ATR 来指导实际交易，普遍用 ATR 作为止损、止盈、加仓的依据。ATR 指标在实际使用过程中用来衡量市场波动的强烈度和活跃度，反映了一段时间内市场的价格波动范围，用 ATR 止损可以有效地过滤市场噪声，不被轻易洗掉，常见的 ATR 止损策略是在价格反向运行 0.5~3 倍的 ATR 来执行止损。以 2 倍 ATR 止损为例，开仓做多以后，为了防止价格下跌损失不可控，可以参考 ATR 指标，如图 6-6 所示。

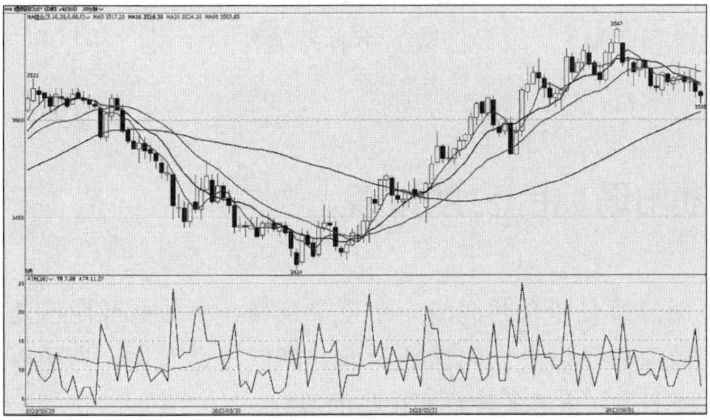

图 6-5　ATR 指标

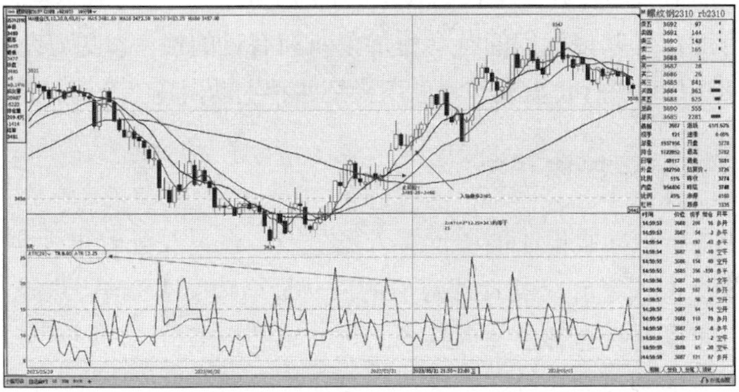

图 6-6　止损设置（ATR 方法）

入场做多时所对应 K 线的 ATR 数值为 12.25。根据 ATR 止损策略，选择 2 倍 ATR 作为止损幅度，即 24.5 点（四舍五入为 25）。

一旦价格朝相反的方向移动即下跌 25 点，达到 3 460 元，我们将无条件地执行止损，认赔出局。这样的止损设置有助于防止损失失控，同时也为市场波动提供了一定的空间来排除噪声。25 点的止损幅度在一定程度上考虑了市场实际波动规律，并且可以在个人承受范围内操作，避免了主观预测的干扰，更加依赖概率来过滤无效波动，从而保持头寸。

需要注意的是，选择适当的 N 值并没有固定的标准答案，而应该根据个人的风险承受能力进行权衡。较大的 N 值将导致较大的平均止损，而较小的 N 值则会减少平均止损。因此，选择合适的 N 值需要综合考虑风险偏好、交易策略和市场条件等因素，并在实践中进行实时调整。ATR 止损策略的优势在于它能够根据市场的实际波动性进行动态调整，更贴近市场的情况与市场保持良好的适应性和灵活性。

在实际应用中，建议采用 2~3 倍 ATR 作为止损策略（也可以根据不同品种的波动性进行调整），因为倍数太小容易被打到止损，太大又会在盈亏比上有所欠缺。

6.3 主动出场（止盈）的设置

止盈是保护持有持仓利润的一个重要策略，它的标准应该是明确和简单的。移动止盈策略可以最大化保证利润并降低资金回撤。为了获得更高的收益，必须坚持不达到止盈条件就不止盈的原则。

然而，止盈的最大难点在于恐惧损失的心理和盘面的波动。这些因素可能动摇持仓者的信心，使其无法按照设定的止盈标准执行。克服恐惧损失的心理，明确止盈标准，可以使我们的持仓更加果断和有目的性，以更好地控制自己的情绪，更有信心地进行止盈操作。以下介绍四种主动出场（止盈）的方式。

6.3.1 大 K 线 + 巨量止盈

如图 6-7 所示，假设在图中位置入场做空，在箭头处收出大实体的 K 线，同时看到成交量较之前一根 K 线对应的成交量增加了 3.5 倍，这是一个可以出场的位置。可以选择全部出场或部分出场，如果全部出场，则落袋为安，后面行情下跌产生的利润当作没有发生；如果部分出场，可以选择在后续的走势中择机出场，总的利润较全部出场有所增加。

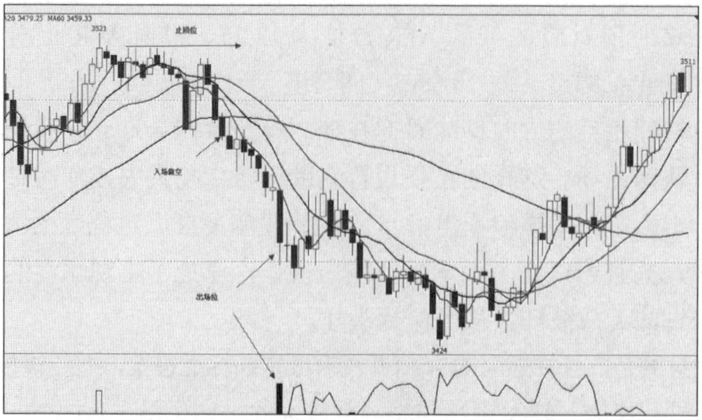

图 6-7 止盈方法实例——大 K 线 + 巨量

需要说明的是，这是整本书或者整个交易体系唯一要用到成交量的地方，成交量的其他用法不在本书讨论的范畴，这里不再赘述。

6.3.2　20 MA 异侧止盈

关于异侧的解释，以入场做多为例。当入场后，行情沿着预期的方向向上运行，直到有一根 K 线的收盘价收于 20 MA 下方，此时即是做多的异侧止盈；入场做空则相反，异侧是 K 线收盘价收到 20 MA 的上方。如图 6-8 所示，假设在图中位置入场做多，20 MA 异侧止盈出场在图中最上方的箭头处，此时的 20 MA 收盘于 20 MA 的下方。在向上运行的过程中，有一次下探到 20 MA 下方，但收盘时位于 20 MA 上方，因此此处先不出场。该例子中，可以看到，如果在 60 MA 收盘才出场，那么这个单子不会亏损，但也不会有什么利润。

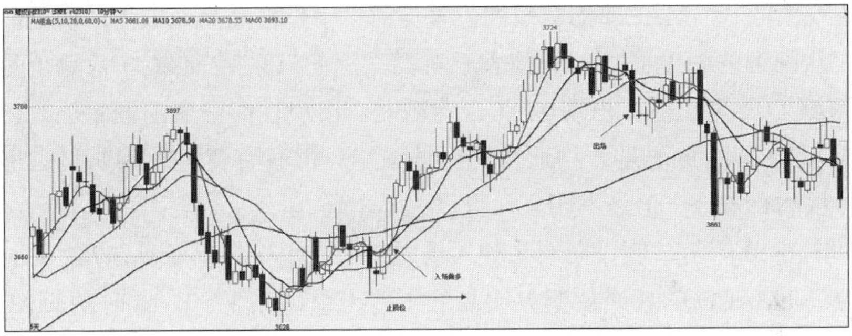

图 6-8　止盈方法——20 MA 异侧止盈

6.3.3　60 MA 异侧止盈

做多时，当 K 线收于 60 MA 的下方出场；做空时，当 K 线收于 60 MA 的上方出场，如图 6-9 所示。可以看到，入场做空后，有一次反弹触碰到 60 MA，但收盘在 60 MA 之下，一直到从跌到最低 3562 点后反弹，一直到收在 60 MA 之上，此时应出场。60 MA 是最晚的出场方式，可以看到，60 MA 异侧具有两面性：一方面，可以拿到波段的大部分利润；另一方面，将面临利润回吐，它的幅度有时并不小。因此，并不存在一种完美的出场方式，原因是行情的不可预测性，很难做到最低或最高点出场。作为成熟的交易员，应当放弃追求过分完美的出场，否则将得不偿失。

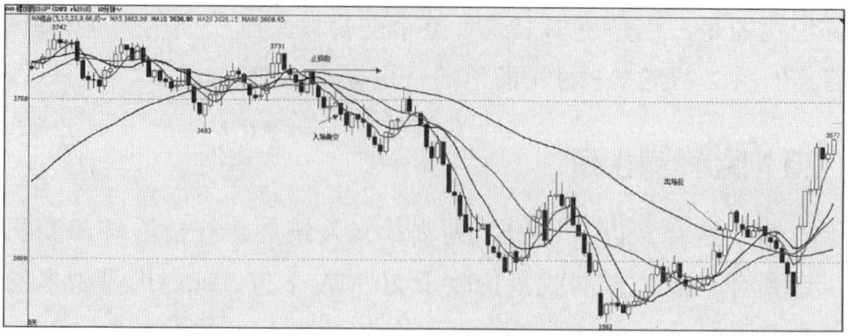

图 6-9　60 MA 异侧止盈

6.3.4　MACD 背驰止盈

之前有提到 MACD 背离和背驰的区别：背离是指当价格创新高或新低时，MACD 柱体的长度与上一个价格高点或低点出现相反的状态；背驰是指当价格创新高或新低时，MACD 的双线的位置与前一个价格高点或低点的所处的位置相反。从回调的力度而言，背驰大于背离，因此只采用 MACD 背驰止盈而不采用 MACD 背离止盈。出现 MACD 背驰时，出现行情回调的概率加大，因此选择 MACD 背驰止盈是一种适当的出场策略。但只有背驰较为明显时出场才合适，虽然有背驰，但是不明显，可以先不出场。

如图 6-10 所示，假设在箭头处入场做多，当价格创出新高 3 742 元时（最高价位），MACD 的双线位置要明显低于前一个高点 3739，此时的 MACD 柱体也变成绿色（即出现 MACD 柱体背离和 MACD 双线背驰）。这时向下调整的概率加大了。需要说明的是，只有价格低于 3739 一个点，此时出现的背驰都不叫背驰。必须是价格高于前高 3739，哪怕只有一个点时，如果 MACD 背驰才是出场的位置。

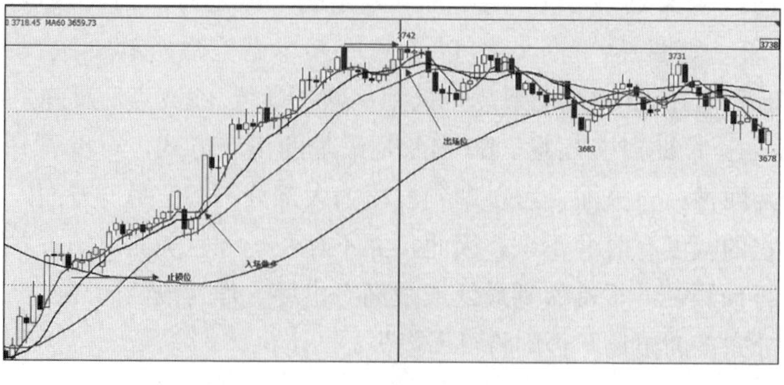

图 6-10　MACD 顶部背驰止盈

图6-11为MACD底部背驰，假如入场做空（具体位置略），价格在创出新低3 662元时，MACD的双线出现非常明显的背驰（图中的箭头所指处）。这时如果不出场，可以看到行情反弹的速度非常快，会造成利润回吐。

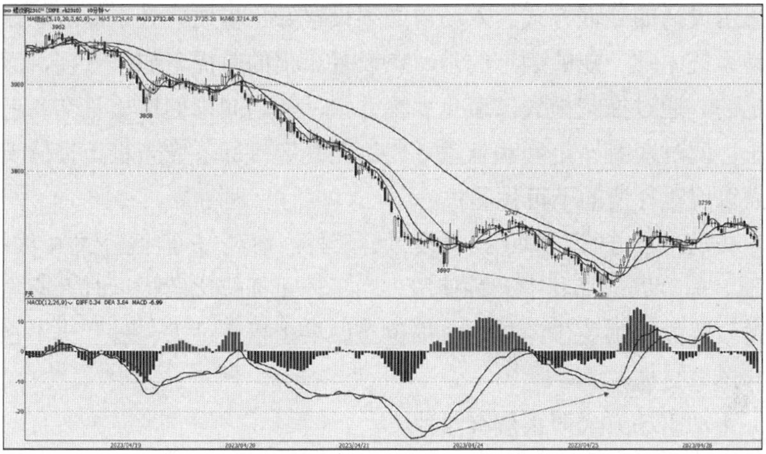

图6-11　MACD底部背驰

图6-12中MACD背驰不太明显。假设入场做空，但是在创出新低3 856元时，与前低3 868元低点相比，MACD的双线所处的位置并不存在很明显的差异，虽然后续也震荡向上反弹，但是遇到这种情况，建议大家先不要出场，以等待更好的出场位置为宜。

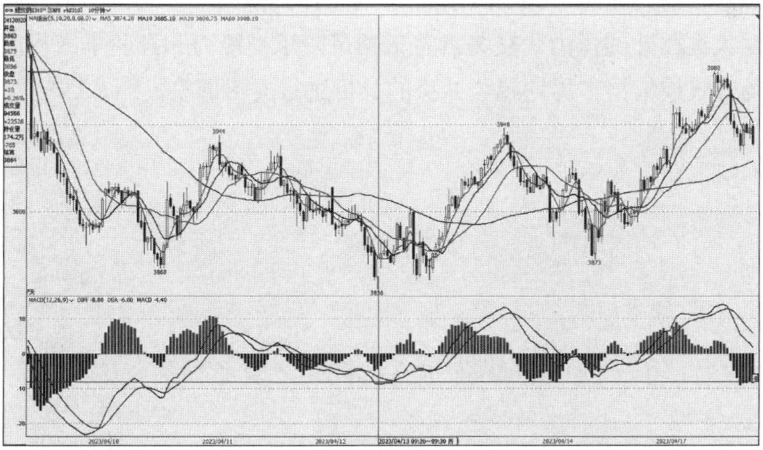

图6-12　MACD背驰不太明显

本章小结

（1）出场管理与资金管理和风险管理息息相关，相较于严格的入场，出场可以采用灵活的处理方式。入场前必须设置好止损位并且不能随意调整止损位。交易系统中唯一能够确定的是，在设置止损的前提下如果亏损，亏损的金额是确定的。通过控制损失，避免大幅亏损，让利润稳健增长是交易者走向成熟的标志。同时在有一定利润且盈亏比达到既定目标，应当将止损位调整至盈亏平衡点以应对行情的不可预测性。

（2）被动出场方式，即止损的设置有三种：前高 ÷ 前低、大 K 线的起点、ATR 止损。你可以选择其中一种使用。当三种止损位比较接近时，应当选择距离入场位较远的止损位作为最终止损位。如果止损位过大，盈亏比不占优势可酌情放弃该笔交易。

（3）主动出场方式即止盈有四种：

一是大 K 线 + 巨量出场。

二是 20 MA 异侧出场。

三是 60 MA 异侧出场。

四是 MACD 背驰出场。

四种止盈方式均有其优缺点，并不存在一种完美的出场方式，任何一种出场方式都具有两面性，你选其中之一即可。60 MA 异侧出场为最晚出场方向，当趋势行情较为明显时，60 MA 异侧出场能够获得大部分利润，但同时也会面临着利润大幅回吐的压力。交易者可依据风险承受能力和经验丰富程度，选择一种出场方式或依据多周期趋势共振的分析进行灵活调整。

第7章

资金管理

资金管理的重要性不必多说。我常常在一些交易群中看到有些人动不动就发出重仓（即将资金全部或大部分押在一次交易中），这是一种相当危险也是极为不成熟的资金管理方式。一个成熟的交易员，无论有没有交易系统或者有多高胜率的交易系统，都不应把交易当成赌博，好比把全部身家用于购买彩票，期望一举中大奖而达到人生巅峰。这种资金管理的方式极为不可取。尽管偶有侥幸成功者，但不在成熟交易员的操作理念中，更不在本章所讨论的资金管理的方式中。

作为成熟理智的交易员，理应摒弃一夜暴富的“赌徒”思维，采用具有时间复利和资金复利的思维，才能让自己长久立于不败之地。

以下关于资金管理的阐述，基于上述提到的思维，在整个交易系统中，资金管理是“交易全景拼图”中极为重要的一块，对于普通投资者，并不需要掌握高深的资金管理方式。

7.1 凯利公式对于交易资金管理的启示

在概率论中，凯利公式也称凯利方程式是一个在期望净收益为正的独立重复事件中，使本金的长期增长率最大化的投注策略。凯利公式可以用来计算每次应投注的资金比例。若期望净收益为零或为负，凯利公式给出的结论是不赌为赢。凯利公式如下：

$$f=\frac{bp-q}{b}$$

其中，f——最佳投资仓位，即投入资金的最佳比例

p——胜率

b——盈亏比

q——亏损概率，即 $q=1-p$

拉瑞·威廉姆斯（Larry Williams）应该是第一个将凯利公式应用于金融交易的人。凯利公式对于交易的启发如下：

1. 凯利公式应用的前提条件

一是投机行为是多次重复的，而非一次性的。

二是行为的一致性。

三是交易结果具有统计价值。

2. 凯利公式的最大缺陷

如果我们照搬应用将会导致爆仓。举例如下：假如胜率为 60%，盈亏比为 1.5，计算得出 f =（60%×1.5-40%）÷1.5=33.33%，即用总金额的 33.33% 作为投资。公式中，b 和 p 的数据，首先要求我们有一套交易系统，然后根据这套系统的长期表现，统计出胜率和盈亏比，我们才能得到 f。其次，我们计算出一笔交易要投入 33.33% 的资金，假如这一笔交易失败了，将会导致 1÷3 的本金亏损。即使换一组数据来计算，50% 胜率，盈亏比 2，那么 f=25%，用 25% 的资金每次开仓，破产风险是 100%。如果连续亏损几次，累积下来的本金亏损对总资金而言是毁灭性的，因此对于资金管理，原版凯利公式并不可取，尤其是在有杠杆的交易市场（期货、外汇等）中，应用凯利公式进行资金

管理，必然会迅速导致交易者无法经受住过大的资金回撤而退出交易。从亏损回本率表中可以很清晰地看出，见表 7-1。

表 7-1　亏损回本率的计算表

序号	亏损 %	盈利回本 %	盈亏回本 %- 亏损 %	亏损率差异	盈利回本率差异
	A	$B=1\div(1-A)\times100\%-1$	$C=B-A$	$D_2=b_2-b_1$，以此类推	$E_2=C_2-C_1$，以此类推
1	5%	5.3%	0.3%		
2	10%	11.1%	1.1%	5.0%	5.85%
3	15%	17.6%	2.6%	5.0%	6.54%
4	20%	25.0%	5.0%	5.0%	7.35%
5	25%	33.3%	8.3%	5.0%	8.33%
6	30%	42.9%	12.9%	5.0%	9.52%
7	35%	53.8%	18.8%	5.0%	10.99%
8	40%	66.7%	26.7%	5.0%	12.82%
9	45%	81.8%	36.8%	5.0%	15.15%
10	50%	100.0%	50.0%	5.0%	18.18%

从表 7-1 中的数据可以很明显地看到，当亏损加大时，回本所需要的盈利率越大，意味着盈利的难度不成比例的放大。比如，当亏损达到 50% 时，盈利率要达到 100%（即翻一倍）才能回本，对交易员来说是极大的挑战。而对急于回本的人来说，会导致交易变形，最终很可能就是退出交易。原因如下：

一是没有固定的 p 和 b，凯利公式胜率 p 和盈亏比 b 相对固定，而金融交易不同，交易是动态的，p 和 b 都是动态的（即使在有交易系统的情况下，没有交易系统的更不用说了），历史数据得到的 p 和 b 只是对过去的总结，未来一旦出现大的价格波动，p 和 R 会有比较大的敏感度，也就意味着 f、p、b 是高敏感度数据。

二是无法抵抗小概率事件，交易市场时不时会出现小概率事件，会重创重仓交易者。

三是任何时候都不能用全部仓位下注，除非胜率 p=100%，在交易中不存在百分之百确定性的事，否则这个市场将不复存在。期望值为负时，不值得下注，即 $bp-q<0$ 时，哪怕下注一分钱都是错的。

四是凯利公式应用于金融交易市场必须有一套交易系统，必须形成一致性的交易规则，并可重复性的应用，避免情绪影响交易。

7.2 资金管理方式

抛弃幻想，在有一套期望值为正的交易系统的前提下，应用科学的资金管理方式才是交易的正道。

7.2.1 以损定仓

以损定仓是科学的资金管理方式之一。公式如下：

单笔开仓量 = 总资金量 × 单笔交易止损比例 ÷（止损距 × 每点价值），再四舍五入取整。

其中，单笔交易止损比例：建议在 0.5%~3%，根据交易系统的胜率、盈亏比及交易者的心理承受能力而调整。止损距：做多时止损距 = 入场位 - 止损位，做空时止损距 = 止损位 - 入场位。每点价值：最小跳动对应的金额。

例 1：总资金为 10 万元，止损比例为 1%，做多玻璃，入场位 1 550 元，止损位 1 527 元。玻璃每跳动一个点 20 元。

那么，开仓量 =100 000×1%÷［（1 550−1 527）×20］=1 000÷460 ≈ 2 手（四舍五入）。假设该笔交易亏损了，则实际亏损为（1 550−1 527）× 20×2=920 元。实际亏损比例为 920÷100 000=0.92%。

例 2：总资金为 10 万元，止损比例为 1.5%，做空螺纹钢，入场位 3 991 元，止损位 4 020 元。螺纹钢每跳动一个点 10 元。

开仓量 =100 000×1.5%÷［（4 020−3 991）×10］=1 500÷290 ≈ 5 手（四舍五入）。

从以损定仓的公式可以看出以下几点：

一是每一笔交易必须设置止损，否则不开仓交易，这是确保自己能长期在交易市场存活的最后防线；如果限定了单次交易的亏损比例，即使出现亏损，也不至于伤筋动骨，“留得青山在，不怕没柴烧”。理论上，假设止损比例设为 1%，要连续出现 100 次亏损，才能将初始本金全部亏完。这样做的好处是显而易见的：损失永远限定在一个很小的范围内，绝对不可能出现大赔。

二是当止损过大，计算出来的开仓量小于 1，即开不了仓时，必须要克制自己的交易冲动。如果强行入场，如果出现亏损，将会超出原先设定的单次亏损比率，会使资金管理失去意义，等同于没有资金管理。

三是关联性大的交易品种，如果同时持仓，有双面性，即可能会出现同涨同跌（但变动幅度不同或者行情进展时间先后顺序不同）的情况，一方面，会放大盈利；另一方面，也会放大亏损。其作用相当于加仓，因此同时持有相关性较大的品种，要格外小心。

四是跳空的风险无法完全回避。尽管设置了止损比例和止损位，但是如果有突发新闻或者出现隔夜跳空，行情反向运行时，原来设定的止损位有可能不能成交，而是以超过止损位的市场价格成交，这势必会放大亏损。因此，作为交易员一定要将“黑天鹅”因素纳入考虑范围。大家可以参照第 10 章交易品种的选择，再结合自身的实际进行调整资金管理方式。

五是以上公式没有考虑点差及手续费，因为对交易的影响不是很大，即使忽略也不会影响到仓位计算的结果。

以损定仓的优势有以下几点：

- 在不确定性的交易当中，每一笔的损失是确定的。
- 具有灵活性，止损比例可以依据每个人的交易水平和风险承受能力而调整。并不是一成不变的。
- 杜绝错误思维，充分体现以小博大的思想，用小的、多次的盈利不断叠加，最终让资金像滚雪球一样发展。

以损定仓的方式必然对交易员有很大挑战，主要有以下几点：

一是不能过高估计自己的交易水平，调高止损比例。

二是对于交易员的自律要求非常高，入场之后不能调整止损位；否则等于没有资金管理。

三是将每一次交易当作独立事件来看待，换言之，这次交易跟上一次交易没有任何关联关系。不因为连续止损而产生心理上的恐惧而不敢下单。

四是交易的一致性，你必须基于具有正期望值的交易系统作为“护城河”，每次开仓、离场的条件都应保持一致。

7.2.2 以固定亏损额度定仓

跟第一种方式类似，但不同的是，第一种方式计算出来的止损额度是不同的，会随着总资金的变化而变化。以固定亏损额度定仓，是指心理承受的单笔最大的亏损额度是多少，这个额度并不会随着资金的增加而变化。每个人的风险承受能力不同，因此没有统一的标准。仓位的计算公式与第一种相同。

7.2.3 加　仓

它是指在原有仓位的基础上继续增加仓位的行为。它可以是一种有效的交易策略，但需要在明显趋势的盈利行情中进行，并且建立在合理的资金管理和风险控制基础上。根据个人的风险偏好和交易策略，需要谨慎考虑加仓的时机和头寸管理。同时，大家需要注意以下几点：

- 顺势加仓：正确的加仓应当是在市场出现明显趋势且有利润的情况下进行。即在盈利的单边趋势中增加头寸，以进一步获得利润的增长。加仓可以在价格经过适当的回撤或调整后进行，以增加获利的机会。
- 资金管理：加仓必须建立在恰当的资金管理基础上。要合理控制风险，避免过度加仓。一般建议在每次加仓时，根据风险承受能力和交易策略，设定适当的止损点位，以控制潜在亏损。

其中，金字塔加仓法是一种逐步增加仓位的交易策略，通常用于顺势交易。下面用一个简单的例子来说明金字塔加仓法的具体操作：

假设在第一次投入 10 万元购买某期货合约，接着在第二次投入 5 万元买入同一品种，第三次投入 1.25 万元，以此类推。第二次投入金额为第一次的 50%，第三次投入金额为第二次的 20%~30%，每次加仓的数额比上一次少，每次加仓的价格都比上一次高。

这样，随着价格上涨，我们的持仓成本逐步上升。画出来的图形像一个底部大顶尖小的金字塔，因此被称为金字塔加仓法。该策略旨在通过顺势，逐步加大盈利机会，并相应降低风险。需要注意的是，金字塔加仓法需要合理的风险控制和止损策略。每次加仓应当设立单独的止损位。当市场趋势逆转或出现较大的回调时，我们应设定适当的止损点位，及时离场以控制风险。请注意：金字塔加仓法并非适用于所有市场情况和个人投资者，具体使用时需要根据自身情况和市场行情进行综合考虑和判断。建议在使用任何交易策略前进行充分的研究和实践，并遵循严格的风险管理原则。

补充：倒金字塔加仓则是倒过来操作，即每次加仓的金额比上一次都大，是一种极为危险的加仓方式，不建议交易员采用。

同时，加仓具有两面性：

一是如果行情朝着预期的方向进展，一定会增加利润。

二是加仓会增加持仓成本，当行情朝着不利的方向发展，势必会造成利润的回吐。

当然，我们要杜绝逆势加仓（它是指在亏损的情况下继续增加仓位），因为这种做法可能会加剧亏损。如果市场出现逆转趋势，应及时止损离场，避免进一步亏损。另外，在决定加仓时，可以结合技术指标和图表来进行判断，确认市场趋势和逆转。虽然技术分析可以为加仓决策提供依据，但需要谨慎使用，须结合其他交易决策因素综合考虑。

7.3　提高资金周转效率和安全系数的方法

先看一组数据，截至 2022 年 10 月 12 日，交易高手在大盘手网的参赛账户“赵客组合四”累计收益率为 96.22%，年化收益率为 430.48%，夏普比率为 4.35。参赛 101 天，累计净利润为 2 380.46 万元，累计盈亏 2 914.21 万元，如图 7-1 所示。

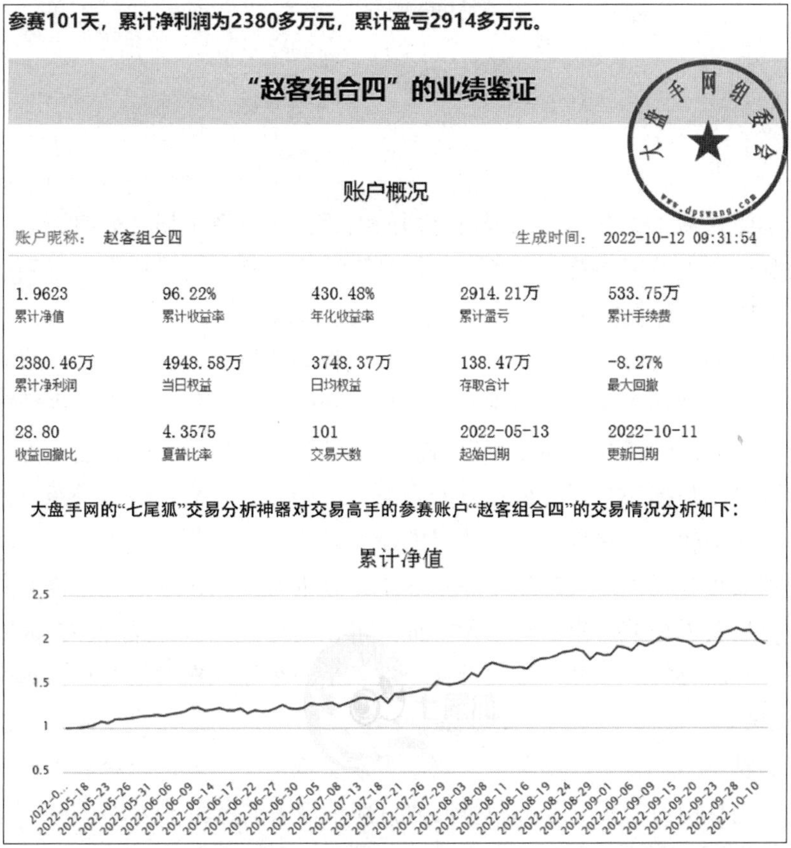

图 7-1　交易高手账户概况及净值图

从长期业绩统计情况分析来看，交易高手使用的属于多市场、多品种、多周期的交易策略，交易风格偏重于短线。如图 7-2 所示，可以看到，交易高手交易的品种多达 22 个。商品期货的优势是品种多，组合效果会更好。

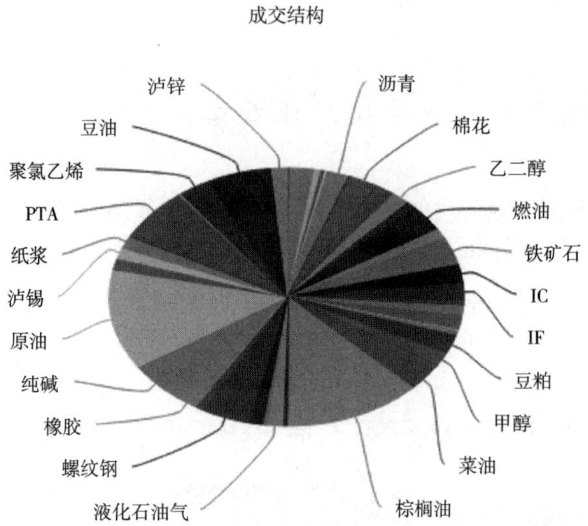

图 7-2　交易高手交易品种结构

从实盘交易结果分析可以得出这样的结论：对于资金周转效率而言，多品种持仓是一个大杀器，符合大数定律，且不关联品种的同时持仓，有利于降低风险，但前提条件是交易系统必须是经过检验的。

除此之外，在考虑多品种持仓时，必须将关联性比较强的品种、将外盘相关性较强的品种纳入考虑的范围。多品种持仓时尽量选择不具有关联性或者关联性弱的品种同时持仓。通常可以按照时间顺序或者信号的等级进行筛选。所谓时间顺序，是指哪个品种先达到开仓条件，则先行开仓。信号等级，是指宁可选择成功率较高、趋势性比较明显的品种出售，等交易信号出现再入场。同时持仓的品种数量，个人建议不超过 5 个，因为每增加 1 个品种，需要盯盘的精力是要显著增加的，交易员不是神仙，可以同时关注多个品种并在大脑中进行快速地判断分析。另外，多品种持仓应当是一个循序渐进的过程，对交易系统的应用熟练之后，才能上升到多品种持仓。

多品种 + 多周期对于交易员的考验要求更高，在不同的品种和不同的时间周期之间进行切换，对于脑力和体力而言都是极大的考验。

举例如下：假设你同时持有 3 个不关联的品种，每笔交易最大止损比例均为 1%，则会出现以下几种情况（简单计算，在不考虑手续费的情况下）：

情形一：

三个品种均出现亏损，则最大亏损比例为 1%+1%+1%=3%，在可控范围之内。

情形二：

三个品种均出现盈利，平均盈利率为总资金的 2%（即盈亏比为 2），则整体盈利率为 2%×3=6%。

情形三：

三个品种出现 1 亏 2 盈的情况，整体盈亏比率为 2%×2−1%×1=3%，是一个还不错的结果。

情形四：

三个品种出现 2 亏 1 盈的情况，整体盈亏比率为 1%×1−1%×2%= −1%，亏损的幅度并不大，风险可控。

需要补充说明一点，一个月有 22 个交易日，符合条件的交易次数不仅一次，也就意味着滚动的多品种持仓带来的潜在收益远大于单品种持仓，同时整体风险均在可控范围之内。

7.4　交易中需要牢记的两个错误

在交易中，有两个最需要注意的时刻，它们容易导致严重的错误：

一是连续盈利时，投资者很难克制贪婪的念头。当投资者连续盈利时，往往会过分自信，相信自己会一直获利下去。这时他们可能会不顾风险，决策草率，过度扩大交易规模，导致资金量急速下降，交易业绩从顶峰迅速滑向谷底。如果缺乏强大的心理调节能力，很难重新回到成功的状态。

二是关键时刻连续亏损时，投资者很难克服恐惧的心理。一旦投资者连续亏损，往往会失去信心，缺乏决策的勇气。很多投资者会觉得自己再也无法重新开始了。更糟糕的是，一些投资者在连续亏损后变得惊慌失措，失去理智，急于弥补亏损，即使市场没有交易机会，也会强行进行频繁交易，最终被市场淘汰。

因此无论何时，投资者都应该牢记资金管理和交易策略的重要性，当投资者在市场分析方面已经取得一定的成就时，应及时将注意力转移到交易策略和资金管理上。关键是保持冷静、理性和纪律，坚持遵循既定的计划，并避免被贪婪和恐惧驱使。只有这样，才能在期货市场上最终获得成功。

本章小结

（1）科学的资金管理是实现长期稳定盈利的关键。它可以帮助投资者避免过度的风险和亏损，并保持在市场中的持久交易能力。每个投资者都应当重视资金管理，并根据自身情况制定适合的规则和策略，以保证在连续亏损后仍能够留在市场中交易。良好的资金管理可以避免在连续亏损交易时任意放纵自己，从而导致巨大的单笔交易亏损甚至爆仓。在交易过程中，保护本金应始终放在首位，每时每刻都应提醒自己遵循制定的资金管理规则，不能违背它们。许多投资者都经历过巨大亏损或爆仓的情况，其主要原因是不当的或缺乏资金管理。良好的资金管理有以下几个关键要点：

- 风险控制：设定适当的风险承受能力，并确定每笔交易的风险水平。我建议每笔交易的风险不超过总资金的1%~2%。以避免在一次交易中承受过大的损失，并保持资金的可持续性。
- 止损：设置止损点位，即在交易出现不利方向的价格走势时及时止损离场。止损有助于控制亏损，防止亏损进一步扩大。
- 分散投资：将资金分散投资于不同的品种。以降低单个投资的风险，并对冲市场波动性。
- 心理控制：保持冷静和理智的心态，不让情绪干扰交易决策。避免贪婪或恐惧引发的盲目行为。

（2）凯利公式对资金管理的启发，交易不应妄想在一次交易上孤注一掷，而是利用时间和盈利的复利积累财富。同时，你必须有一套交易系统，必须形成一致性的交易规则，并可重复性的应用。

（3）资金管理的具体方法有以损定仓（按固定比例或固定金额）、加仓。应结合自身的实际情况予以调整和应用。

（4）根据期货交易高手的启示，用多品种持仓的方式能够提升资金管理的效率且提高安全系数，但要在对品种的选择非常熟悉且在技术水平比较熟练的情况下应用。

第 8 章

交易体系 1.0

在交易的世界里，逻辑决定成败，而非细节决定成败。整个交易系统如同一个高度精密的钟表，每一个部件、每一个环节都发挥着至关重要的作用。在这个系统中，如果没有形成严密的逻辑闭环，即使是最微小的问题或瑕疵，都可能导致整体性能的严重下降，甚至彻底崩溃。

因此，一个成功的交易系统必须是全面、完整且滴水不漏。这意味着从行情研判到交易策略，再到执行和风险管理，每一个环节都需要经过精心设计和严格测试，确保它们能够协同工作，共同应对市场的各种挑战。

8.1 交易系统核心组成模块

完整且具有正期望值的交易系统应该包括三个核心模块：行情研判模块、资金管理模块和交易策略模块。这三个模块共同构成了一个有机整体，在交易系统中缺一不可。以下是对这三个模块的简要概括：

（1）行情研判模块

行情研判是指对市场走势、趋势及可能的取向进行分析和判断的过程。这个模块使用技术分析、基本面分析或者其他方法来评估市场的供需关系、价格走势和市场情绪等因素，以确定交易的方向和时机。

（2）资金管理模块

资金管理是指为了保护投资者的资金而制定的规则和策略。这个模块涉及风险控制、头寸规模、止损点位和盈利目标等方面。通过合理的资金管理，投资者可以控制交易风险，防止过度损失，并保持资金的可持续性。

（3）交易策略模块

交易策略是根据市场分析和个人风险偏好制定的具体交易规则和方法的模块，包括进场点位、出场点位、止损策略、持仓时间和交易频率等方面。根据不同的市场条件和个人目标，投资者可以选择不同的交易策略，如趋势跟踪、反转策略等。

这三个模块是紧密相关的，彼此之间相互影响，缺一不可。如果只有行情研判模块而没有资金管理模块，可能导致无法控制风险和避免损失。如果只有交易策略模块而没有行情研判模块，可能导致交易决策不准确。如果只有资金管理模块而没有交易策略模块，可能导致无法获得足够的利润。

综上，一个完善的交易系统应该包括行情研判模块、资金管理模块和交易策略模块。只有这三个方面的有机结合才能提供一个全面、有效的交易框架，帮助投资者在市场中获得长期稳定的盈利。下面是对这三个模块的详细说明。

8.1.1 行情研判模块

行情研判模块是交易系统中关键的组成部分，它为交易策略和资金管理提供支持。如果忽略了行情研判，任何交易都将失去目标和标准，也就失去了实际意义。行情研判不仅包括入场前的分析，还包括入场后的跟踪评估。在行情研判模块中，其中有三个核心问题需要回答：

一是交易的方向是什么？或是等待什么方向的单子。你需要结合之前提到的趋势和回调的划分。方向预期（注意不是预测，我们的交易系统从不预测未来的方向）回答买卖方向的问题。相对而言这一步最为简易，因为价格变动简化就是涨跌两个方向。朝一个方向走错了，那么，相反的方向就是正确的。有人认为是三个方向，除了涨跌还有横盘。但横盘只是相对的、暂时的。只有涨和跌才是绝对的、永恒的。横盘给交易带来的问题可以通过时机抉择和资金管理来解决。

二是什么情况下进行交易？答案需要明确和清晰，可以是一个准确的价格点位也可以是一个明确的价格区间。无论采用何种分析方法，进场信号一般可分为以下三种类型：

- 趋势型交易：根据市场的走势方向进行交易，即顺势而为。
- 反转型交易：在市场出现反转信号时进行交易，即低吸高抛。
- 突破型交易：在突破某一区间时进行交易。

投资者可以选择其中一种策略，但最好不要频繁切换策略，保持一致性。

三是什么情况下退出交易？退出交易可以从以下三个方面考虑：

- 退出因为行情发展与交易员的持仓标准不符。
- 退出为了止损和止盈。
- 退出的行动应该是积极主动的。

行情研判模块必须明确回答这个问题。相对于进场条件而言，退出交易往往容易被忽视，但其实它同样重要。进场条件决定了什么样的情况下可以退出交易。

综上，行情研判模块的目标是为交易系统提供明确的进场和退出标准，并能够对行情进行及时评估。只有通过清晰地研判，投资者才能正确把握交易机会，有效控制风险，以及实现预期的盈利目标。

8.1.2　资金管理模块

资金管理模块在期货交易中的重要性无法忽视。它的目的有以下两个方面：

- 生存：资金管理的首要目标是确保自己在市场中生存得足够长久。为了实现这个目标，需要将亏损限制在可接受的小额范围内。尽管“小额”对每个人可能有不同的定义，但我们应该坚持追求每次亏损都是小额的绝对原则。因为我们无法预测连续亏损会发生多少次，只能控制每次亏损的规模。

- 获利：它是期货交易的最终目标，只有通过获利才能弥补止损的损失，并最终获得利润。资金管理的原则是将亏损限制在小额范围内，同时让利润奔跑。这个原则决定了行情研判模块需要能够计算盈亏比例，只有这样才能确定行情研判的可靠性。

需要强调的是，由于无法预测连续亏损的次数，因此一旦持有头寸开始盈利，应积极持有。需要从以下两个方面考虑：

一是我们无法知道当前是否已经达到最大盈利水平，只有在盈利产生回撤时，才能确定最高盈利点。即使是对于具有精确利润测算能力的投资者而言，某些行情的变化可能跨越多个时间级别。因此，只要持仓标准保持不变，应坚定持仓，而不是盲目地因盈利而获利了结。

二是许多行情在初始阶段可能出现反复或多次的不成功。为了保持出击的能力，利润必须能够抵消多次出击的成本。如果利润无法实现这一点，那么行情研判可能存在问题。

总之，应该根据自身能力量力而为。资金管理的重要性不容忽视，它是交易中最个性化的方面之一，体现投资者自身特质的多个方面。没有严格的好坏之分，关键是适合自己。通过量化上述限额，投资者可以明确每次交易或每个时间周期内可以承担的“亏损额度”。

8.1.3 交易策略模块

它是期货交易中最灵活且需要付出大量时间的环节之一。然而，在制定交易策略时许多投资者忽视了一个关键问题，即行情的节奏感。一个适当的交易策略应该能够准确地踏住行情的节奏。在解决交易策略的问题时，需要回答以下三个关键问题：

1. 进场时机

在确定交易的时间周期后，如何确定自己的入场信号？这是一个时机抉择的问题。它和资金管理密不可分。理解时机抉择是要理解期货市场的本质是机会市场。投资成功与否，很大程度上取决于你对机会的判断能力。这种能力越强，交易的频率越低。举例如下：对于1小时级别的交易者，在整个交易日内，如果是做突破交易，当行情开盘出现跳空突破关键价位时，应该进场还是不进场？如果行情在盘中回撤到关键价位以下，进场的单子是否应该离场？

为了避免这些问题，1 小时级别的交易者或许应该在接近收盘时根据信号进场，忽略掉日内的信号。这样做可能会错过一些盈利机会，但可以避免日内波动造成的无谓止损动作，最大限度地趋利避害。作为期货投资者，我们应该将风险控制放在首位。需要强调的是，此处只是举例，不代表唯一或最佳的方法，投资者应该对自己的交易进场时机设定明确的标准以便操作。

好的时机抉择能够做到两个方面：

一是进、出场点位非常明确，止损点不但很好找，而且止损的幅度很小，在这个价位吃进的单子很好处理。

二是如果这一笔交易失败了，下一步应该采取的措施非常明确，即止损后该怎么做应该很容易选择。好的时机是那种进可攻、退可守的时机。

2. 应对行情突发事件

应对行情突发事件是一个非常重要的问题。无论是不利的还是有利的突发事件，都需要积极采取应对措施。许多投资者认为突发事件虽然可能引起行情的异常波动，但往往无法改变行情的趋势。因此，他们选择忽略突发事件，认为这是无法预测的。突发事件可能会打乱我们的交易节奏，使我们盲目进场或被动离场。对于突发事件，应该保持足够的警惕和防范意识。

3. 加减仓位

大概原则是亏损头寸只减仓，不加仓；盈利头寸加仓要按照事先设定好的经过测算的比例执行。需要说明的是，这只是一个大概原则，不是唯一标准。

决定期货交易成败的核心是交易者在自己的投资理念指导下，能够驾驭交易系统。这里的交易系统并不是指完全公式化的自动交易系统，而是指交易者在对市场价格方向做出预测后所采取的一系列应对措施。已经形成自己交易系统的交易者，在整个交易过程中能够体现出他们的交易思路，交易行为之间存在连贯性，而没有形成交易系统的交易者则显得杂乱无章，无法看出交易之间的联系，整个交易过程显得不连贯。

交易系统为决策提供了依据，它是机械的、规则化的，而交易者的意识则是灵活的、主观性的。交易系统像是道路，而交易者的心就像是在道路上行驶的汽车。交易系统可以为交易者提供指引和方向，但最终决策还是由交易者的直觉和判断驱动。这种结合了机械性与主观性的交易方式，能够更好地应对市场的波动和变化，提高交易的成功率。

因此，交易者需要具备两方面的能力：一方面，建立自己的交易系统，通过系统化的方法规划交易行为，使之有条不紊并符合自己的投资理念；另一方面，培养自己的心理素质，保持冷静、理性的心态，以便更好地执行交易系统。只有当这两者相结合、配合时，交易者才能在期货交易中获得成功。

8.2 多周期交易系统是相对完美的交易系统

在经历了多次起伏之后，笔者仍然坚持将技术图表作为交易决策的主要依据。经历了学习多个交易系统、花费不少冤枉钱和走了许多弯路之后，通过学习多周期交易系统，最终实现了稳定盈利。接下来，我将简要阐述多周期交易系统为何相对完美。

一是多周期交易系统拥有严密的基础逻辑。它运用 3~4 个时间周期，并以环环相扣的逻辑链条形成。大周期决定长期走势方向，中周期在回调结束后，继续按照大周期指示的方向行动，要么从回调变成反转（即大周期的方向需要在中周期上验证）；小周期提供精准入场和出场，实现低多高空的交易理念。同时，还需要考虑到盈亏比和胜率等关键指标。

二是大、中、小三个周期相互验证。行情看似乱糟糟，但其中隐藏着非随机走势。通过运用大、中、小三个周期，可以解读及规避非随机走势。并非所有行情都值得交易，也不是每个行情都能捕捉到。关键是能够把握可以理解的行情。因此，多周期交易系统能够相互校准、验证不同周期的走势，是一种十分有效的解析方式。

三是多周期交易系统真正体现了顺势共振的理念。它不仅顺着大势、中势和小势来决策，而且这三个周期相互协调一致，形成一股合力或共振，以应对复杂的市场行情。顺势意味着不会错过大行情，也不会预测行情的转折。做反转行情的机会很少，需要极其精准才能判断，而做顺势行情，在错过一次后仍有下一次机会。一段单边行情中，会有无数次上车的机会，因此不用担心错过。多周期共振，使得大、中、小三个周期的势能达到最大，从而能够搭上顺势的列车。

四是多周期交易系统叠加了均线，具备时间和空间上的灵活性和稳定性，将不同周期的优缺点扬长避短。在不同的时间周期中，走势幅度各有不同。在小周期上，一波大行情相对于大周期只是“茶杯里的风浪”。大周期的稳定性为顺势交易的方向提供清晰而长久的指示，但其不可避免的滞后性则需要去极力克服。均线在不同周期中的行情研判发挥了作用，它拥有截断亏损和让利润奔跑的神奇属性。只有充分理解和运用均线的特点和作用，才能在实战中熟能生巧，从而获得盈利。当均线向上时，价格在均线之上运动，我们永远只考虑开仓买入和守仓。当均线向下时，价格在均线之下运动，我们永远只考虑开仓卖出和守仓。当均线向上，价格在均线之下变动，或者均线向下，价格在均线之上变动时，进入平仓观望阶段。这体现了著名的鱼身理论在多周期交易系统中的精华。

多周期交易系统的优点：

一是永远不会逆势交易，只要大、中、小三个周期共振一定是顺势交易，这样交易成功的概率就会大幅提高。

二是在小周期做多或做空止损小，盈利目标可以是小周期的波段、趋势或中周期的一到两根甚至更多根 K 线的幅度，因此盈亏比有可能很高。

三是因为止损小，又有资金管理的约束，资金回撤也会小，有利于维持对交易系统的信心。

多周期交易系统的缺点：

一是因为在小周期上止损，因此反复止损的概率大，所以必须加入一些入场的过滤条件。

二是避免不了盯盘，基本上不太可能进行挂单交易。盯盘时心理上会受到盘中波动的上下起伏，心理上的压力是个极大的挑战。

三是同时兼顾三个周期，对于三个周期如何协同、变化的技术分析难度大，需要投资者掌握的时间长。

需要指出的是，不可能存在绝对完美的交易系统，每一套交易系统都有其优点和缺点，任何交易系统永远都有优化的空间，你永远不要迷信任何一套交易系统，因为它都有其适用的范围，不存在一套交易系统能将所有的行情都吃到。此外，学习任何一套交易系统，都是从他知变我知的过程，这个过程与每个人的悟性、学习能力、认知水平分不开，必然不会是罗马城一夜建成的事情，因此交易员在学习一套交易系统时必须要保持足够的耐心。

8.3　交易系统的范例

没有交易系统，犹如赤手空拳与全副武装的对手厮杀，毫无胜算。交易系统应当涵盖系统性、规范化、纪律性的方法来处理交易决策和执行减少主观判断的干扰，提高交易的一致性和可重复性。逐浪交易系统是一种基于多周期技术分析的交易方法，旨在捕捉市场走势并实现盈利。该系统结合本书中的交易理念和方法，主要以三个时间周期及多种指标和技术工具，以帮助交易者作出入场和出场的决策。该交易系统适用于不同的金融市场，比如股票、外汇、期货等。逐浪交易系统核心原则和方法：

- 趋势追踪：本系统基于趋势追踪的理念，认为市场趋势具有延续性。它通过分析和识别行情的趋势，以确定交易方向。
- 时间周期：本系统使用大、中、小三个时间周期，利用不同时间周期的方向共振和指标共振原理进行交易。
- 技术指标：逐浪交易系统使用多种技术指标和工具，例如 N 形、移动平均线、MACD 等。这些指标用于辅助判断价格的力量和方向，并优化入场和出场的时机。
- 风险管理：该交易系统非常注重风险管理。它通过设置止损来限制风险，并根据市场波动性进行仓位管理，以保护本金并最大化盈利潜力。
- 严谨执行：逐浪交易系统要求交易者严格执行交易计划，不受情绪和外界干扰的影响。交易者需要遵循系统规则和信号，避免过度主观干预，并遵守纪律。

需要大家注意的是，逐浪交易系统仅作为交易系统的示例，不能保证百分之百的盈利。在实际操作中，仍然需要交易者自主判断和决策，并结合其他因素进行综合分析。

8.3.1 逐浪交易系统 1.0 内容

它包括时间框架、方向判断、入场和持仓、出场和止损、保本点设置、资金管理、交易品种选择、交易计划和复盘，下面分别进行介绍：

1. 时间框架

本系统使用周线（W）、日线（D）、10 分钟（10M），以下行文均用此简称，作为交易的时间框架，对应的时间级别分别是大、中、小。其中周线作为方向周期，用于指示长线趋势方向即主要交易方向，日线作为验证周期（即日线出现信号时才会在小周期入场），分钟作为操作周期（入场和出场、止损设置均在小周期上完成）。

2. 方向的判断

一是以周线 5 MA 和 10 MA（简单移动平均线，下同）形成的交叉作为长期方向的判断依据，也是交易方向的判断依据。以下简称“周向”。

二是日线的方向以突破关键点、N 形、5 MA 和 10 MA 形成交叉、20 MA

和 60 MA 综合研判。简称“日向”。

三是过滤条件，当“日向”出现反向突破关键点、N 形、5 MA 和 10 MA 交叉三种情况中的一种（哪个先出现就以哪个为准），则优先判断行情暂时遵循“日向”，而非“周向”。

四是方向的判断以前三个为主，10 分钟的方向仅在日向出现信号时参考，日线信号未出现时则选择性忽略。

3. 入场和持仓

日线回调结束（参见第 3 章）或预期即将结束时，在小周期上寻找以下时机入场：

一是小周期的关键点被反向突破，这是先决条件。关键点未被突破不入场。

二是小周期 MACD 柱体颜色支持入场的方向。

三是小周期的 20 MA 有角度地支持入场的方向。

四是小周期的 60 MA 不反对入场的方向。不反对的意思是 60 MA 走平或反对的角度不大或 60 MA 也支持入场的方向。

4. 出场和止损

一是止损位的设置。

最近一个 N 形的高点 ÷ 低点、行情转折高点 ÷ 低点、大 K 线的起点三者中离入场点较远的价位加 / 减一个价位。

二是出场（止盈出场）。

- 小周期 20 MA 异侧出场：当小周期 K 线收盘于 20 MA 反向一侧时出场，即 K 线收盘于与入场方向相反的一侧时出场；适用条件→周向与日向不符且日 K 线阴阳交错比较均匀的情形。
- 小周期 60 MA 异侧出场：当小周期 K 线收盘于 60 MA 反向一侧时出场，即 K 线收盘于与入场方向相反的一侧时出场；适用条件→周向与日向一致且日 K 线回调幅度不大，回调时间持续不长的情况。
- 大 K 线 + 巨量出场：浮盈较大，出现在大 K 线且成交量非常大时，在小周期 K 线收盘时出场。
- 背驰出场：小周期 MACD 黄白双线与 K 线走势出现背驰（注意：背离和背驰有区别，如果 K 线与 MACD 柱体出现相反的情况视为背离，K 线与 MACD 双线出现相反的情况视为背驰，通常而言，背驰的反转意味要强于背离）。

5. 保本点设置

当盈亏比达到 1∶1 时，移动止损位至保本点。应考虑到买卖价差及佣金手续费。即当行情出现不可预料的反向走势时，最坏的情况是打到保本点，相当于这笔交易没有发生，不会出现资金上的损失。

6. 资金管理

以损定仓的方式设定开仓量，单笔交易亏损额度为总资金 ×1%。总保证金率不超过 80%。

7. 交易品种选择

一是谨慎参与或不参与品种：沪金、沪银、沪铜、沪铝、沪锌。因为这些品种受国际市场影响较大，容易出现跳空行情和突发事件，且是成交量低迷的品种（参见第 10 章内容）。

二是相关品种只做一个：沪镍、不锈钢二选一；铁矿、螺纹钢、热卷三选一；焦煤、焦炭二选一；化工类最多能同时持仓两个（其中原油、燃料油、LU 燃油、沥青和液化气五选一，这些品种均为与国际原油关联性高品种）；豆油、菜籽油、棕榈油三选一；豆粕、菜粕、豆一、豆二四选一；玉米、淀粉二选一；橡胶、20 号胶二选一；纯碱和玻璃二选一；硅铁和锰硅二选一。新上市品种半年内不参与交易。其余未在上述之列的品种可以同时持仓。

三是同时持仓的品种不超过三个。以出现信号的顺序依次开仓。

8. 交易计划和复盘

在未熟练之前，必须采用交易计划的表格，参见交易计划表（本章问题十的内容），并做好复盘工作。

8.3.2　以图文的形式对逐浪交易系统进行拆解

为了更好地为大家讲解清楚怎样拆解逐浪交易系统，下面我以问答的方式展示。

问题一：时间周期可以调整吗？时间周期的倍数差有什么讲究吗？

交易系统中的周期是笔者常用的周期，可根据个人的交易习惯或风格进行调整。通常情况下，大、中、小周期的倍数差在 1∶5∶5 左右。倍数差不宜太小，因为一段趋势的发展需要时间，有足够的倍数差才能通过不同的时间周期研判走势。换言之，每一个时刻的走势，都是大、中、小周期资金博弈的结果，最终哪边的力量战胜另外一边，你可以通过不同的时间框架分析以提高胜算。

问题二：为什么用周线的 5 MA 和 10 MA 的交叉作为判断方向的依据？

经实践检验，用周线的 5 MA 和 10 MA 的交叉作为判断长期趋势的方向有着良好的稳定性。下面以交易量最大的螺纹钢为例，如图 8-1 所示。

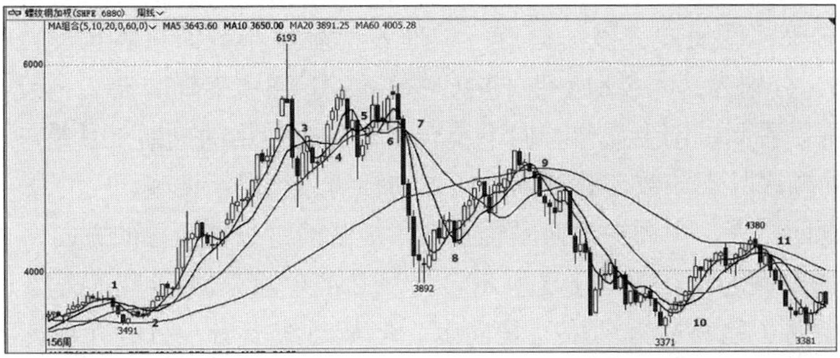

图 8-1　用周线 5 MA 和 10 MA 交叉的方向作为判断长期方向的依据

在时间跨度为 156 周的行情中，一共发生了 11 次 5 MA 和 10 MA 的交叉（图 8-2 中标注的数字）。大多数情况下，在交叉之后都出现了行情的延续。其他品种大抵如此。本书的交易理念和交易系统不是抄底摸顶，而是顺势交易，即“鱼身”行情，行情的转折点不是本书的内容。只需要确保我们的交易与大方向指示的方向一致，从长期角度而言，一定能够盈利。那么，是不是发生了交叉就一定要入场呢？答案是否定的，你要结合中周期的走势才能确定。

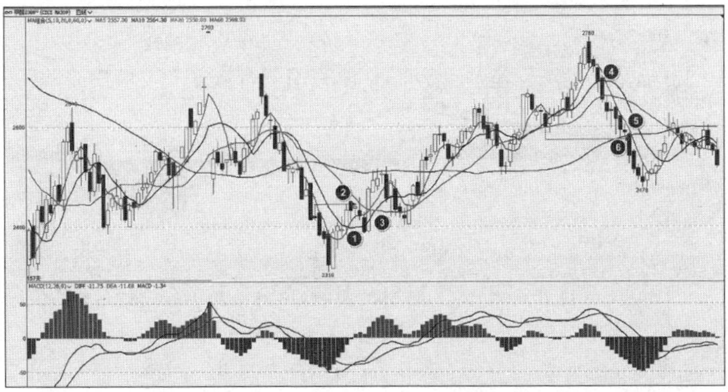

图 8-2　中周期（日线图）验证大周期的方向

问题三：为什么用日线作为验证周期（中周期）？

周线与日线的倍数差为 5 倍，即 1 根周线 =5 根日线的走势。日线比周线走得快，能更早地追踪行情的变化，同时可以避免周线的滞后性。当周线的倾向在日线没有得到验证时，你不能入场按照周线给予的倾向交易。日线方向与周线一致时，即在大周期和中周期的方向上产生了共振，利用共振产生的顺势力量做交易事半功倍。日线的 N 形、50 MA 和 10 MA 交叉、突破关键点出现的先后顺序每次都会不同，因此以先出现的为准，更有利于转换多空思维。

如图 8-2 所示，日线从底部反弹时的顺序（①～③）分别为：① 5 MA 和 10 MA 金叉；②反向突破关键点；③形成上涨 N 形；而从高点反转时的顺序（④～⑥）分别为：④ 5 MA 和 10 MA 死叉；⑤形成下降 N 形；⑥反向突破关键点。可以看到，向上反弹和向下反转时，我们使用的判断工具是一样的，但是出现的顺序并不一致。必须依据当下的行情进行灵活调整。

问题四：大、中周期如何联合起来才能看清楚行情运行的方向？

以螺纹钢为例，如图 8-3 所示，周线 3 的位置，MA5 和 MA10 已经出现死叉，指明了趋势的方向应当是向上。但从日线上看，日线并不支持周线做空。原因是：日线自 4617 低点反弹上来突破了日线自身的关键位 A，这意味着下跌的趋势会进入停滞状态；同时日线已经形成了向上 N 形。

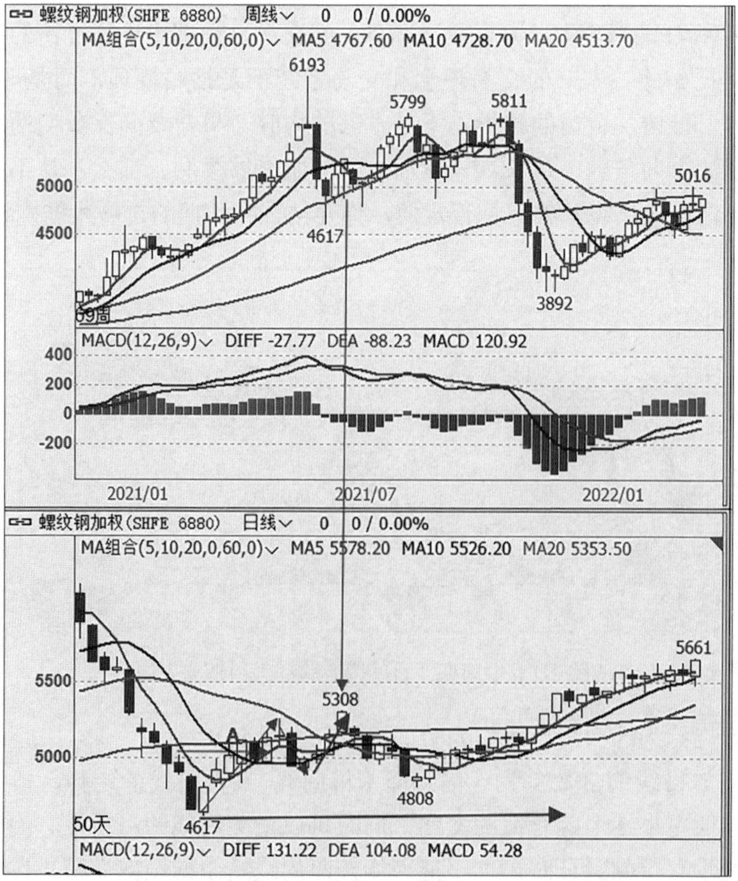

图 8-3　大、中周期互相验证一致

也就意味着，日线所提示的方向与周线提示的方向是相反的。但周线比日线更滞后，此时的选择最好是观望。换言之，周线的方向需要在日线上得到一个验证，最佳的交易时机来自经过验证后的日线方向与周线方向一致。

如图 8-4 所示，2021 年 9 月 3 日，周五，收日线时同时收周线。日线上已经形成了两个上涨 N 形（同样，在 9 月 3 日这一天突破了关键点 A），周线在收线后 5 MA 与 10 MA 发生死叉。也就意味着，日线否定了周线的下跌倾向。或者说周线下跌的倾向没有在日线上得到验证。

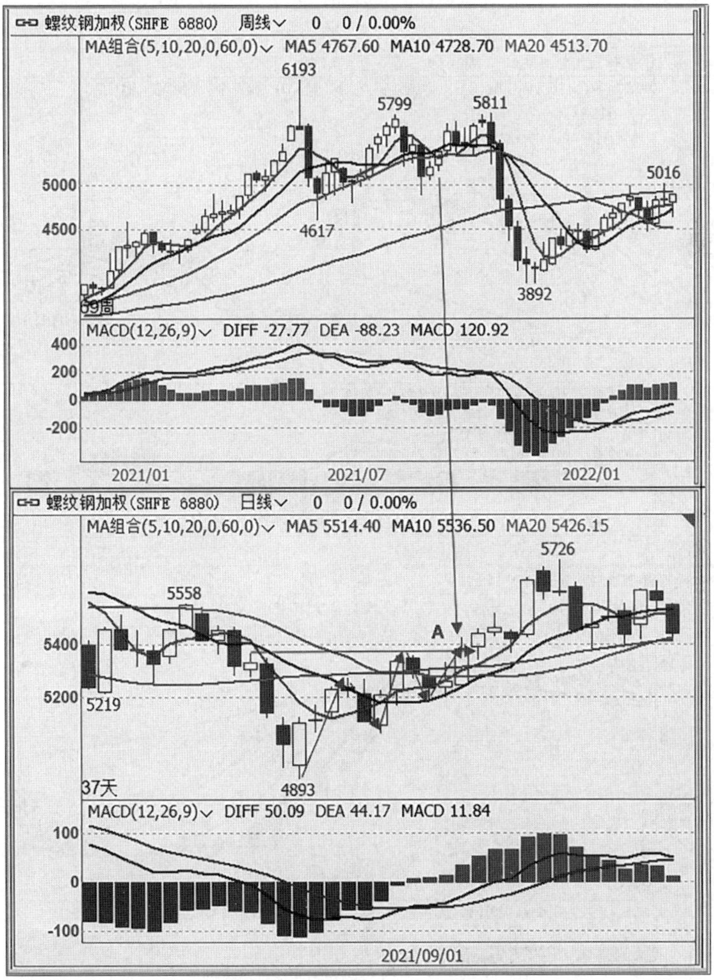

图 8-4　日线否定了周线

再看周线交叉 7 的位置，如图 8-5 所示。

周线从 5811 点已经连续下跌了三周，5811 点离之前的 5799 点非常相近，这里形成非常明显的阻力区域。2021 年 10 月 22 日，星期五，收盘，周线 5 MA 将破未破 10 MA，但日线已经呈现明显的下跌走势。日线的关键点 A 已经被突破，日线自身的 5 MA 和 10 MA 死叉向下，20 MA 向上，60 MA 缓慢下降。此时已经不需要等到周线 5 MA 的数值低于 10 MA 了，这也体现了交易的灵活性，需要审时度势去判断行情的走向。那么，此时最佳的交易方向毫无疑问是顺着日线的方向做空。哪怕错过了前面的大跌，从 2021 年 10 月 22 日的最低点到行情的最低点有 822 点的价差，按照正确的交易方法，总能吃到一些“肉”的。但是错误的交易是试图在下跌中抢反弹，去抓“鱼尾”行情。

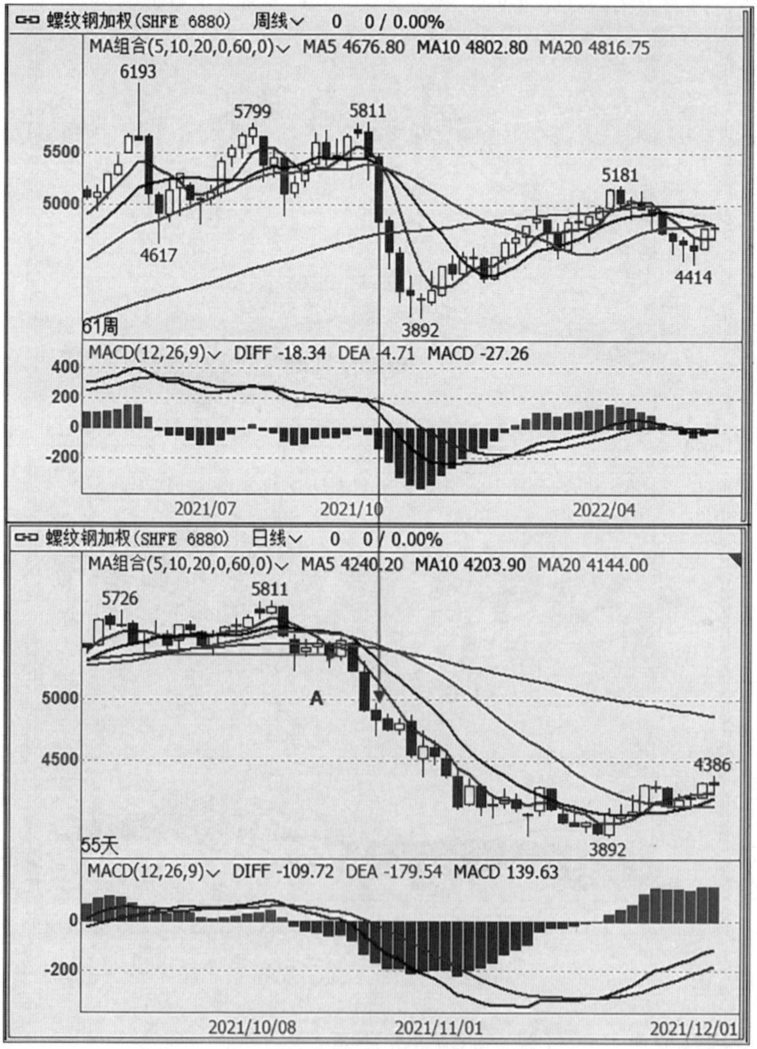

图 8-5　大、中周期相互验证不一致

小结：在螺纹钢时间跨度 156 周的行情中，周线发生交叉（金叉或死叉）的次数为 11 次，有两次（分别是第 3 次和第 5 次）交叉时，日线的走势否定了周线的倾向。剩余 9 次均在日线得到验证。这就确保了交易的方向不会出错，这是最难也是极为重要的一步。俗话说方向不对，努力白费。在交易中也是如此。

问题五：小周期如何跟大、中周期联合以达到交易系统的作用？

小周期中一段趋势行情很有可能在大周期和中周期中没有明显反映。小周期中的随机走势会比大周期和中周期多很多，会对交易造成很大的干扰，过分专注小周期很容易迷失在密密麻麻的 K 线当中。

当然，小周期也需要对交易机会进行再次筛选，因此在本交易系统中，只做小周期的趋势方向与大、中周期一致的行情，即共振时才入场，这样做的好处如下：

一是小周期和大、中周期进行了校准，共振入场，体现了顺势的交易理念。

二是规避了小周期的非随机走势，很多时候在入场后很快即可实现浮盈，降低了持仓的心理压力。

问题六：如何判断和处理震荡走势？

图 8-6 为 PTA 震荡了大约 14 周的走势。

从周线上可以看到其震荡的走势有以下特征：

- 震荡区间包围在大 K 线的最高点与最低点之间。
- K 线实体阴阳交错，且实体部分都比较接近。

从日线上看有以下特征：

- 60 MA 虽然一直向下，但 K 线乖离从大到小，逐渐向 60 MA 靠拢。
- 20 MA 走平，5 MA 和 10 MA 缠绕，这点非常关键。
- MACD 柱体颜色与 60 MA 所指示的方向相反。
- 距离突破关键点较远，但也没有创出新低。

图 8-7 为震荡的行情。周线上并无明显的特征，除了 K 线的实体都较小。日线上有以下两个特征：

- 20 MA 走平，无明显的角度，均线缠绕。
- 上升走势和下降走势的关键点被打破后没有延续。

由此可见，震荡走势相对而言较难判断，需要投资者具有一些交易经验来支撑。大体来说，均线缠绕、日线 20 MA 走平或低角度运行是普遍的特征。在震荡行情形成的初期，如果进去了，有可能会亏损，此时最好的方式是等待震荡区间被打破，再结合交易系统进行交易。

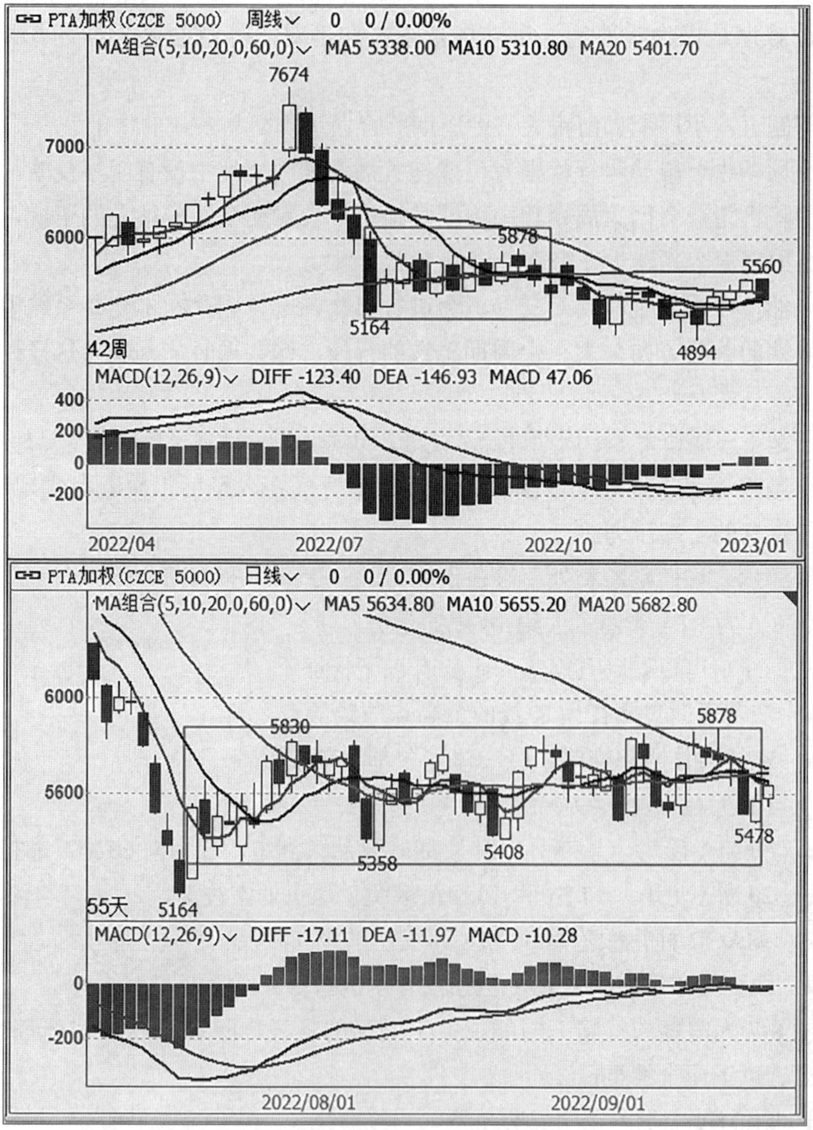

图 8-6 PTA 的震荡走势（大约 14 周）

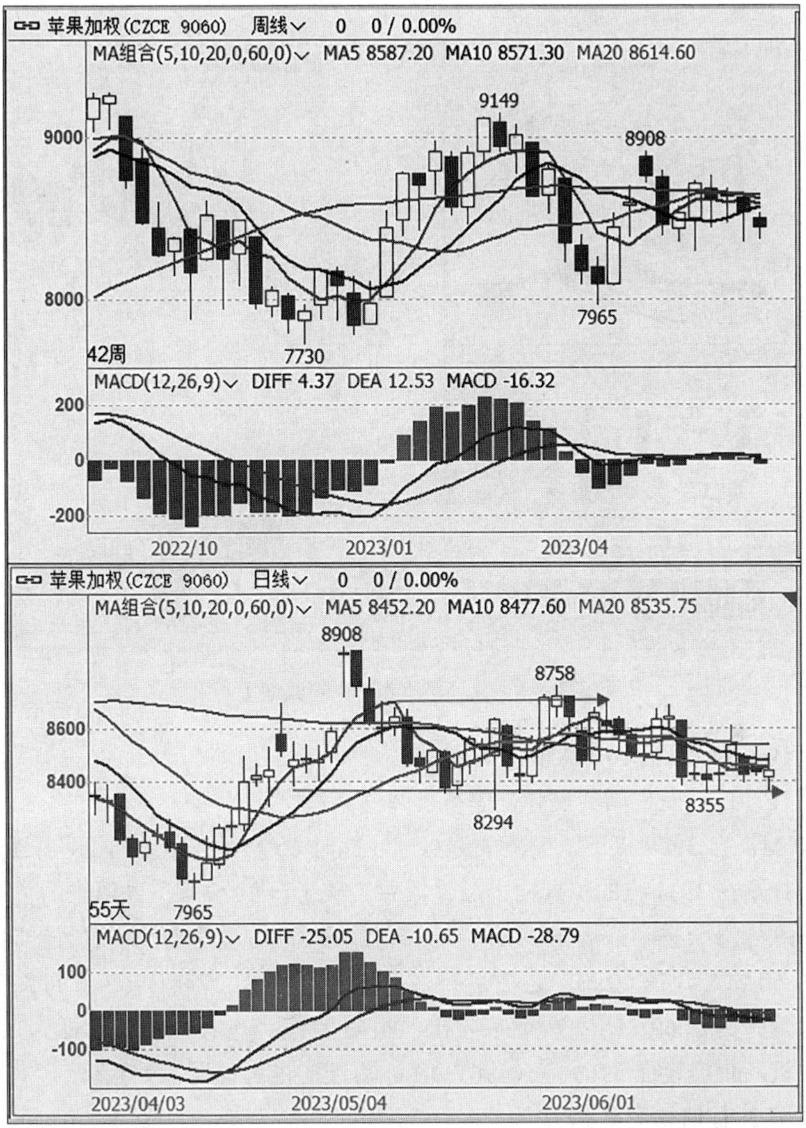
苹果加权(CZCE 9060)　周线　0　0 / 0.00%
MA组合(5,10,20,0,60,0) MA5 8587.20 MA10 8571.30 MA20 8614.60
9149
8908
9000
8000
7965
7730
42周
MACD(12,26,9) DIFF 4.37 DEA 12.53 MACD -16.32
200
0
-200
2022/10
2023/01
2023/04
苹果加权(CZCE 9060)　日线　0　0 / 0.00%
MA组合(5,10,20,0,60,0) MA5 8452.20 MA10 8477.60 MA20 8535.75
8908
8758
8600
8400
8294
8355
55天
7965
MACD(12,26,9) DIFF -25.05 DEA -10.65 MACD -28.79
100
0
-100
2023/04/03
2023/05/04
2023/06/01

图 8-7　震荡的行情走势

问题七，能列举入场点的案例吗？

下面为大家列举几个案例。

案例 1. 行情如图 8-8 所示。

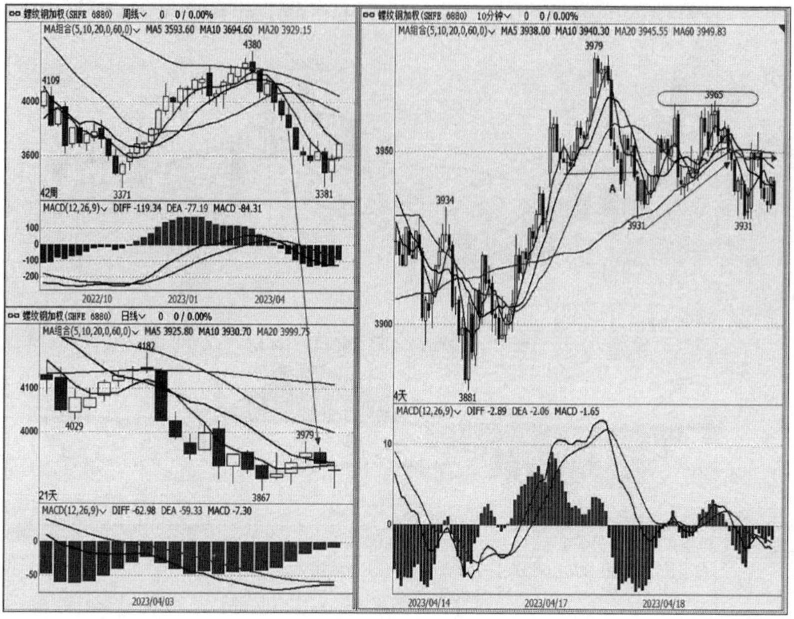

图 8-8　入场点案例——螺纹钢 1

周线：5 MA 与 10 MA 死叉，看空。

日线：连续三根阳线反弹，等待反弹结束做空。

10 M：自 3979 点下跌突破关键点 A，此时 60 MA 有角度向上，未到入场时间。行情在 3931 点的位置向上反弹，并突破了自 3979 点下跌以来的关键点，进入下跌停滞状态。行情在 3965 点一带（图 8-8，右边的椭圆位置）受阻，随后跌破 60 MA 并在 60 MA 之下运行，且跌破了 3931 点至 3965 点的关键点，进一步反弹时在 60 MA 处受阻后收出一根阴 K 线，在 K 线收盘时即为入场做空的时机，止损设在 3966 点（3965+1）。后续的走势如图 8-9 所示。

案例 2. 行情如图 8-10 所示。

周线：5MA 和 10MA 多头排列中，只能看多且做多。

日线：K 线回调。寻找机会入场做多。

10MA：从 4164 点上涨直至突破关键点 A 时，行情已经走了一大段。最高到达 4258 点的价位，60MA 从下跌转为水平并略微向上。但 K 线距离 60MA 太远，即乖离率太大。从 4258 点价位回落后，应当等一个向下的回调，再等收出一根阳线。在下跌的过程中，我们看到 MACD 已经由红色变为绿色，即不支持做多，因此这个多单我们放弃入场，等待下一次入场时机，如图 8-11 所示。

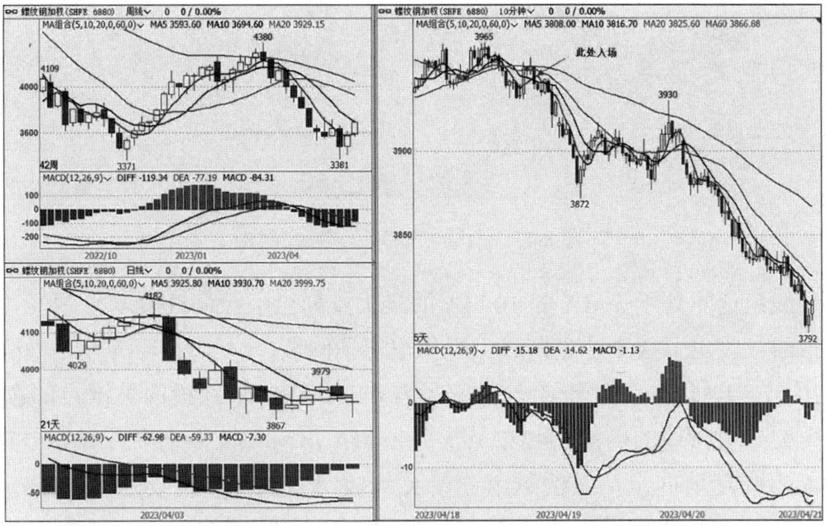

图 8-9　入场点案例——螺纹钢 2

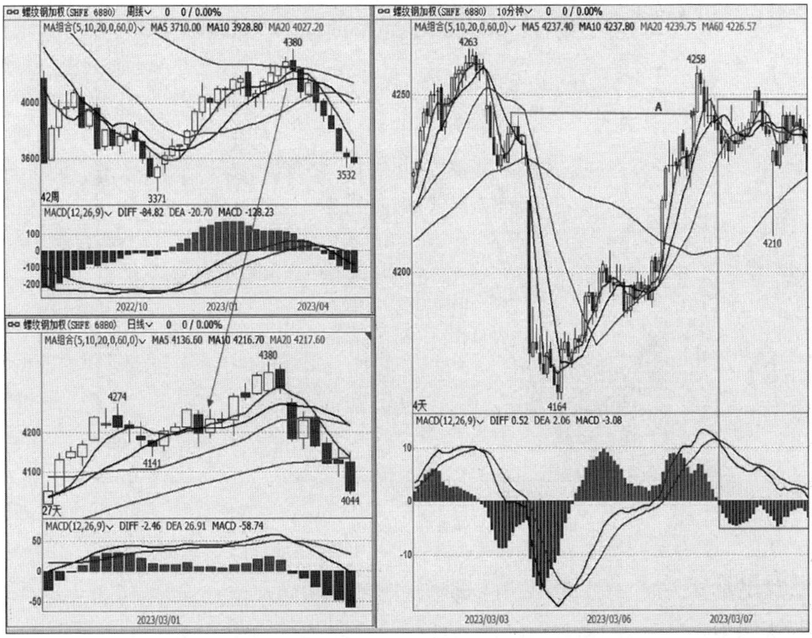

图 8-10　入场点案例——螺纹钢 3

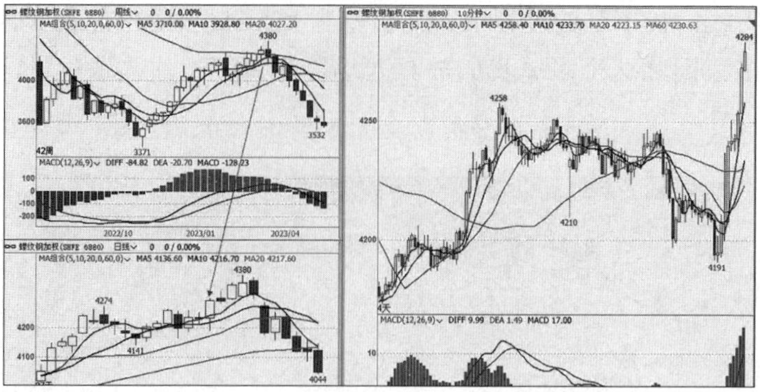

图 8-11　入场点案例——螺纹钢 4

周线：仍然处于 5 MA 和 10 MA 的多头排列当中，伺机做多。

日线：收出一根十字星阴线，视作出现了回调。

10 M：自 4191 点往上走，突破了自 4258~4191 下跌段的关键点，在向上过程中突破了日线的高点（4252 点），60 MA 自向下转为水平，MACD 变红，20 MA 有角度地向上，在倒数第三根 K 线收盘时入场。需要注意的是，倒数第四根 K 线亦视作回调 K 线，这根 K 线孕在前一根 K 线里。这种情况在真实交易中并不少见。需要灵活处理。后续的走势如图 8-12 所示。

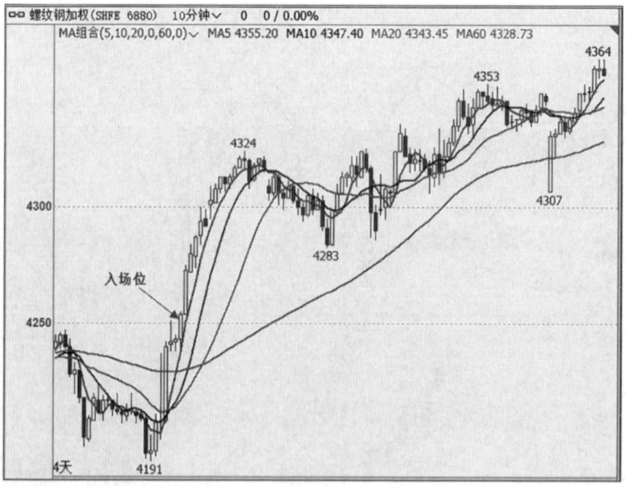

图 8-12　入场点案例——螺纹钢 5

配合出场策略，我们还是可以抓到不少利润。

小结如下：

一是入场需要看更长的走势，以便更好地作出判断。

二是支撑和阻力区域，可以是前期的高 / 低点，也可以是 60 MA，结合支撑 / 阻力可以增强入场的成功率。

三是入场时的四要素：关键点被打破、MACD 支持、20 MA 有角度支持、60 MA 不反对（且离入场时的价位并不太远）；四个要素缺一不可。

四是 60 MA 不反对是相对安全的入场点，在 60 MA 不支持时入场利润必定会大一些，但是也很有可能会遭遇行情的反复甚至打到止损。也就意味着没有完美的入场位置，还是在于个人的取舍。

五是投资者必须等到日线出现回调以后才能等待入场时间，如果日线已经处于一段趋势当中，且走势相当凌厉，中间没有出现回调，那么它也不属于本交易系统中的交易机会。等待回调再寻找入场时间，是遵从一个理念：做在趋势形成的初期，利润最大且盈亏比最好。

如图 8-13 所示，箭头的位置看似跌了很多，但这是事后诸葛亮，做在行情已经形成趋势当中，面临着行情随时会反弹的局面（行情能持续多久无法预知），且不符合交易系统的入场机会，在小周期中也没有盈亏比较好的入场机会。

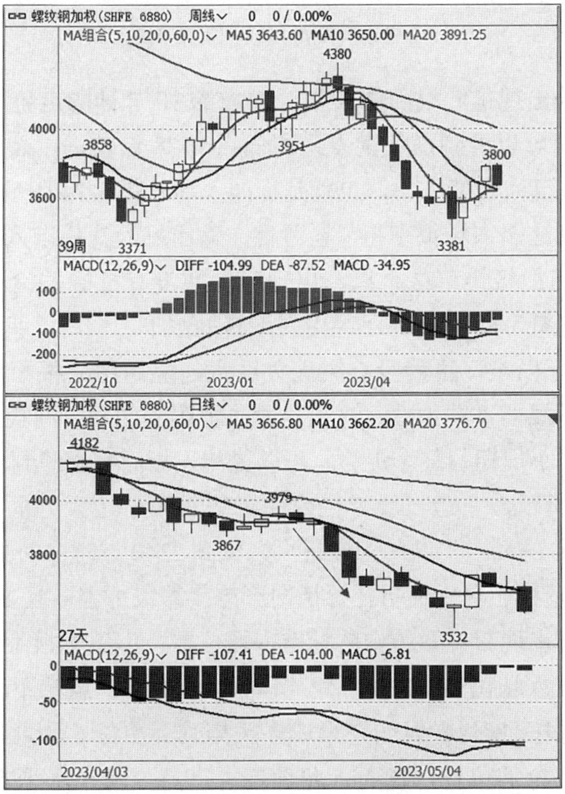

图 8-13　入场点案例——螺纹钢 6

问题八，标准入场、提前入场和延后入场有什么区别？

在第 5 章中讲过标准入场、提前入场和延后入场。下面用图示的方式来讲解交易系统中这三种入场的方式，如图 8-14 所示。

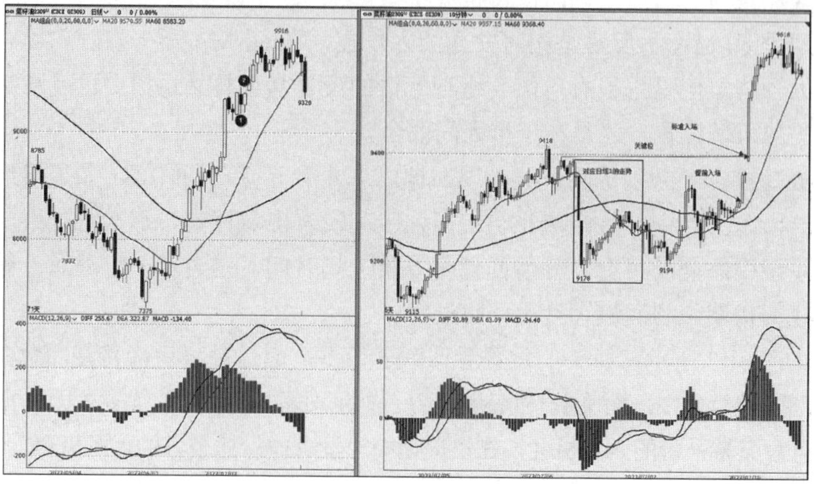

图 8-14　标准入场和提前入场

日线在 1 处出现了一根回调 K 线。对应的 10 分钟的走势为图 8-14 中方框内的走势。我们可以看到，关键点距离低点 9178 点较远，而这套交易系统要求的是先打破关键点才能入场，也就是标准入场，图 8-14 所示的 10 分钟位置，但我们可以看到这个入场很别扭，盈亏比非常不好。在标准入场的下方，出现了一个提前入场的机会，这个机会出现时，并没有打破关键点，但是 20 MA 已经有角度的支持，60 MA 也已经由向下转为水平，同时，我们可以看到，自 9178 点向上运行以来，尽管没有突破关键点，但是用了很长一段时间去消化方框内两根大阴线的下跌力量，这也是我一再提到的用时间换空间的概念。因此，在这里依据小周期的整个走势，可以提前入场而不必等到标准入场。

如图 8-15 所示，左边日线方框内的走势对应右边大方框 10 分钟的走势。可以看到从 2296 的高点下跌的力度很大，跌到 2240 点时中间没有出现关键点。自 2296 点向上反弹也非常曲折，行情向下震荡得很厉害，且 10 分钟 K 线大多带着影线，尽管出现交易系统中的标准入场位置，但感觉很不舒服，这里有一点要注意，标准入场出现时，20 MA 在 60 MA 之下，虽然不严格要求 20 MA 和 60 MA 形成多头排列，但如果形成多头排列会更好。因此，我们可以再等一等。在延后入场的位置，20 MA 角度向上支持，且在水平 60 MA 之上，这里入场的止损距离也能接受，会比标准入场更省心。

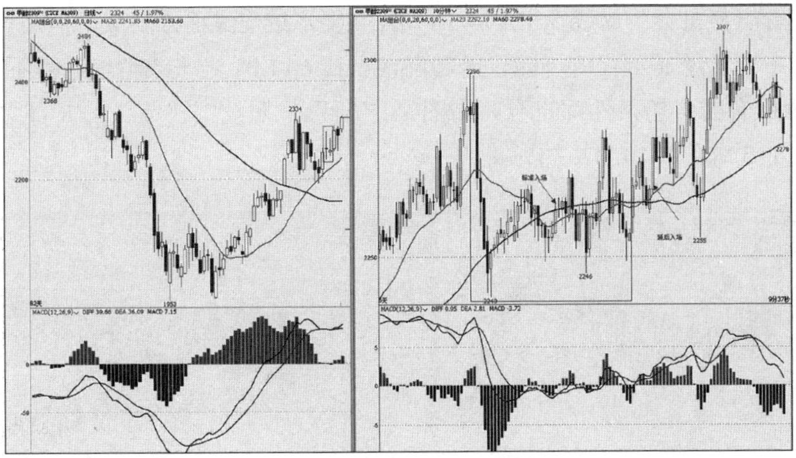

图 8-15　延后入场

问题九，能将交易机会进行分类吗？

可以依据交易机会进行分类，不同的分类所投入的初始资金是可以不同的。比如，将交易机会分为三等交易机会：

一等交易机会：周线 5 MA 和 10 MA 处在多头或空头排列之中，日线的短期、中期和长期趋势（MACD 柱体颜色）都顺着周线的方向，10 分钟所有的入场条件都符合。可以按照资金管理的止损比例计算仓位，如图 8-16 所示。苯乙烯的这一段下跌行情。在周线上已经是空头排列，MACD 柱体也是绿色；日线方框内，短期（N 形）、中期（20 MA）、60 MA 都与周线的方向一致，且 MACD 柱体在很长一段时间内都保持绿色。在这一段时间内入场及持仓，在心理上极为舒适。

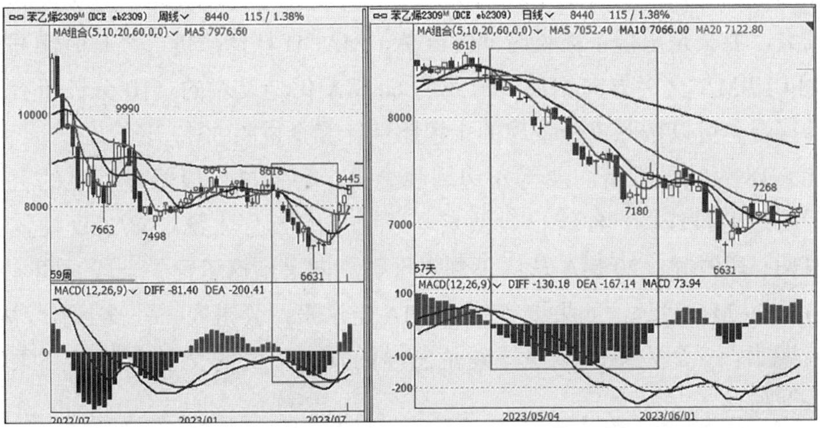

图 8-16　一等交易机会

二等交易机会：周线 5 MA 和 10 MA 将要形成交叉而未形成，但在日线的短期、中期已经显示行情可能已经转向，日线 60 MA 走平或角度略微不支持。10 分钟所有的入场条件都符合。如图 8-17 所示，螺纹钢在箭头的 K 线收盘时才形成了 5 MA 和 10 MA 的死叉。

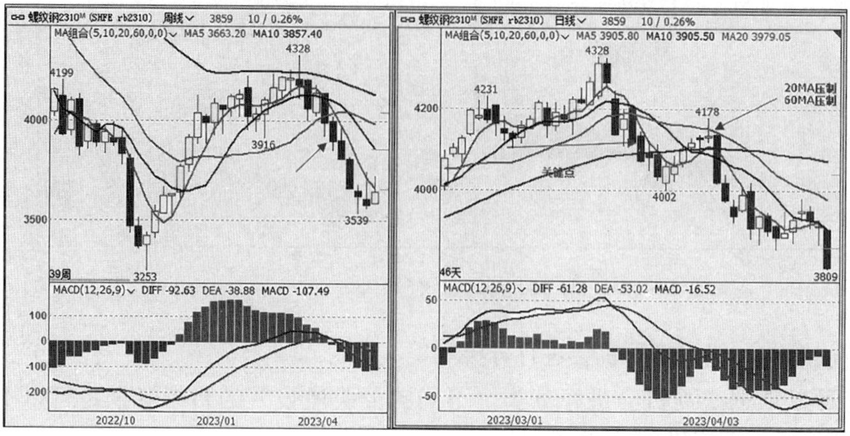

图 8-17　二等交易机会

日线先是在 20 MA 之下跌破关键点，向上反弹时又受到已经向下的 20 MA 的压制，60 MA 虽然低角度向上，但在反弹到 60 MA 上方时并未运行多久，在 20 MA 处受到压制后以大阴线结束了这段向上的反弹。因此，根据日线的综合判断，不必一定要等到周线完全形成死叉再入场，可以按照资金管理的止损比例计算仓位的 50% 开仓。

三等交易机会：周线 5 MA 和 10 MA 未形成交叉，甚至因为前期波动幅度较大，周线的 5 MA 未有走平或拐头迹象。日线先行出现反转，这个反转要么幅度较大，要么是出现了很长时间的震荡，MACD 柱体颜色已经长时间与周线 5 MA 和 10 MA 交叉方向相反，日线的 60 MA 仍是反对的。10 分钟所有入场条件都符合。可以按照资金管理的止损比例计算仓位的 30% 开仓。

图 8-18 为纯碱行情。要等左边周线金叉，会错过一段幅度不小的上升行情。看右边的日线图，K 线自最低点不断地形成 N 形上涨，MACD 柱体已经变红很长一段时间，20 MA 从向下到水平再到向上，也运行了一段时间，但由于价格与 60 MA 较远，如果要等到 60 MA 走水平，会错失一大段上涨行情。

问题十，一个完整的交易计划是怎样的？在不同的交易阶段都必须要做交易计划吗？

一个交易计划包含的内容见表 8-1。

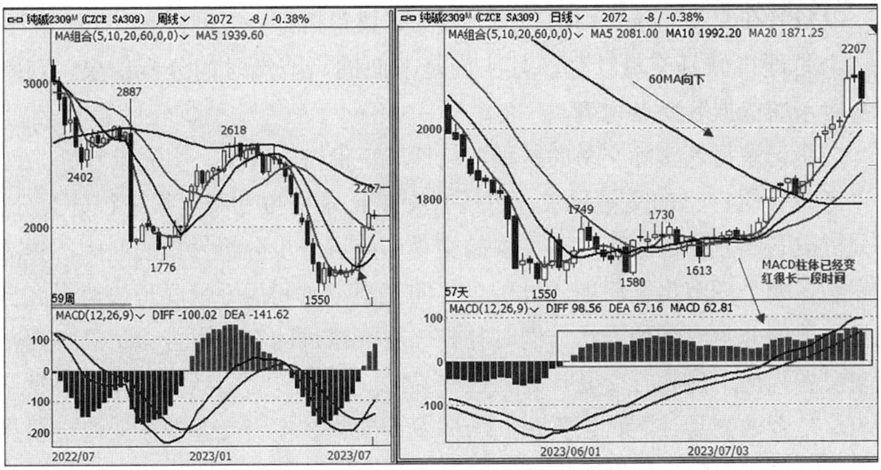

图 8-18　三等交易机会

表 8-1　交易计划

序　　号	项　　目	说　　明	内　　容
1	交易编号		
2	交易时间		
3	交易品种		
4	交易资金		
5	交易策略		
6	合约选择		
7	交易周期		
8	仓位控制		
9	入场点位		
10	杠杆倍数		
11	持仓数量		
12	止损价位		
13	目标价位		
14	留单原则		
15	退出时机		

投资者在交易系统使用的初期，我的建议包括：

一是严格做好交易计划，且应当是书面的，把当时的分析结果、判断依据、出入场依据等要点列清。

二是记录每笔实际交易的过程，包括成交价格、时间、实际盈亏等。

三是分析自己的交易记录，将所有交易记录按盈利和亏损进行分类分析，并分析盈利和亏损的原因，对亏损的交易还应进一步分析亏损的原因，弄清楚到底是在哪个环节出了问题。分析自己的交易记录和盈亏情况是快速提高自身交易水平的非常有效的方法。同时补充一点，错过的交易也应该记录在内，以用来反省为何未能执行交易计划。在交易时间长了以后，当交易形成潜意识的反应，是否做交易计划可依据个人的情况调整。在期货交易中，无论交易员处在哪个阶段，都应当利用表格来做好资金管理，开仓量计算见表 8-2。

表 8-2 开仓量计算表

品种名称	交易单位	入场价	止损价	止损距	开仓量	方向	出场位	价差	盈亏金额	总盈亏金额	1：1 盈亏比对应价格
铜	5 吨 / 手			0	0			0	0	0	
阴极铜	5 吨 / 手			0	0			0	0	0	
锌	5 吨 / 手			0	0			0	0	0	
铅	5 吨 / 手			0	0			0	0	0	
镍	1 吨 / 手			0	0			0	0	0	
锡	1 吨 / 手			0	0			0	0	0	
铝	5 吨 / 手			0	0			0	0	0	

问题十一，学习交易系统如何成长最快？

根据我多年的经验，在此谈一些心得体会，以帮助大家更快地成长（学习交易系统）。

一是在没有充足交易资金的情况下或者在交易系统还不熟练的情况下，建议用模拟交易对交易系统进行测试，这对于掌握交易系统的各个业绩指标有好处，比如胜率、盈亏比、频率、在不同品种上的表现等。没有经过验证的交易系统最好不要轻易用于实盘，否则在技术还不成熟的情况下，容易丧失对交易系统的信心。模拟交易的一个不足之处是，真实资金和虚拟资金对于交易心理的影响是截然不同的，虚拟资金不会对交易心理上的波动有显著影响。有一个解决办法是参加网上的模拟期货选拔大赛，这些比赛一般都会制定比较严格的晋级条件，这对于磨炼交易系统和交易心态会产生良好的反馈交易和促进作用。此外，推荐使用盘立方作为模拟期货交易的软件，具体操作参见官方网站，在此不做展开讲解。

二是在没有熟悉掌握交易系统但有一定的闲置资金时，建议以最低手数交易单一活跃品种以测试和检验交易系统。人的本性之一是趋利避害，因此哪怕只有用一手交易，都会造成心理上的波动。这是最低成本测试交易系统的方法。学习交易系统不可忽略的一个成本即是时间成本，从新手到成手没有几年的时间很难达到化境的境界，用最低手数交易单一品种是降低时间成本和资金成本、学习成本，值得推荐给大家的学习方式。

三是建立自己的整理笔记和错误集。每个人对于交易的认识是不一样的，甚至有时自己都不曾意识到。用自己所熟知的语言理解交易系统并转为行动非一日之功，同时向错误学习是减少错误的一种有效学习方式。表 8-3 为笔者在学习多周期交易系统时的笔记，供大家参考。

表 8-3　多周期交易系统学习笔记

序　号	问　题	答　案
1	大周期进入整理时，中周期一般会有什么样的走势	中周期一般会在区间运行，节奏就是 K 线高低点变化会很快，如高点被升破再回调，低点被跌破再反弹。此时周线的倾向不太容易持续发挥作用
2	当大周期和中周期倾向不一致时，小周期容易出现什么走势	微观周期的震荡会非常剧烈
3	大周期处于什么走势时比较难做	大周期处于中期级别回调时，即 60 线和 20 线方向不同。难以判断是转势还是调整后延续之前的趋势，在中周期上要做好攻防兼备的准备
4	资金管理也叫风险管理，应该是一个独立的系统，是否正确	正确
5	资金管理最大的错误是什么	扛单
6	资金管理的首要原则是什么	坚决止损，止损视作要支付的成本，成本设置好之后不能调宽止损
7	资金管理的第二原则是什么	不能把盈变亏。当盈利达到亏损幅度 ×1 或以上时要做适当保护
8	盈不变亏的两面性体现在哪两个方面	降低了风险，限制了潜在盈利
9	资金管理的两脱是指什么	一是脱联即跟技术系统和心态管理系统脱联，二是脱敏，即基于正确执行交易的亏损不再过分敏感，这是走向盈利的标志

续上表

序　号	问　题	答　案
10	交易系统中最重要的模块是什么	资金管理模块
11	多周期会用到哪几个周期	大、中、小三个周期
12	趋势的主要逻辑是什么	在趋势之下走势大概率上会按照趋势的方向不断延续
13	这套交易系统主要实践的是什么理念	高空低多
14	高空低多理念跟什么是相辅相成的	捕捉回调走势后的趋势机会主要是把握回调走势结束后的趋势机会
15	要做好交易，首先要建立的是什么	首先要获得基于正确进出场规则的对亏损的掌控感
16	交易系统关键的一点是什么	趋势形成的初期进场
17	所有的交易行为、心理结构和认知水平三者之间是怎样的关系	认识水平即对市场的掌握了解的程度决定了心理结构，心理结构又决定了行为习惯。提高认知水平之后，进而会影响到思维方式，不知到知道，从思维的单一性到多样性、多重性，也就是心理结构会因为认知水平的变化而发生变化。认知水平决定了是否能成为交易赢家。反过来说，要成为交易赢家首先应提高认知水平，其次是增强积极正确的思维方式
18	正确的认知包括哪几个方面	对市场、对交易、对盈亏有正确的认知
19	对市场的正确认识主要包括什么	基于人的非理性走势具有极强的不可预测性；尽可能地在单笔交易当中占据大概率优势
20	交易者正确的身份是什么？为什么	每一个交易赢家应该始终占据着大概率，在尽可能多的交易中去执行具有大概率的信号，那么最终会盈利
21	面对市场的不可预测性，交易者应该拥有什么样的心态	坦然接受市场的不可预测性，关键是做好应对，无法控制市场风险，但是可以控制自己的交易
22	如何进行交易	单笔交易当中尽可能占据大概率的优势，不要求每一笔交易都让大概率实现，谋求的是正确交易的不断积累

续上表

序　　号	问　　题	答　　案
23	通过大量的一致性交易会有什么发现	会发现自己的能力范围，自己能把控和不能把控的交易信号是什么
24	盈利的本质是什么	总盈利减去总亏损大于 0
25	盈亏比如何计算	平均盈利 ÷ 平均亏损＝盈亏比
26	盈亏比跟胜率如何联系	盈利次数 ÷ 总的交易次数（盈利＋亏损的次数）＝胜率，先谋求胜率
27	每次交易的最大亏损额度如何计算	总资金 ÷ 交易次数，举例 10 000÷10=100 元
28	盈亏比和准确率的计算公式是什么	X=1÷（P÷L+1），X 为准确率，P÷L 为盈亏比。假设盈亏比为 3，X=1÷（3+1）=25%，即交易 10 次，盈亏比为 3 的情况下，只需要 2.5 次就能够实现盈亏平衡
29	如何实现最终的盈利	要获得基于正确进出场规则的对亏损的掌控感。包含两层含义，第一，进出场要有正确的规则，第二，要控制好亏损
30	为何要做顺势交易	去顺势交易其实目的还是占据大概率，趋势已有大概率有趋势的方向具有稳定性所以大概率上它最终是要朝着这个方向去演进的
31	如何简单定义上升趋势	上涨趋势就是低点不断抬升，高点不断上升。下降趋势就是高点不断下降，低点不断下降
32	K 线在四个工具里有什么特性	最灵敏同时稳定性最差
33	如何看懂单周期的单根 K 线	单周期看盘看的是单根 K 线在整个走势中发挥什么样的作用
34	技术分析的主要目的是什么	能够看懂市场当下展示的状况，进而寻找到合适的应对策略，不是预测未来
35	如何理解交易系统	交易系统其实就是一套应对的系统，即对技术分析的理解
36	技术分析的重点在于什么	在于判断趋势，因为趋势体现了大概率
37	描述一下上涨 N 形	上涨中出现下跌走势，但没有跌破上涨起点的最低点，然后再出现阳线，阳线高点再次被突破，则大概率会延续上涨趋势

续上表

序号	问题	答案
38	最小的N形包括几根K线	四根
39	N形的重要作用是什么	二次确认支撑和阻力，是践行高空低多理念的图形
40	交易学习中最小的成本是什么	学习成本，时间成本远大于学习成本
41	MA60和MA20分别代表什么趋势	长期和中期趋势。在单张图表中，大多数的长期趋势都为60线所覆盖，大多数的中期趋势都为20线所覆盖
42	如何解读均线	均线主要是看方向和角度，以及乖离，角度越大趋势幅度越大，20 MA是加速线，它的角度越大幅度会越大，乖离就是当前价格与均线的距离
43	均线如何体现趋势	均线的方向和角度体现趋势，均线水平体现区间
44	趋势的转换方式通常是什么	时间换空间
45	多周期对交易盈利水平的提升有哪些方面的帮助	市场无法改变交易者是非理性且有局限性做交易应当先求胜后求战 从交易者的实际出发，通过大、中周期结合提高概率面，通过中、小周期结合，减少潜在风险即潜在亏损，有利于长期盈利水平的提升
46	一切从实际出发有哪两方面的启示	尽可能要提高概率面；减少潜在风险，尽可能把风险降到最低，高风险应尽可能限定为低风险，然后去谋求高收益
47	大、中、小周期三者之前的关系和作用是什么	以中周期的分析为起点，通过与微观周期的结合提升某笔交易的大概率并扩大该笔交易的利润率。大周期主要用于验证单周期的主要趋势，特别是在对中观图表主要趋势比较模糊的时候
48	三个周期是怎么功能界定的	大周期为方向周期，中观周期是验证周期，微观周期是交易周期。小周期也是风险管理周期，进出场周期
49	中观周期连续上涨几根K线或者是一个N形就能够让微观周期去走出一波行情	正确
50	微观进场后有什么特点	无法避免震荡，在20 MA附近再进场

表 8-4 为我在学习多周期交易系统时的错误笔记（例子是外汇，用的周期与期货不同），仅供大家参考。需要说明的是，除了统计错误的单子，没有做交易的机会也应该复盘，不断地追问自己。

表 8-4　多周期交易系统错误笔记

日　期	品种及方向	错误原因	改正办法
2019 年 7 月 10 日	空黄金	（1）HA-K 线出现做空，想提前入场； （2）此时的日线上根本没有做空信号； （3）新闻事件的干扰，周三的美联储主席的证词引发了剧烈波动； （4）还是放大了仓位，这是相当危险的	（1）考虑是否摒弃 HA-K 线； （2）不赌数据行情； （3）不能违背资金管理原则； （4）当大、中、小周期配合时才可能考虑入场，或提前入场
2019 年 7 月 9 日	GBPNZD 多和空	出现不明情况的剧烈波动	突然的数据波动回避入场，被止损后当天不再入场
2019 年 7 月 10 日	USDCAD 空	赌数据行情	不赌数据行情
2019 年 7 月 11 日	GBPJPY 空	日线被止损，位置刚刚好与上一日高点持平	止损加上点差
2019 年 7 月 5 日	NZDUSD 多	多空转换思维不够快，被打止损没错，但是同时形成了日线的下降 N 形	事先分析多空的可能性，而不是发生的时候茫然
2019 年 7 月 5 日	USDJPY 空	做错单，应该做多单	多空思维转换
2019 年 8 月 1 日	GBPUSD 空	日线已经连续下跌 4 根 K 线且离 20 线乖离较大	关注有向运动运行的日线 K 数量
2019 年 8 月 6 日	GBPUSD 多	日线离 20 线乖离较大，走了横向整理	关注日 K 线离 20 线的乖离程度和日线的横向整理
2019 年 8 月 6 日	GBPNZD 空	小时图 60 MA 向上，不支持做空	规避小时图 60 线反对的走势
2019 年 8 月 7 日	EURAUD 多	受消息影响从最高点回撤超过 100 点，风险太大	回撤超过 100 点，不介入，特别是受新闻事件影响

续上表

日　期	品种及方向	错误原因	改正办法
2019年8月7日	AUDUSD 空	受消息影响从最低点反弹超过50点，风险太大	回撤超过100点，不介入，特别是受新闻事件影响
2019年8月7日	USDJPY 空、GBPJPY 空、NZDJPY 空、EURJPY 空	同一个品种，提前入场	在技术水平没有达到一定程度时，不提前入场
2019年8月7日	AUDUSD 空	受数据行情影响出现大幅波动，应该回避，且小时图的 MACD 都不太支持，风险较大	必须是小时图的 MACD 都支持
2019年8月7日	GBPUSD 空	提前入场	—
2019年8月5日	GBPNZD 多	没有看8月6日新西兰的利率决议，原因是金十数据的桌面版没有显示该项内容	一定要到网站上去查看数据，规避数据行情
2019年8月5日	GBPCAD 多单	过早平仓，无任何依据平仓	—
2019年8月13日	EURUSD 多单	去赌日线的四类多，实际上并没有形成，想提前入场	日线处于横向整理里，最好认真观察小时图的支撑和压力，会有更好的提示
2019年8月13日		晚间发生了特殊事件，中美贸易摩擦消息传来，外汇很多品种发生了巨幅波动。随后整个市场发生了方向不明的震荡	最大的经验教训是：当具有爆发力的突发事件来袭时，最好等1～3天行情平稳了之后再交易。再次应该避免的错误是14:00前开仓，即使不打到止损，无休止的震荡也会让人心烦意乱
2019年8月14日	镑系空单	未能正确分辨下降N形和60 MA都不支持时，顺着20 MA做多力度	（1）关注日线20线的方向； （2）日线 MACD 的方向； （3）日线突破关键点的方向
2019年8月14日	EURAUD 空和多	小时图60 MA不支持做空且没有突破，提前入场	不熟悉提前入场，先不做。日线孕线，急着入场

续上表

日　期	品种及方向	错误原因	改正办法
2019 年 8 月 14 日	EURNZD 多	日线大孕线未走出来	不熟悉提前入场，先不做。日线孕线，急着入场
2019 年 8 月 15 日	GU 多单未做	心里一直有执念，英镑一直跌。但是实际上已经出现了上涨 N 形，而且集体“暴动”当天，英镑并没有任何表现，因此不应该受锚的影响	受大事件影响，不以过去的趋势为锚忽略当前的变化
2019 年 8 月 15 日	AU 多单损	2019 年 8 月 13 日突然的“暴动”，整个趋势已经变形，要耐心等待	耐心等待趋势回归正常，不然会遭到很多意外伤害
2019 年 8 月 16 日	EURJPY 空单	离日线前期低点太近，贸然进入	离日线高低点太近及乖离大，不入场
2019 年 8 月 19 日	EURCAD 空单	受他人影响入场，小时 MACD 都是红的，且红了很长一段时间，K 线还突破了 20 线，即使小时线突破了周线低点，仍然需要谨慎	不受他人影响
2019 年 8 月 20 日	GBPJPY 空	未能正确分辨下降 N 形和 60 MA 都不支持做多时，顺着向上的 20 MA 做多	（1）关注日线 20 线的方向； （2）日线 MACD 的方向； （3）日线突破关键点的方向； （4）同时多空思维转换要极为迅速

问题十二，期货交易员在学习和应用一套交易体系后一般会经历哪些阶段？

在期货交易中，交易员通常要经历三个阶段，分别是大盈大亏、小盈小亏和大盈小亏。在最初的阶段，投资者对市场一无所知，缺乏风险意识，并且往往凭感觉进行交易。在这一阶段，他们可能会有大的盈利，也可能会承受巨大的亏损，资金曲线会出现起伏较大的情况。随着时间的推移和经历一些大的损失，投资者开始认识到风险的重要性，开始积极学习各种方法和理论，并且学会控制风险。虽然他们成功地控制了风险，但盈利的机会也受到了限制。这时，投资者的资金曲线会变得相对稳定，小盈小亏成为常态，他们开始更加谨慎地进行交易。通过长时间的学习和实践，投资者经历了上涨行情和下跌行情的循环，逐渐对市场机会和风险有了准确的认识。他们学会了辨别何时坚持，何时放弃。在正确判断市场走势时，他们能够取得较大的盈利；而在错误判断时，也能够及时限制亏损。这时投资者进入了大盈小亏阶段，资金曲线呈现稳定上升的趋势。

综上，期货交易者经历了大盈大亏、小盈小亏和大盈小亏三个阶段，从最初的无知无畏到逐渐建立起风险意识和交易技巧。最终他们能够辨别市场机会并有效控制风险，在稳定的盈利曲线上实现投资目标。

问题十三，如何避免冲动交易？

在交易系统学习的初期，冲动交易是无法避免的。冲动交易通常被描述为一种情绪驱动的交易行为，即基于情绪而不是理性的决策进行交易。这种决策通常是缺乏充分的分析和考虑，而是更多地基于交易者的情绪反应和直觉。冲动交易常常受到一种或多种情绪的驱动，如兴奋、恐惧、贪婪、焦虑等。交易者可能感到兴奋并迅速进入市场，只是因为他们“感觉对了”或者他们想要“追涨杀跌”。这种情绪驱动的交易决策通常忽视了市场的风险和潜在的不确定性。对于冲动交易，交易者可能会经历一连串的负面效应。他们可能会频繁地进出市场，导致过多的交易成本和亏损。此外，由于缺乏充分的分析和规划，冲动交易可能导致交易者未能识别市场趋势和机会，从而错失潜在的收益。

为了对冲动交易进行有效的管理，交易者需要培养良好的交易纪律和控制情绪的能力。包括建立明确的交易计划、遵循预先设定的策略、设定恰当的止损和止盈点位，并保持冷静和理性的思考。交易者应该努力避免受情绪驱动，应当抱着“宁可错过不可做错”的态度来进行交易。

问题十四，能利用相关系数高的品种作为一种过滤条件吗？

答案是可以的。比如，油脂三剑客（豆油、棕榈油和菜籽油）走势非常接近，如果其中一个品种出了信号，其他两种没有出信号，这时非常危险，如图 8-19 所示。

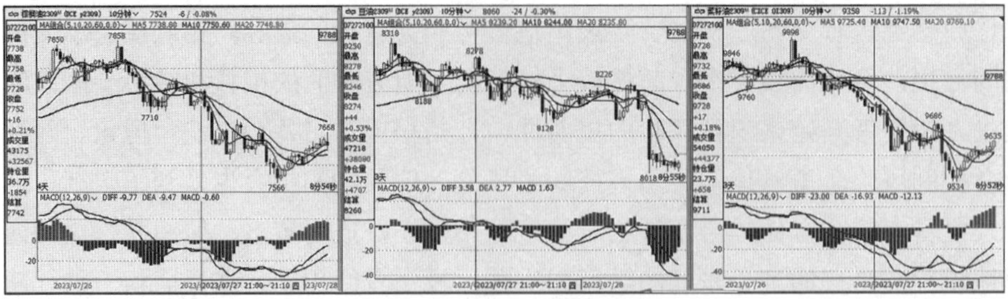

图 8-19　关联品种过滤

十字光标是在三个合约的同一位置，中间的豆油 10 分钟 MACD 柱体已经转红，20 MA 水平。但看左右两边的棕榈油和菜籽油，MACD 柱体仍然是绿色，且 20 MA 的角度仍然向下，因此这个豆油的交易机会最好是过滤掉。品种协同过滤是在技术分析之外的一种过滤方式，要基于对交易品种有一定的了解。

本章小结

（1）一套完整的交易系统应该包括行情研判模块、资金管理模块和交易策略模块。这三个是核心模块且这三个模块应相互配合，并在实际交易中不断完善和调整，才能构成一个有机的整体。同时，一个完整的交易系统应该具有明确的规则和流程，能够帮助交易者作出决策、管理风险和提高盈利能力。

（2）多周期交易系统是相对完美的交易系统，原因如下：

一是拥有严密的基础逻辑。它运用 3~4 个时间周期，并以环环相扣的逻辑链条形成。

二是大、中、小三个周期相互验证、相互校准，对于提高交易成功率大有帮助。

三是多周期交易系统通过同时考虑大、中小周期的走势，以及它们之间的关系来作出交易决策。大周期通常用于确定长期走势的方向，中周期则用于验证大周期的方向，捕捉大周期的反转或延续，而小周期用于精确判断进出场时机。

在顺势理念下，交易者通过观察大周期的趋势来确认市场的整体走势。如果大周期显示上涨趋势，交易者会以多头思维来操作，寻找买入机会。反之，如果大周期表明下跌趋势交易者会采取空头思维，寻找卖出机会。中周期的作用是在大趋势中的回调阶段或延续阶段，通过寻找逆势机会或加仓机会来跟随大趋势。比如，在上升趋势中，中周期的回调可能是买入机会：在下降趋势中，中周期的反弹可能是卖出机会。小周期则用于确定更精确的进出场时机。交易者可以利用小周期来寻找高概率的买卖信号，从而进一步提高交易的成功率和盈利潜力。

当大、中、小周期相互协调一致时，形成一股合力或共振，使交易系统能够适应市场行情的复杂性和不确定性。这种顺势共振的理念能够提高交易系统的可靠性和稳定性，同时也使交易者能够更好地把握市场走势和机会。

同时，多周期交易系统中叠加均线的设计可以提供一种时间和空间上的灵活性和稳定性，因为不同周期的均线反映了不同时间段内的价格平均值。这种方式可以将不同周期的优缺点充分发挥出来，避免单一周期的局限性。

（3）基于多周期交易系统介绍（逐浪交易系统 1.0）。按照交易系统设计的思路，涵盖了行情判断、资金管理、出场和入场管理。同时对交易系统进行详细拆解，帮助交易员理解交易系统设计的思路和逻辑及细节。需要指出的是，任何一套交易系统都有优化的空间，而且交易系统一定要经过自己实践的检验才能为我所有，切忌生搬硬套。更多的交易范例见第 9 章的内容，这里不再赘述。

第9章

交易图表范例

有言道：文不如表，表不如图。客观来说，一套完整的交易理念和交易体系想从他知变我知，绝非易事，也非一日之功。不可避免地，每一个交易者都存在认知上的盲区，换言之，本书用文字阐述的内容，每一个字交易者都认识，但是连贯起来未必能跟笔者想要传达的意思严丝合缝。再者，从文字的理解到形成直觉的反应，从意识到潜意识，没有大量的复盘和试错，是难以达到知行合一的境界。

因此，本章旨在通过连续的图表范例，将前面章节的内容进行融会贯通地梳理，加深每个读到本书的读者的理解。本书与很多交易类的书籍不同，其他书挑选“正确”的交易机会进行展示，选择性地忽视了那些错误的案例，显得该作者的交易理论无比“正确”。事实上，当你应用到实际行情时，可以找到无数的反面例子。个人以为这不是正确的学习交易的方式，只有通过连续的图表展示，将所有行情发展的阶段进行全面而无遗漏的展示和讲解，才能更好地掌握交易系统，从而面对纷繁复杂的行情趋势做到从容应对。

本章选取了四个品种进行详细拆解，分别是纯碱、沪镍、白糖和螺纹钢。纯碱在2023年上半年走出了一波大幅下挫的行情，沪镍素有“妖镍”之称，而白糖也被称作“妖糖”，螺纹钢是交易量最大的品种，用之前提到的交易系统与这四个品种进行“碰撞”，以期对交易系统有一个更深入的理解和应用。特别说明如下：

一是为了便于分析，本章所使用的图表均为品种加权，会跟主力合约有一些差异，在实际交易中，切换为主力合约即可，不影响交易系统的使用。

二是因为交易软件时间受限，部分图表无法取得10分钟的图表。

三是为了避免“后见之明”，会将后续的走势抹去，更贴近真实的交易场景，这也体现本书一贯坚持的“不预测，只追随”的交易理念。

四是下文中有W、D，分别代表week（周）、day（日），为行文方便，如2021年10月11日，简写为2021-10-11。

9.1 纯　碱

W（2021-10-11—2021-10-15）：从周线、日线来看，如图 9-1 所示，均线处于多头排列之中，依然是等待逢低做多的时机。

W（2021-10-18—2021-10-22），如图 9-2 所示。

周线收出一根实体部分很长的大阴线，但是整体仍然看多。尽管日线下出现了大幅下跌，但这个下跌不属于本书交易系统中的交易机会。值得关注的有以下几点：

一是周线和日线（2023-10-21，周四）都跌破了关键点 3158，意味着上涨趋势进入停滞状态。

二是日线的 5 MA 和 10 MA 已经死叉，MACD 变绿，并跌破了 20 MA，在 20 MA 之下运行且 20 MA 已经从向上转为走平，并朝着向上的 60 MA 靠拢。可以看到，自 3585 高点的下跌，从 K 线下跌到 N 形下跌，逐渐转变为 20 MA 的下跌。综合分析，看空的意味要大于看多。

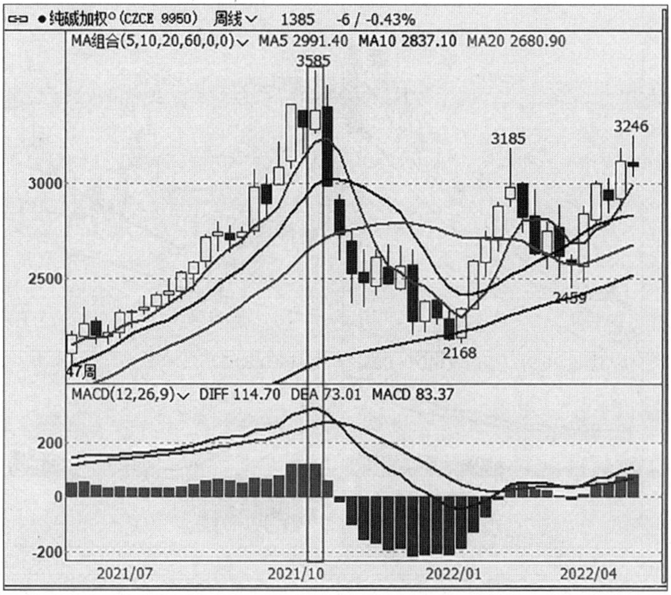

图 9-1　2021-10-11—2021-10-15 逐浪交易系统图表（周线、日线）

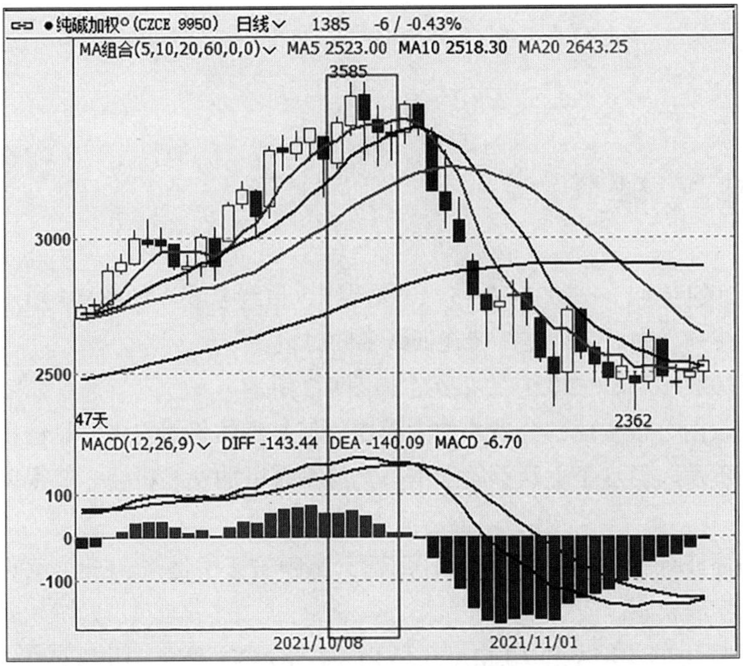

图 9-1　2021-10-11—2021-10-15 逐浪交易系统图表（周线、日线）（续）

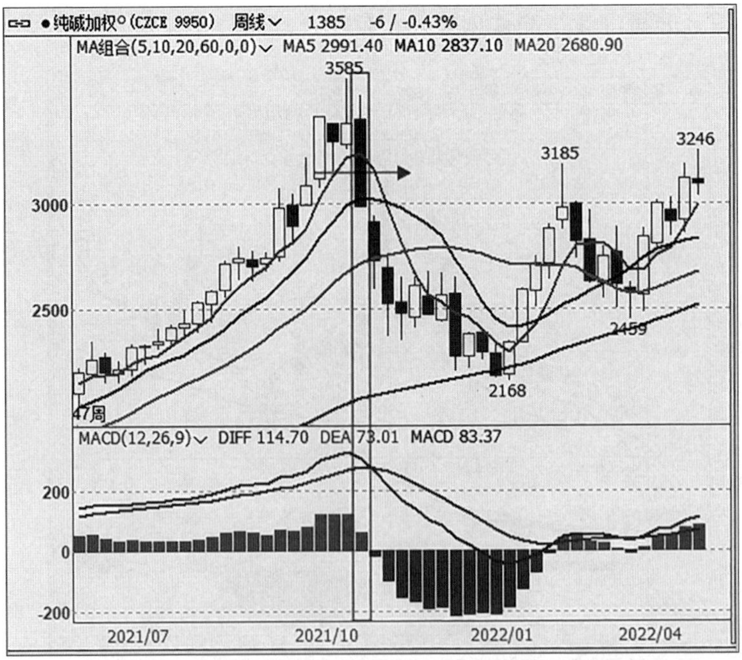

图 9-2　2021-10-18—2021-10-22 逐浪交易系统图表（周线、日线）

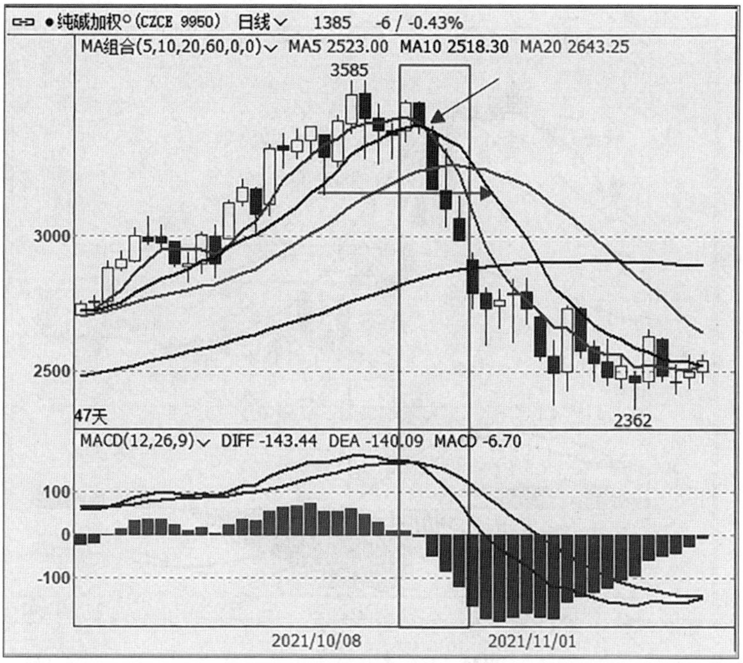

图 9-2　2021-10-18—2021-10-22 逐浪交易系统图表（周线、日线）（续）

W（2021-11-1—2021-11-5），如图 9-3 所示。

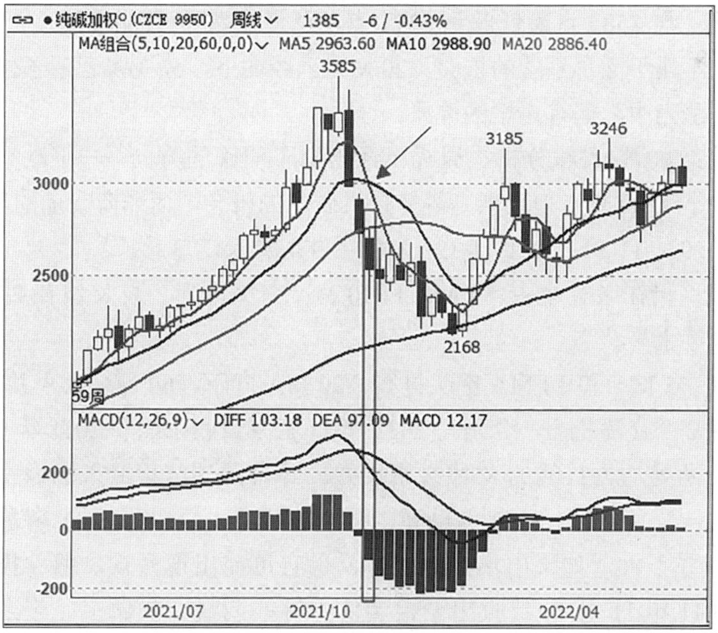

图 9-3　2021-11-1—2021-11-5 逐浪交易系统图表（周线、日线）

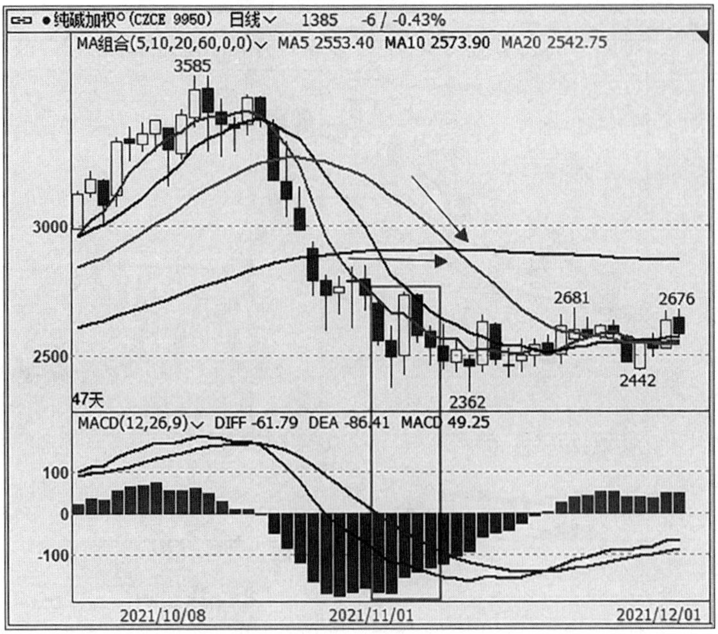

图 9-3 2021-11-1—2021-11-5 逐浪交易系统图表（周线、日线）（续）

周线：5 MA 与 10 MA 形成死叉，即 5 MA（2986 点）低于 10 MA（3005 点）。周 K 线跌破 20 MA。

日线：自 3585 点最低跌到 2377 点，已经下跌了 1200 多点。这波下跌严格意义上不属于交易系统的机会。20 MA 已经向下，60 MA 已经被跌破，虽然还处于上涨当中，但有走平的迹象。

结论：从周–日线分析，周线已经给出了明确的方向——下跌。尽管日线已经跌去了 1200 点，但仍然是等待择机做空的机会，而非博向上的反弹。

W（2021-11-8—2021-11-12），如图 9-4 所示。

周线：仍在下行当中。5 MA 和 10 MA 空头排列。周 K 线在 20 MA 下方运行并延续水平状态。

日线：5 MA 和 10 MA 空头排列。20 MA 向下，60 MA 水平并略微向下。本周出现 2 个交易机会，分别是 2021 年 11 月 9 日收阳线和 2011 年 11 月 11 日收阳线，两处均为日线的 K 线级别反弹。等待回调结束后入场做空。此处无 10 分钟图表。行情自 2362 点反弹，并收出一个长下影线的十字星，表明做空的利润并不大，如果出场未把握好，也有可能出现亏损，但亏损幅度非常有限。2011 年 11 月 12 日收出一根实体中等的阴线，如做空，应当有一定的利润。

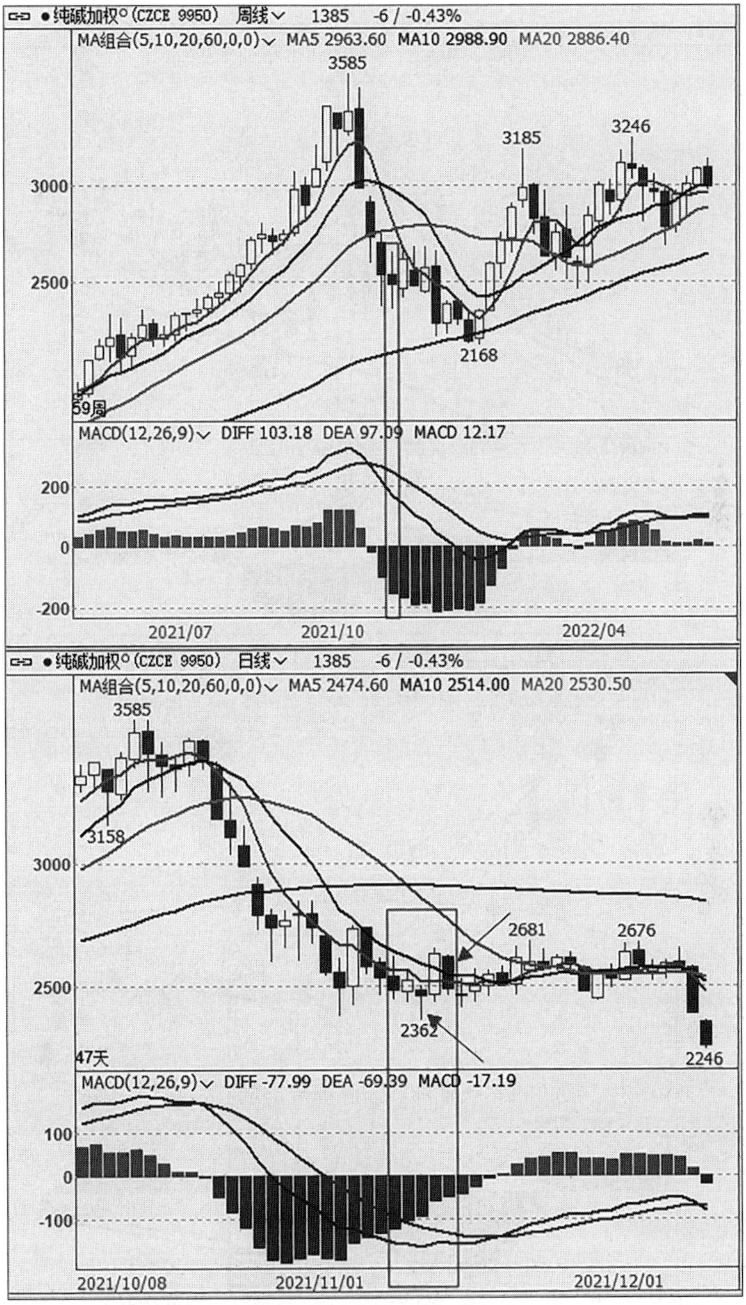

图 9-4　2021-11-8—2021-11-12 逐浪交易系统图表（周线、日线）

W（2021-11-15—2021-11-19），如图 9-5 所示。

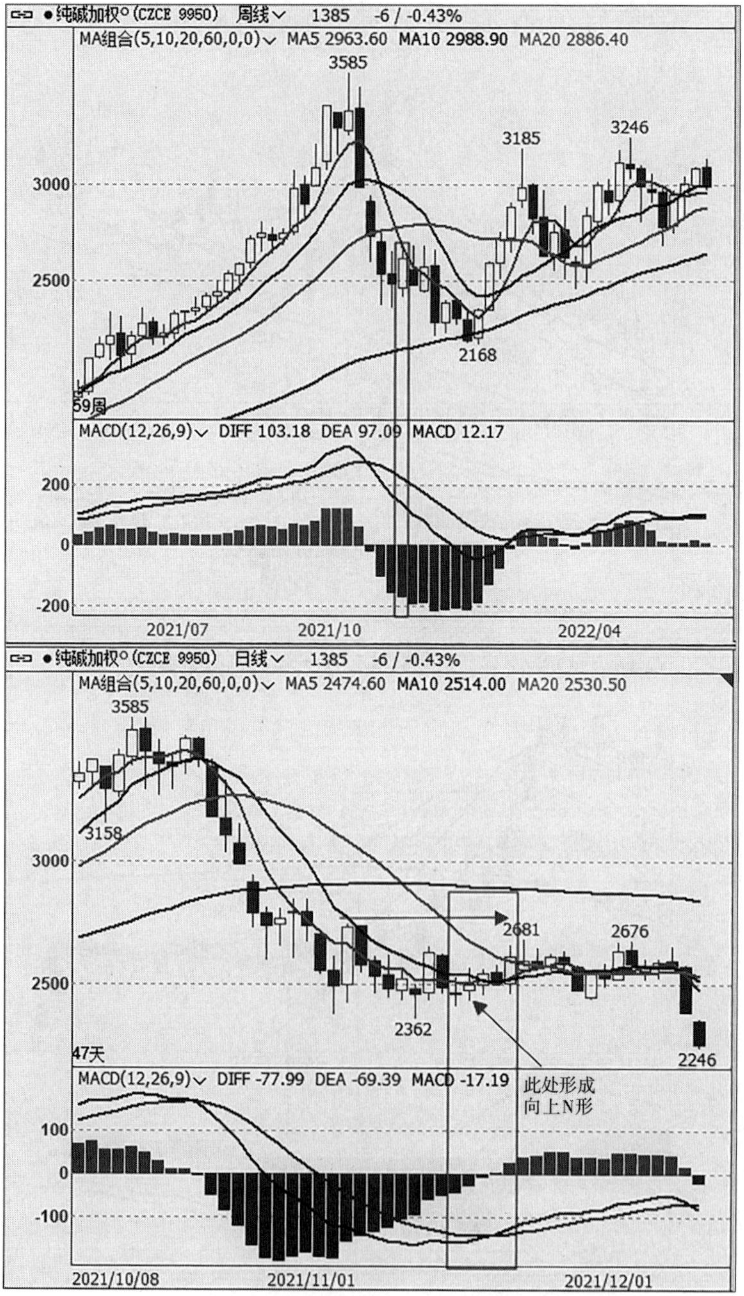

图 9-5 2021-11-15—2021-11-19 逐浪交易系统图表（周线、日线）

周线：周 K 线收出一根阳线，MACD 仍然是绿的。5 MA 与 10 MA 空头排列，仍然在 20 MA 之下运行，60 MA 仍然向上。

日线：自 2362 阶段最低点向上反弹，并且形成向上的 N 形。且 K 线基本运行在 2021 年 11 月 3 日大阳线的最高和最低点之间（除了 2362 点创阶段新低）。K 线收于 20 MA 之上，且 MACD 已经变红，60 MA 水平并略微向下。

结论：在交易系统说明中，当日线的 5 MA 和 10 MA 交叉的方向、形成的 N 形与周线 5 MA 和 10 MA 交叉所指示的方向相反时，以日线为准。在图 9-5 中，我们可以看到日线 5 MA 已经上穿了 10 MA，且日线形成了向上的 N 形，因此从日线的角度出发，不具备做空的条件。此时的选择是以观望为主。即使你要做，也只能做空并等待日线的反弹结束后再入场。

W（2021-11-22—2021-11-26），如图 9-6 所示。

周线：收出一根小实体阴线。基本上是延续上周的走势。这里不过多说明，需要注意的是，此时周线向下的 N 形有可能形成，周线仍然看空。

日线：周五的走势很有意思。自 2681 点向下形成了向下的 N 形，意味着日线的反弹结束了。此时的 MACD 还是红的，K 线在 20 MA 之上运行且 20 MA 的角度仍然向下，但是都是小实体 K 线（指周一到周四），由此可见，在 20 MA 之上的反弹并不大且力度在衰竭。60 MA 略微向下。周五向下突破形成日线的向下 N 形时，在 10 分钟寻找入场的时机。这是一个非常好的做空的机会，周五收出一根实体较长的阴线（且无影线）。当天较周四下跌 4.11%/106 点。

W（2021-11-29—2021-12-3），如图 9-7 所示。

周线：收出一根阳线。MACD 绿柱变短，K 线仍在 20 MA 之下运行，20 MA 低角度向上，60 MA 低角度向上。周线 5 MA 和 10 MA 仍然是空头排列，因此仍然看空。

日线：又再次形成向上的 N 形，意味着周线的看空倾向在日线没有得到验证，因此无法做空。日线的多不属于本系统的交易机会，不再赘述。值得注意的是，20 MA 处于水平状态，在交易系统章节有提到日线 20 MA 处于水平状态，它是行情进入震荡一个比较重要的判断依据。由此可见，行情多半进入了震荡，观望即可，你想做空也没有入场机会。

W（2021-12-6—2021-12-10），如图 9-8 所示。

周线：本周收出一根大阴线。5 MA、10 MA 和 20 MA 空头排列，60 MA 略微向上，K 线在向 60 MA 靠拢。周线的向下 N 形已在本周形成，周线看空。

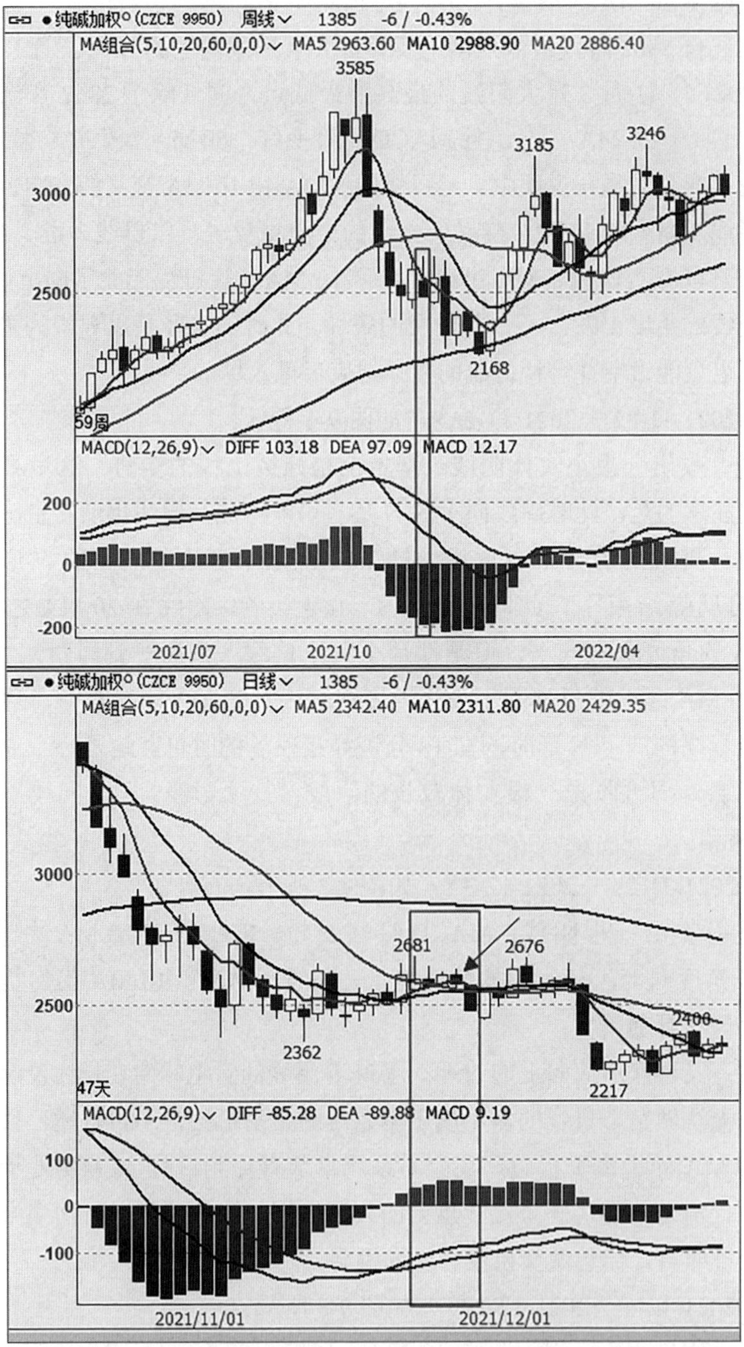

图 9-6　2021-11-22—2021-11-26 逐浪交易系统图表（周线、日线）

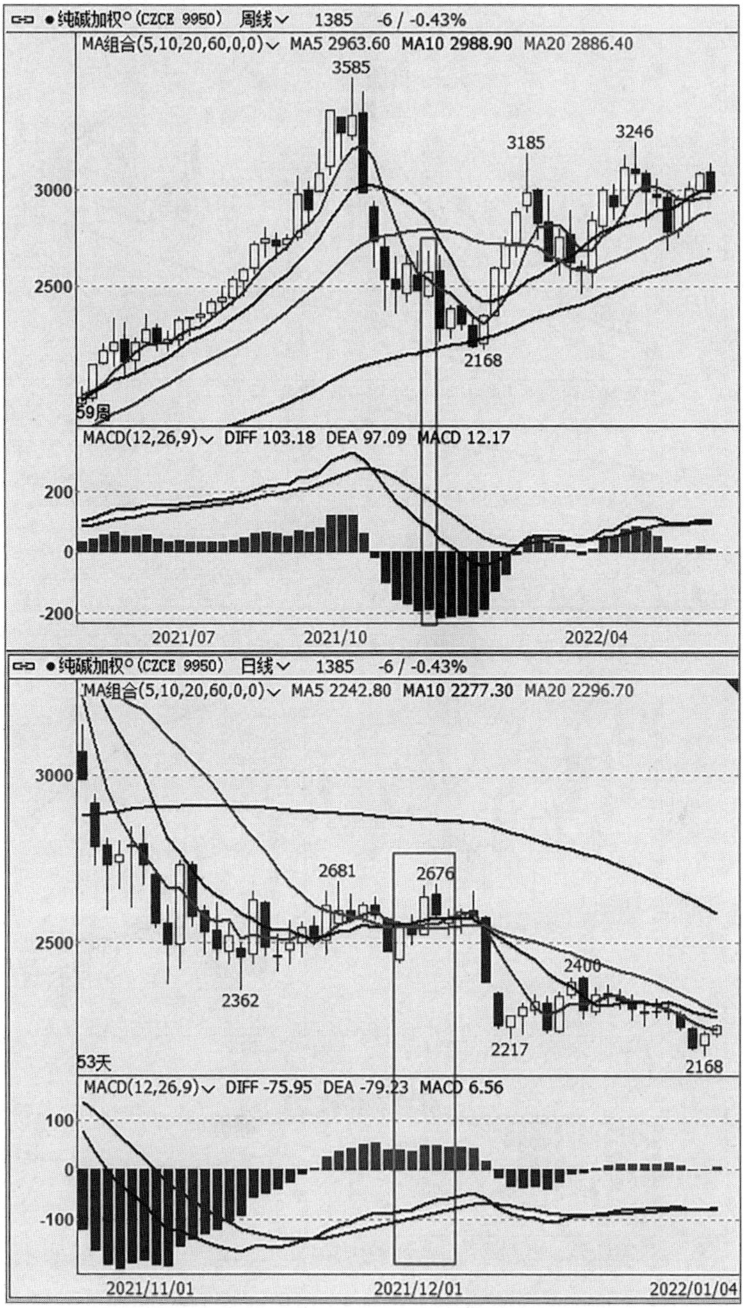

图 9-7　2021-11-29—2021-12-3 纯碱的周线、日线

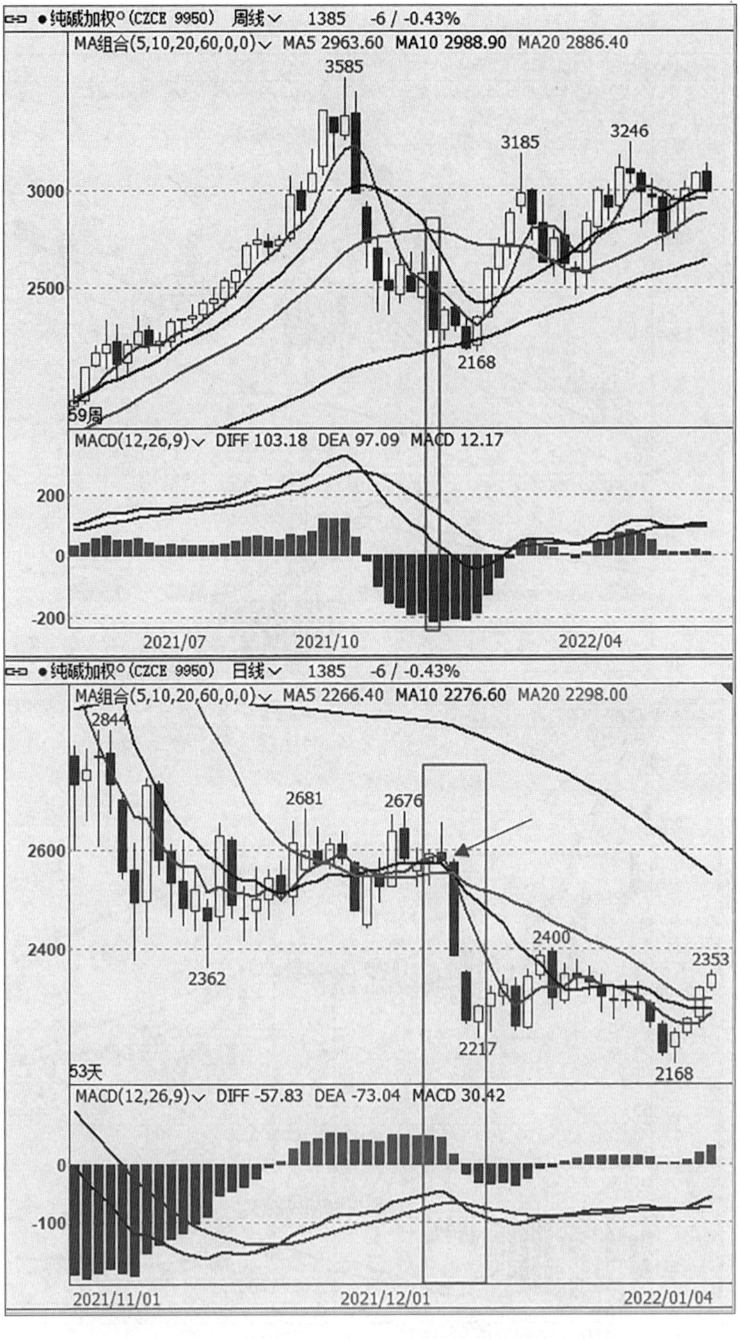

图 9-8　2021-12-6—2021-12-10 纯碱的周线、日线

日线：向上的N形未突破前期2681的高点，同时走出一个向下的N形（在2021年12月8日周三这一天），即周线看空的倾向通过日线向下的N形得到

了验证。尽管此时的 MACD 还是红的，不影响入场做空。周三这天出现大跌，周四续跌，周五收出一根小实体的十字星。MACD 在周四由红色转绿色。入场时机出现在周三形成向下 N 形时，由此，我们判断日线向上的反弹结束，符合顺势的理念。

W（2021-12-13—2022-1-21），如图 9-9 所示。周线：将连续几周的行情

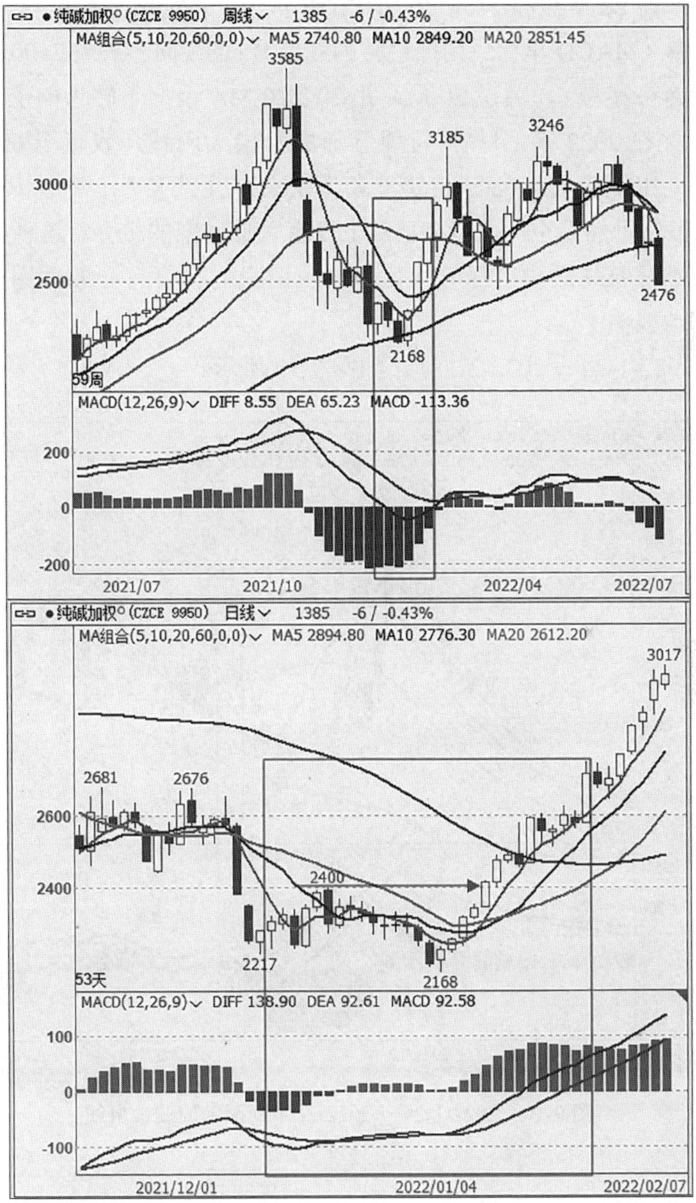

图 9-9　2021-12-13—2022-1-21 纯碱的周线、日线

一并解读。周线看空倾向未变。行情在 60 MA 处获得支撑，并未有效突破 60 MA，最低到 2168 点后向上连续反弹了三周的时间。可以看到，5 MA 已经和 10 MA 很接近但未形成金叉。20 MA 在略微向下后转为水平。60 MA 仍然向上。从周线上看，滞后性是比较明显的，但不影响我们利用周线的稳定性。

日线：在 2217 点和 2168 点之间出现了几次入场做空的机会。自 2168 低点向上反弹（MACD 早已经由绿色转为红色），连续向上突破 2400 关键点（意味着向下趋势停滞），突破 20 MA 并带动 20 MA 由向下转为向上，形成向上的 N 形，并在 2022 年 1 月 14 日周五形成一根大阳线，收盘于 60 MA 之上。日线的短、中期毫无疑问已经处于多头状态，并且 K 线已经突破了 60 MA。此时周线虽然仍然看空，但是在日线上没有入场做空的机会。这种剧烈的 V 形反转也并不在系统之内，尽管幅度不小，但我们也没有必要试图抓住所有的行情。

W（2022-1-24—2022-2-11），如图 9-10 所示。

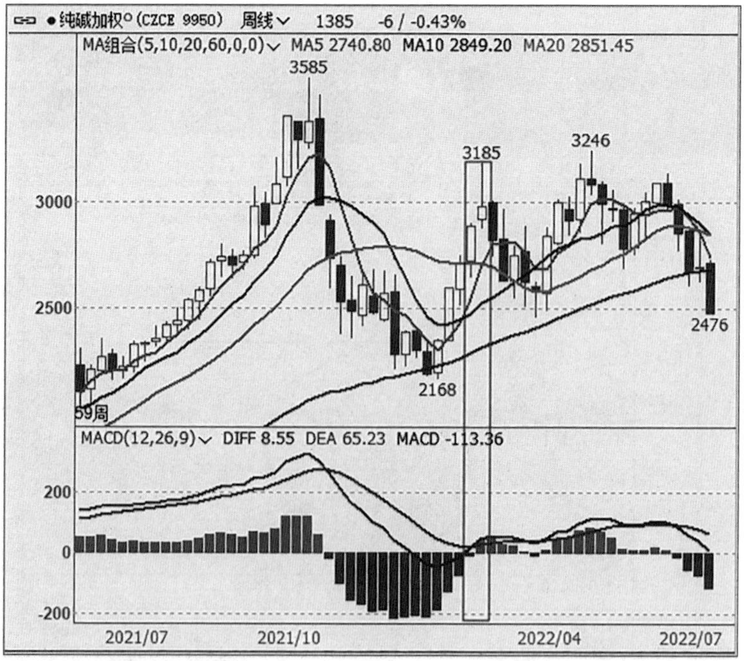

图 9-10 2022-1-24—2022-2-11 纯碱的周线、日线

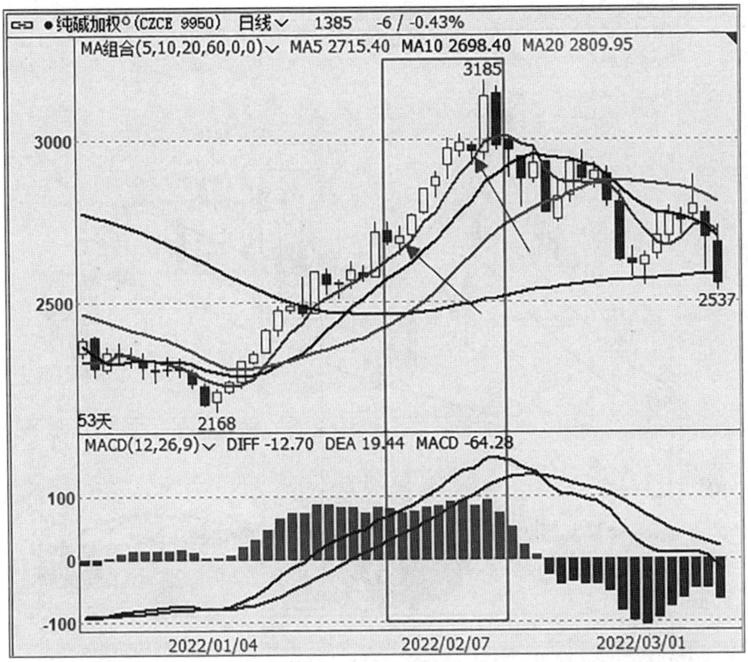

图 9-10　2022-1-24—2022-2-11 纯碱的周线、日线（续）

周线：K 线持续反弹，并且形成了 5 MA 和 10 MA 的金叉。行情由看空转为看多。反弹的力度很猛，但是看到 20 MA 被突破之后仍然是处于略微向下的状态。

日线：持续反弹，在这一大波上涨中，有两次入场做多的时机。第一次出现在 K 线回调时，周线的 5 MA 和 10 MA 并未形成金叉，但是综合整体走势判断，可以入场做多。此时日线已经是短期、中期向上，长期（60 MA）已经水平。第一个箭头的入场位置看上去很高，但不在交易系统的考虑范围，在设定止损的前提下，入场做多的成功概率要大于失败的概率。

W（2022-2-14—2022-3-18），如图 9-11 所示。

周线：这是一段五周的行情分析。周 K 线形成了向下的 N 形。5 MA 仍然处于 10 MA 之上，在 3 月 18 日星期五收盘时，5 MA 将破未破 10 MA，5 MA 和 10 MA 的价位已经非常接近，两者相差 12 个点。20 MA 向下，60 MA 向上，从周线上看，看多的倾向似乎已经要准备发生改变。

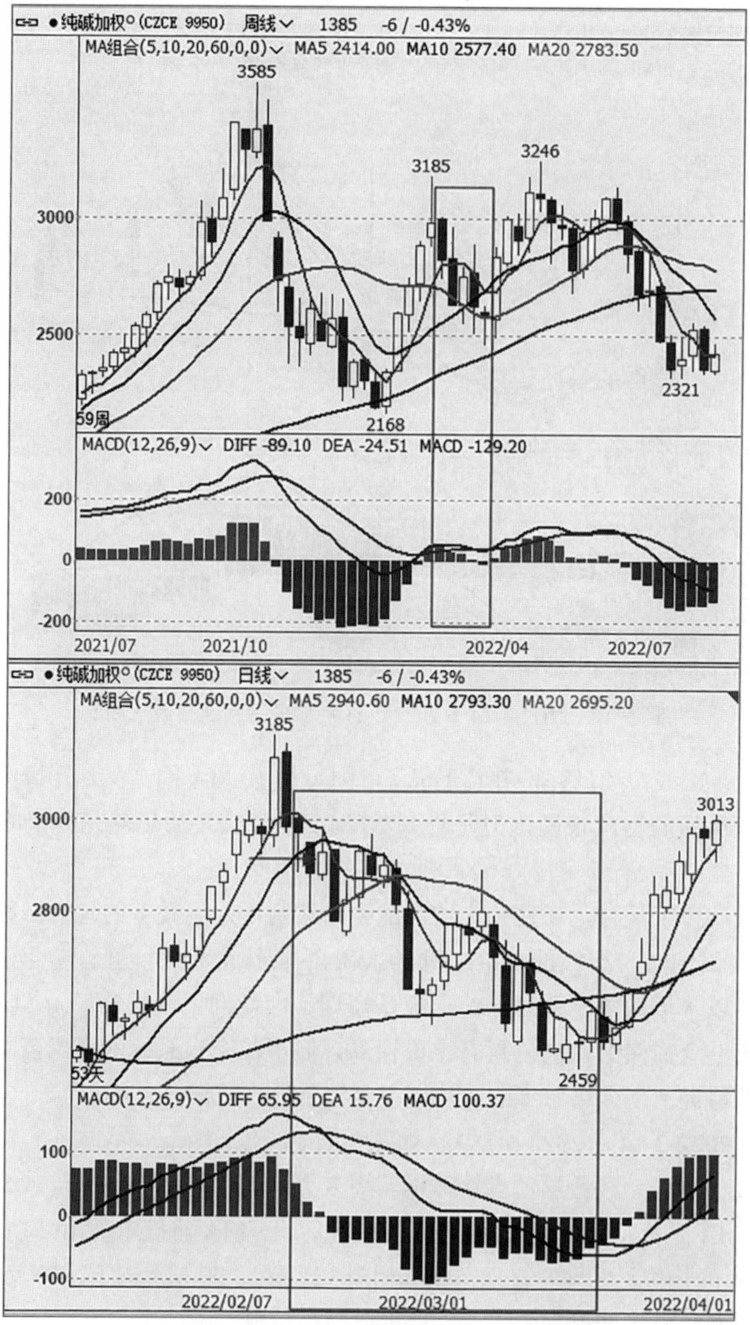

图 9-11　2022-2-14—2022-3-18 纯碱的周线、日线

日线：自跌破日线关键点（箭头处）后，K 线没有向上突破过下跌形成的关键点。K 线不断地向下走出 N 形走势，带动 20 MA 从向上转为向下。日线的 5 MA 和 10 MA 形成了死叉。MACD 也由红色转为绿色。从日线的走势上看（向下的 N 形、5 MA 和 10 MA 死叉、20 MA 向下），行情在短期、中期均为向下，60 MA 水平（方向不明）。也就意味着周线看多未结束，但是在日线上，由于日线走得比周线要快，日线短期和中期向下的走势与周线看多的倾向是相反的，也就意味着没有形成方向上的共振。日线上做空的力量与周线上做多的力量相抵销、互相削弱。这种走势能不能做呢？当然能做，但是不属于本书交易系统中提到的交易机会，因此在此不展开讨论。为了保持交易的一致性，我们应该做的是观望。交易机会每时每刻都有，但是我们要做的只是符合交易系统的机会，否则交易系统就没有存在的必要。交易员也会在纷繁复杂的行情中迷失方向。可能有读者会问：我们能不能提前入场呢？周线似乎要形成 5 MA 和 10 MA 的死叉了。答案是可以。从图 9-10 中我们可以看到，在 2022 年 3 月 17 日，周四，在日线反弹结束后，行情向下收出一根阴线，最低到了 2459，然后又反弹。这说明提前入场做空有风险。当然我们可以降低仓位以提前入场，等行情明朗之后再恢复正常仓位，这也未尝不可，但这需要投资者熟练掌握之后才能更好地应用，在没有熟练掌握之前，还是老老实实地按照交易系统来执行交易计划。

W（2022-3-21—2022-5-27），如图 9-12 所示。

周线：方框内一共出现三次 5 MA 和 10 MA 的交叉。第一个和第三个为死叉，第二个为金叉。这三个交叉均在 20 MA 之上，且 20 MA 均往上，60 MA 也是在往上行。

日线：在 1 的位置形成了向上 N 形。此时对应周线的第一个死叉，即周线看空。日线走势（看多）与周线 5 MA 和 10 MA 指示方向（看空）不符，因此我们放弃交易，选择观望。

在 2 的位置也形成了一个向上的 N 形，此时周线将形成而还未形成金叉（5 MA 和 10 MA 相差大约 11 个点），这时的日线 N 形向上，20 MA 向上，60 MA 向上，结合小周期可以提前入场做多。随后行情向上，依然能吃到几根阳线。

当 3 的位置形成向上的 N 形时，周线已经处于 5 MA 和 10 MA 的死叉之中（2022 年 5 月 27 日周五收盘后已经形成死叉），依据交易系统的原则，当周向和日向相背时，此时无论多空，投资者都不应该入场。

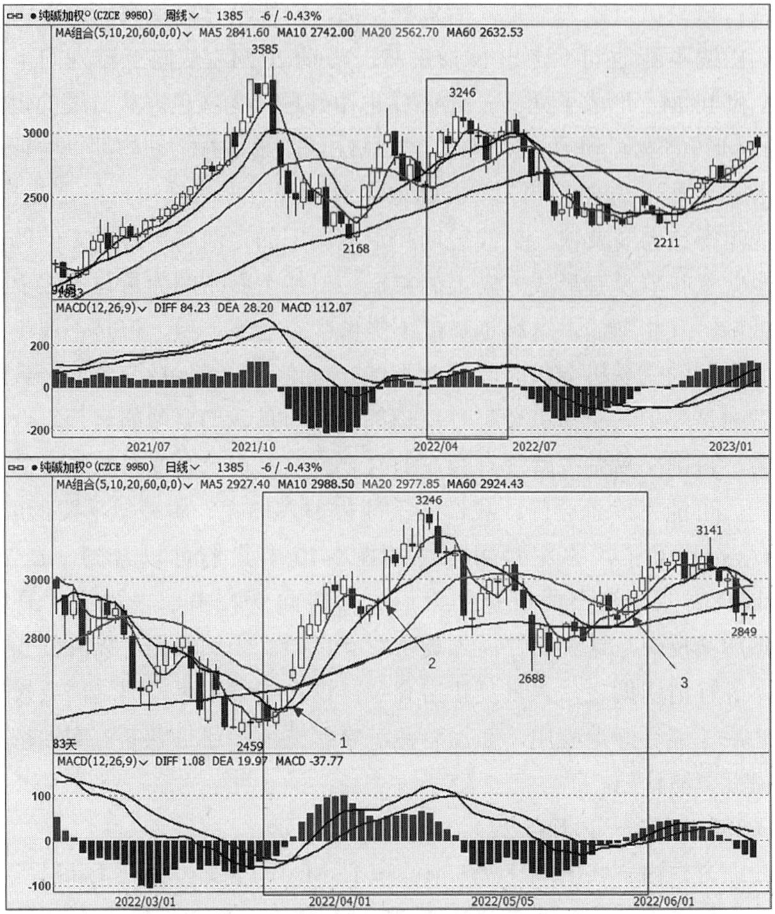

图 9-12　2022-3-21—2022-5-27 纯碱的周线、日线

W（2022-6-13—2022-9-30），如图 9-13 所示。

周线：在方框内，5 MA 一直与 10 MA 形成死叉，20 MA 由向上转为向下，60 MA 向上转为水平。按照交易系统的原则，在这四个月的行情中，只有一个方向可做：看空。简化了行情的判断。

日线：从高点 3141 下破关键点，然后行情不断 N 形向下，再到 20 MA 和 60 MA 依次拐头向下。这一大段行情中，依据交易系统，应等待日线的反弹结束后入场做空（出现了好几次入场时机，留给读者自行分析）。我们看到，反弹有 K 线反弹，N 形反弹，20 MA 反弹。这也是行情千变万化的原因。20 MA 还走平了一段时间，即夹杂着震荡行情。20 MA 走平时，MACD 也大多为红色，因此我们在这里要么是观望，要么是向上的反弹结束依然择机做空。虽然这时多空进入胶着状态，但总体而言做空多少是有所收益的。最低跌到 2253 点之后，向上形成 N 形，依据交易系统，已经不能再做空，此时周线尚未形成 5 MA 和 10 MA 的金叉。避免了在周线力量和日线力量不一致时的不确定性和随机性。

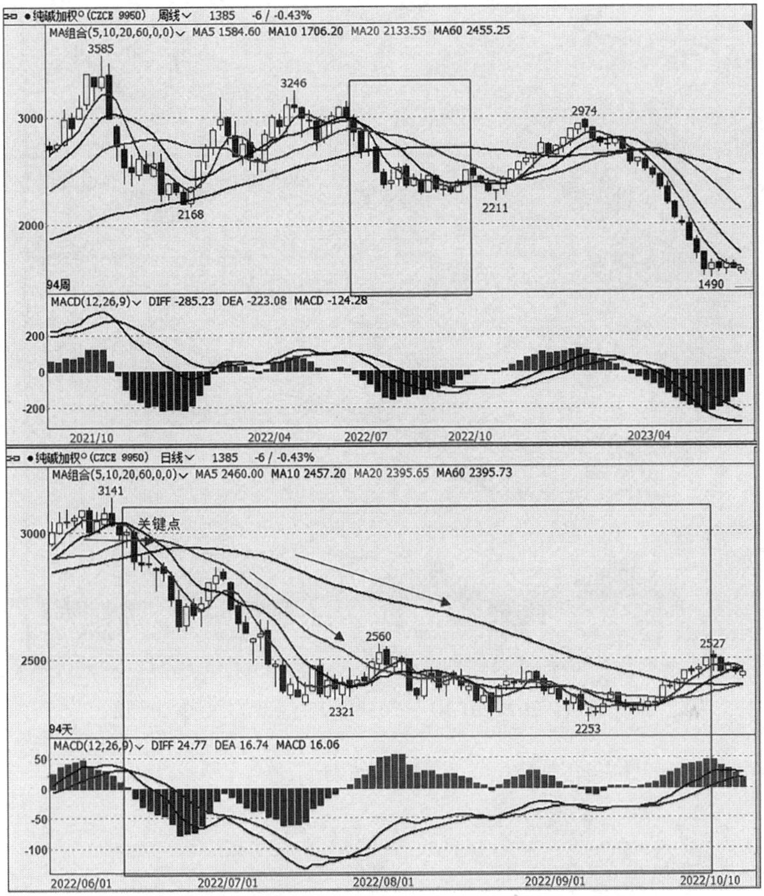

图 9-13　2022-6-13—2022-9-30 纯碱的周线、日线

W（2022-10-10—2023-2-17），如图 9-14 所示。

周线：图 9-14 中一共出现了四次交叉。1 和 3 为 5 MA 和 10 MA 金叉，2 和 4 为 5 MA 和 10 MA 死叉。2 和 4 里的 MACD 均为红色。

日线：重点讲解关键位。关键位 1 被向下突破时，周线处于 1 的金叉之中。关键位 2 被向上突破时，周线处于 2 的死叉之中。关键位 1 和 2 的相同之处在于，当被反向突破时，日线的短期方向均与周线所指示的方向相反。按照交易原则，均不可入场。可能有些细心的读者会问，在 2211 点和 2974 点之间，除了关键位 3，也有关键位被反向突破的时候，这时怎么做呢？这是一个很好的问题。

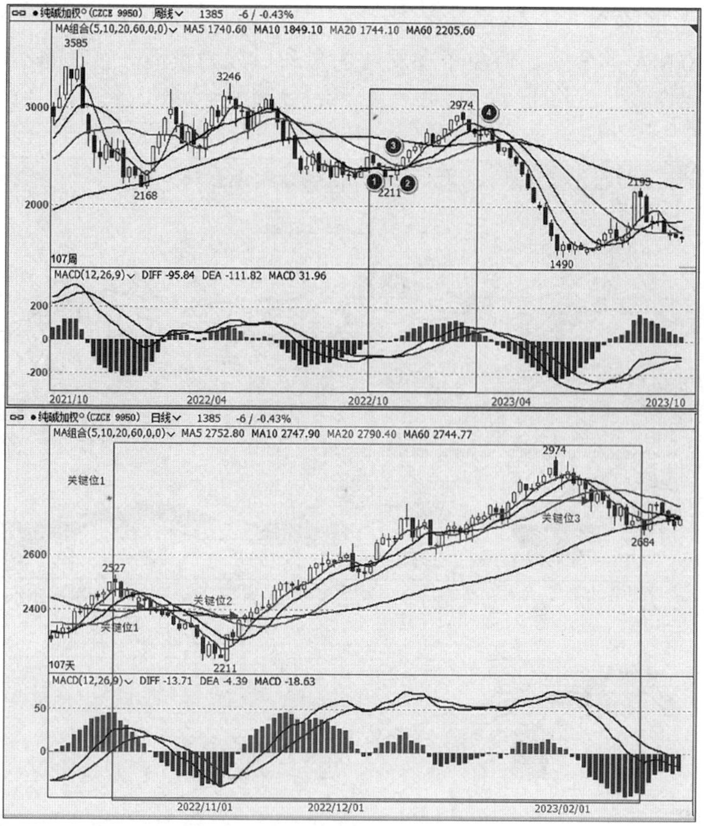

图 9-14　2022-10-10—2023-2-17 纯碱的周线、日线

下面用一张图来详细分析，如图 9-15 所示。

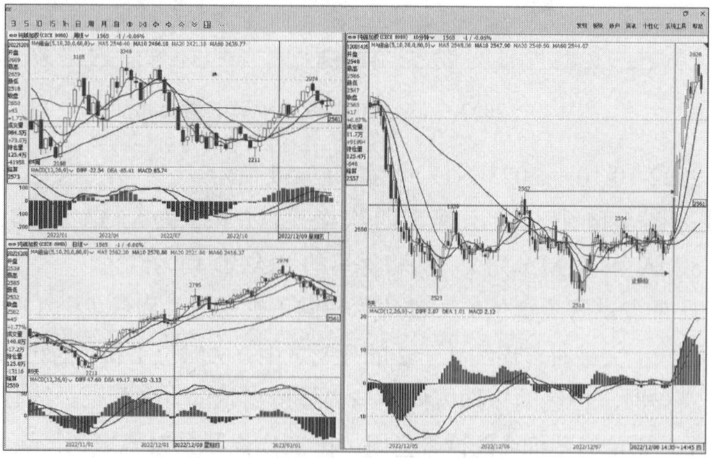

图 9-15　中周期（日线图）关键位

图 9-15 中的十字光标代表着价格对应的不同周期的位置。

周线：在 5 MA 和 10 MA 的金叉之中，看多。

日线：跌破了关键位。行情进入停滞（注意不是反转）。

10 分钟：自最低点 2518 以来，突破了 2521 点至 2518 点之间的关键位 2567（需要注意的是，2567 点也是前一日 K 线的最高点）。说明从 10 分钟走势来看，下跌的趋势进入停滞状态。此时 MACD 由绿色转红色，20 MA 已经是有角度的上涨，60 MA 早已走平。止损位设置在 2532 点。这是一个符合交易系统的入场位置，甚至是含有稍微提前入场的意思。为什么？因为在突破 2567 点时日线还没有收盘，没有收盘就意味着行情未必能朝着预期向上的方向发展。但是结合交易系统里的资金管理，这是一个我们可以尝试入场的时机。在资金管理的保护下，大胆尝试也未尝不可。再来看后面的一次跌破日线关键位后的趋势，如图 9-16 所示。

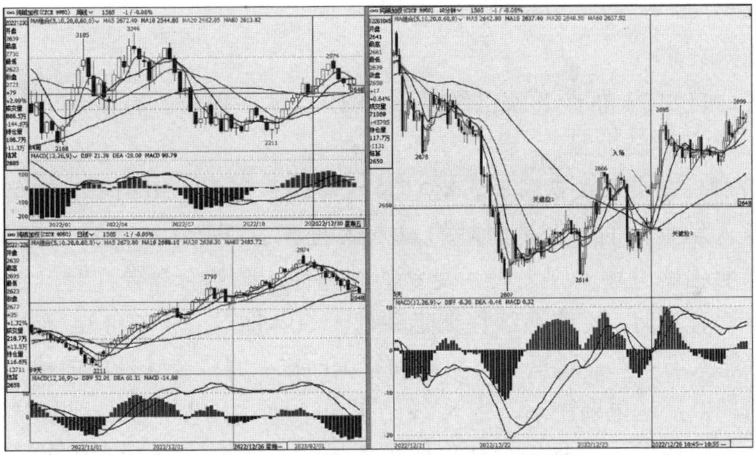

图 9-16　中周期（日线图）的后续走势

周线：同前。

日线：自 2795 高点 N 形下跌，并跌破日线关键位。

10 分钟：关键位 1 被反向突破，意味着下跌趋势进入停滞状态；关键位 2 又被反向突破，MACD 由绿转红，20 MA 走平（此时不符合严格的入场条件），60 MA 从向下转为水平。这也是一个潜在的入场机会。唯一不太好的地方就是 20 MA 走平，事后看行情朝着预期的方向发展，但也有很大的概率会进入一段震荡行情之中。

我们再来看突破日线关键位 3（从日线 2974 高点往下跌）时的情形，如图 9-17 所示。

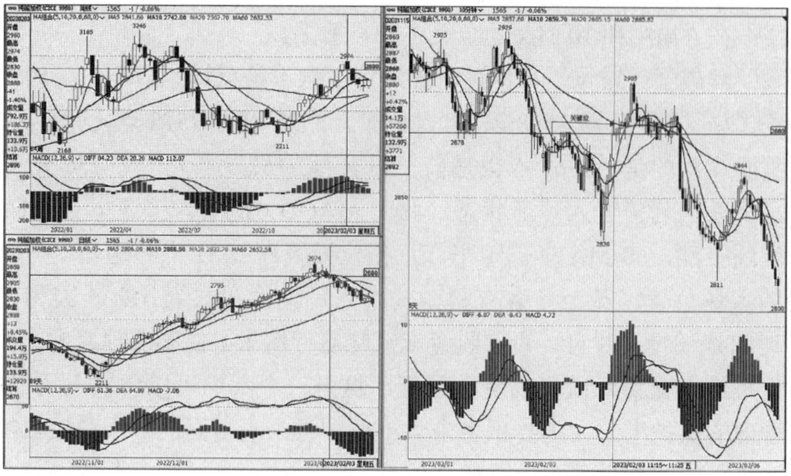

图 9-17　突破日线关键位

周线：略。

日线：自 2974 高点下跌已经跌破 2825 点的关键位。行情进入停滞。注意 MACD 也已经转为绿。

10 分钟：在突破关键位时，MACD 已经转为红色，20 MA 略有角度，这些是符合入场条件的。但是此时的 60 MA 处于下降当中，不符合交易准则，如果我们要强硬进场，则丧失了交易的纪律性，必然会导致交易一致性的混乱。但有读者会问：K 线继续往上走并处于 60 MA 之上，60 MA 走平了一小段，此时能入场吗？在这里给出明确的答案：在做好资金管理的前提下，是可以入场的。但是这里要注意，当 K 线站在 60 MA 之上时，价位已经离 20 MA 有比较大的距离了。这种机会建议谨慎入场，当前价位与 20 MA 的乖离过大很容易导致行情回撤或进入震荡状态，最好不要入场。毕竟交易机会无处不在，不必在每一个交易机会都要入场。同时，我们可以看到，在 60 MA 短暂停留了一段时间之后，随即反转向下，如果不做好资金管理或及时出场，我们将面临亏损且亏损的幅度并不小。

需要说明的是，这是日线反向跌破关键位 3 时，能够入场的最后一次机会。之后随着行情的继续下跌，日 K 线已经跌破了 20 MA（意味着短期、中期都已经下跌，日线 60 MA 还在向上），此时我们再入场做多，很明显是违背了交易原则。需要注意的是，前面提到的日线关键位的反向突破，日 K 线的 20 MA 都处于向上的状态，并且都收于 20 MA 之上。

W（2023-3-6—2023-7-7）：千点大跌的行情，如图 9-18 所示。

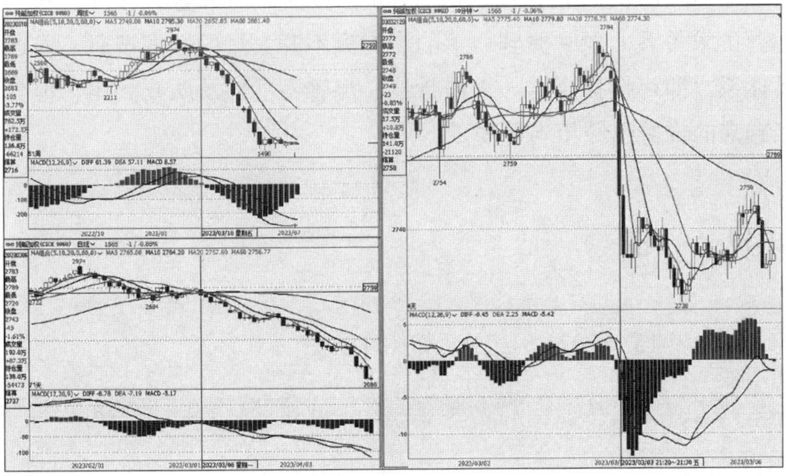

图 9-18　千点大跌的行情走势

周线：在 2023 年 3 月 3 日收盘时，5 MA 已经与 10 MA 形成了死叉，此时的 5 MA 仅低过 10 MA 不到 2 个点。MACD 仍然是红色，但是柱体缩短，20 MA 向上，60 MA 走平略微向上，周线方向倾向为空。

日线：早已跌破关键位。MACD 已经绿了很长一段时间，20 MA 向下。3 月 3 日收盘时，K 线还位于 20 MA 之上，但 K 线的实体不大，60 MA 和 20 MA 很接近。3 月 6 日的 K 线位于 20 MA、60 MA 的重合之处，寻找机会入场做空。

10 分钟：自 2794 高点下破 2759 的关键位，且破位时的 K 线力度较大。破位后的 MACD 转为绿色，20 MA 向下，60 MA 由低角度向上转为水平并在破位 K 线收盘时转为向下。问题来了，这时我们能不能入场呢？此时应是一个入场时机，能走多远不知道。唯一的不足是 20 MA 乖离较大，而且 K 线破位的幅度较大。即使错过了，也不必觉得遗憾，我们可以依据自己的心理承受能力入场或不入场。我个人倾向可以入场，原因为日 K 线刚好处于 20 MA 和 60 MA 重合位置，此处的下跌应该是受到了 20 MA 的阻力。

如果我们在此处不入场，后续也有多次入场机会，按照之前讲到方式入场即可，不再做过多地拆解。关于出场，这一大段行情，日线和周线产生了共振，在小周期上以 K 线收在 60 MA 的异侧出场即可。

2023 年 6 月初到 7 月的行情，属于本书中定义的震荡行情。与之前提到的震荡行情的处理类似。从周线上看，至本书截稿为止，并未出现死叉。因此，周线仍是看空的倾向。

自2023年3月开始的大跌行情，事后有各种基本面的分析，基本面分析的核心是供求关系，要掌握到一手的资料离不开大量的数据调研，而通过本书的交易体系，即可捕捉到这一大波行情，尽管不能够从头吃到尾，但分段入场所积累起来的收益已经相当可观。

9.2 沪　　镍

W（2021-9-13—2021-9-17），如图9-19所示。

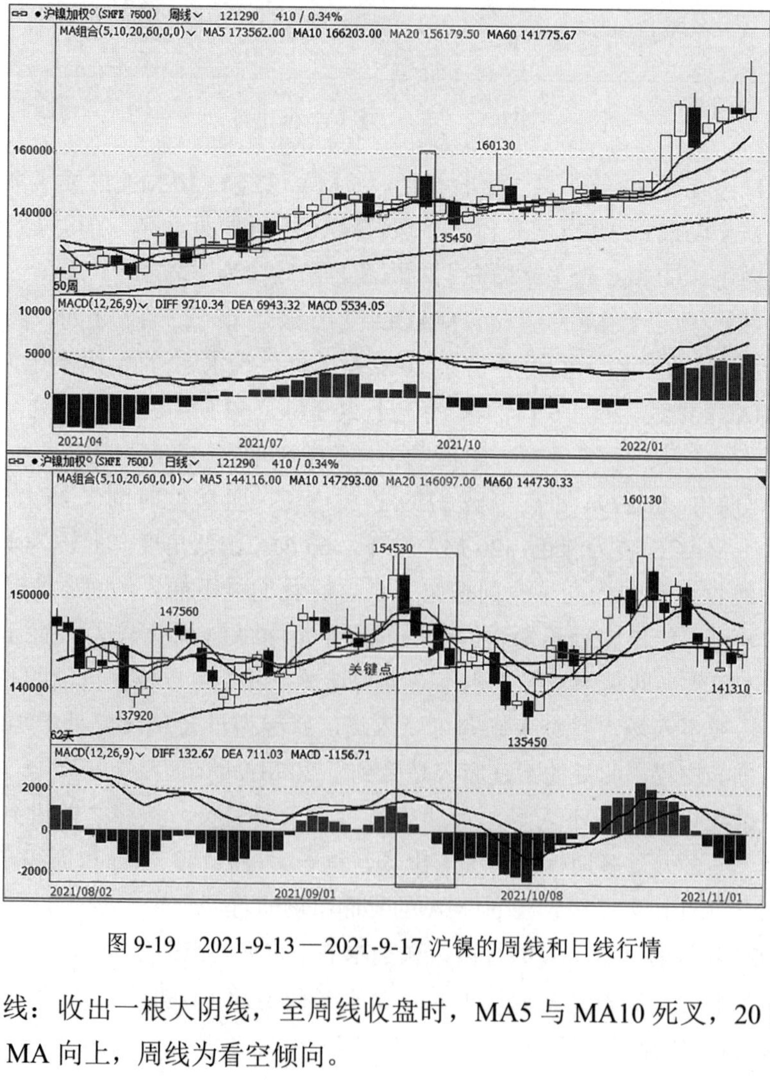

图9-19　2021-9-13—2021-9-17沪镍的周线和日线行情

周线：收出一根大阴线，至周线收盘时，MA5与MA10死叉，20 MA向上，60 MA向上，周线为看空倾向。

日线：自 154530 高点跌下来，跌破日线关键点。且以变体 N 形下跌，至周五收盘时，5 MA 与 10 MA 已死叉，K 位收于 20 MA 下方，20 MA 略微向上，60 MA 与周五收盘很接近。根据周线的看空倾向，在下一周应该寻找入场做空的机会。

W（2021-9-22—2021-9-24），如图 9-20 所示。

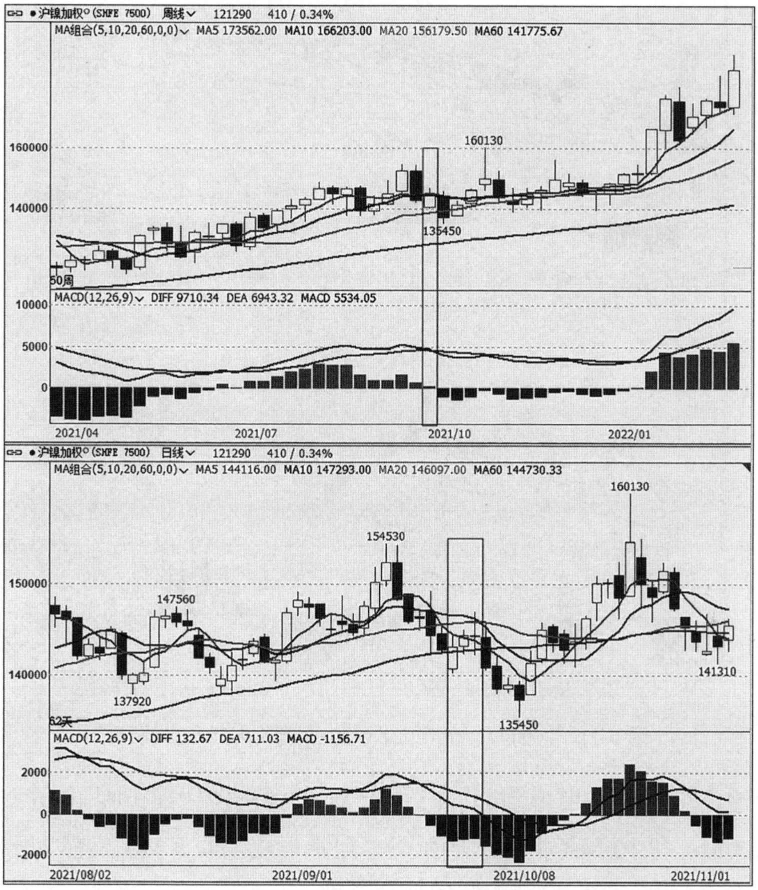

图 9-20　2021-9-22—2021-9-24 沪镍的周线和日线

周线：收出一根阳 K 线，同时 5 MA 重新站在 10 MA 之上，形成金叉，即上周的看空倾向没有得到进展，周线为看多倾向。

日线：本周只有三个交易日，因此从日线图表上得到的信息较少。K 线连续上涨了三天，周五形成了一个变体的上涨 N 形（周五的 K 线高点低点均覆盖了周四的高低点）。上周 K 线的看空倾向并没有得到日线的验证。周三最低到了 140350 点并跌破了 60 MA，但最终收出阳线，可以看出日线在 60 MA 处获得了支撑。根据本周周线的看多倾向，在下周等待入场做多的时机。

W（2021-9-27—2021-9-30），如图 9-21 所示。

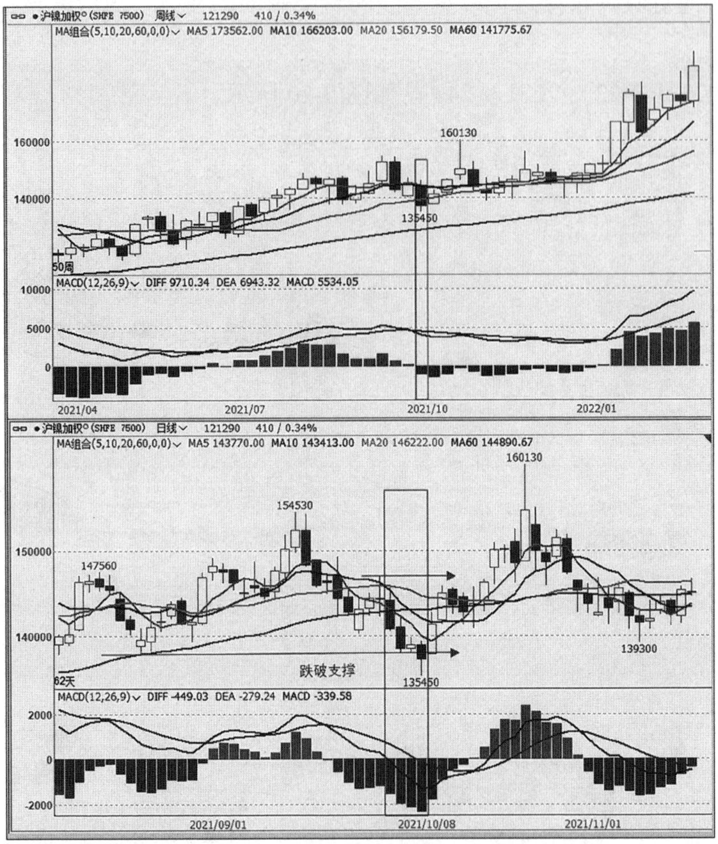

图 9-21 2021-9-27—2021-9-30 沪镍的周线和日线行情

周线：又出现一根大阴线。收盘时 MACD 已经转绿，收于 20 MA 之下，此时的 5 MA 和 10 MA 将要形成死叉，但未形成，即 5 MA 仍然大于 10 MA。结合日线的走势，周线看空的倾向将会延续。

日线：延续了 N 形下跌的态势，上周周线给予的看多倾向没有实现，即本周没有入场做多的机会。我们可以看到，行情在 20 MA 上涨受阻，转而向下，带动 20 MA 向下，同时跌破了 60 MA（至收盘时 60 MA 仍然向上）。日线的短期、中期均处于下跌之中且自 154530 下跌以来的幅度不小，并且日线跌破了 137920 点一带的支撑区域。因此，尽管周线没有死叉，从日线的整体走势分析，下跌的可能性大于上涨的可能性。由于面临着国庆假期，谨慎的交易者应保持空仓，而不去赌节后的行情。

W（2021-10-8—2021-10-22），如图 9-22 所示。

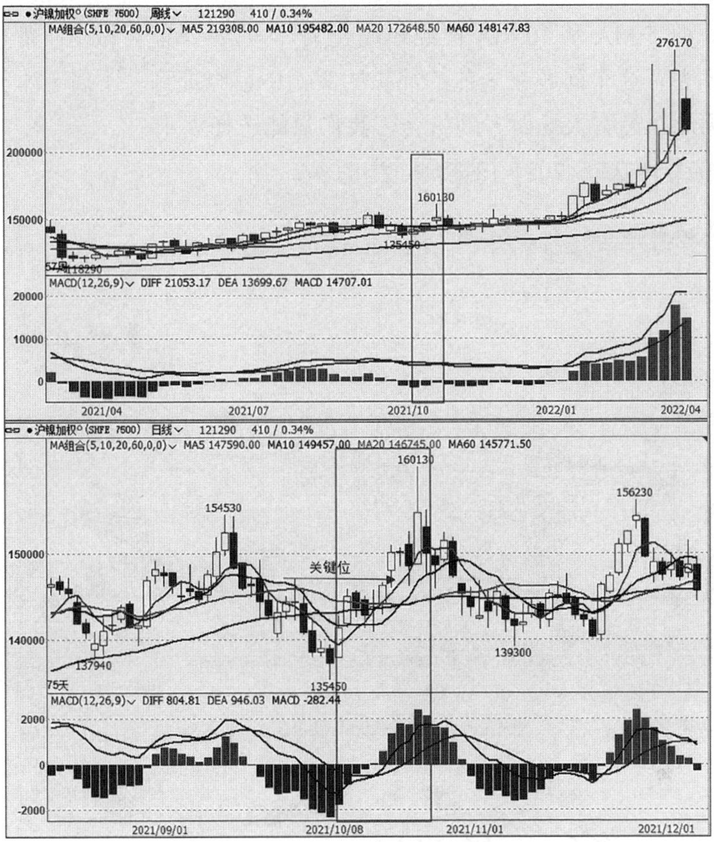

图 9-22　2021-10-8—2021-10-22 沪镍的周线和日线行情

周线：之前提到周线看空的概率要大于看多的概率，实际走势却是连续上涨了三根 K 线。20 MA 和 60 MA 延续了有角度的上涨。

日线：N 形上涨相继带动形成 5 MA 和 10 MA 的金叉、MACD 由绿色转为红色、关键位的突破（这里需要说明的是，为何不选择 135450 点之前的那根 K 线作为关键点，是因为这根 K 线的实体太小且孕在前一根 K 线当中，作为关键点的作用没有这么大，在实际交易中常会遇到这种情况）、20 MA 由向下转为水平。由此可见，上一周下跌的判断是错误的，但是并没有造成很大的损失。2021 年 10 月 12 日和 2021 年 10 月 13 日形成的 2 根阴线能不能做呢？从周 - 日线的图表来分析，行情是可以做的，当然也要在 10 分钟小周期内够找到符合交易的入场机会。在做好止损的情况下，要么没利润，要么会出现小幅亏损。行情是千变万化的，判断方向之后，有可能会顺着预期的方向，也有可能会逆着预期的方向，重要的是我们要针对当下的行情做好应对。这才是交易之中立于不败之地的法宝。在突破了关键位之后，依据交易系统（此时已经形成向上N形，且5 MA和10 MA已经形成金叉），已经不能再做空。那么，我们能不能做多呢？这个问题在之前的纯碱的案例中已经提到，不属于本交易系统的机会。因此，没有入场做多的机会，我们只能选择观望。

W（2021-10-25—2021-12-31），如图9-23所示。

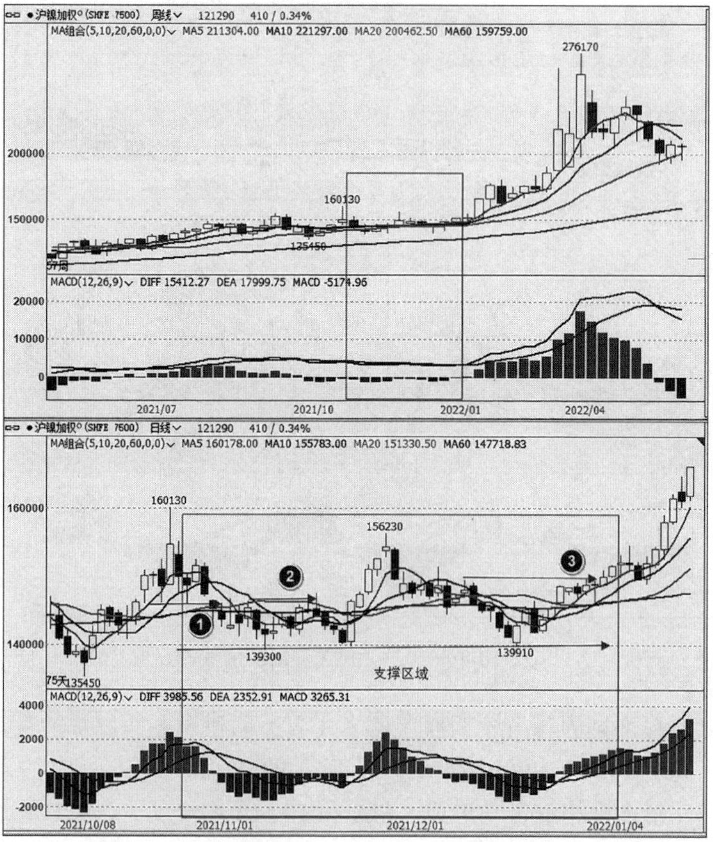

图9-23　2021-10-25—2021-12-31 沪镍的周线和日线行情

周线：这是一段非常难交易且持续时间较长的宽幅震荡。无论是从周线还是从日线分析，都不属于定义的震荡行情。周线在创出160130点新高时，5 MA仍然小于10 MA，但两个读数很接近，因此存在多空均衡的局面。在2021年11月5日周五收盘时，5 MA与10 MA形成金叉，至此，周线给了一个看多的倾向，但这个看多的倾向也较弱。

日线：在2021年10月25日—2021年12月31日之间一共有50个交易

日。在盘面上我们可以看到，一共发生了三次关键位的突破（图中分别标了出来）。价格在 135450 点和 160130 点之间做宽幅震荡，给交易增加了相当的难度。但依据交易系统的规则，在 1 处我们可以寻找机会做空，但利润不会太大还有可能出现小幅亏损。在 2 和 3 处时，周线处于 5 MA 和 10 MA 的多头排列当中，因此在日线上只能做多。另外，日线在 139300 点附近获得支撑，也提供了一个行情看涨的角度。

这一段行情颇为复杂，上下震荡的幅度都不小，但在遵守交易系统一致性的前提下，我们仍然有三个入场机会（先不管利润多少），也不会迷失在宽幅震荡的行情当中而手足无措。

W（2022-1-4—2022-5-6），如图 9-24 所示。

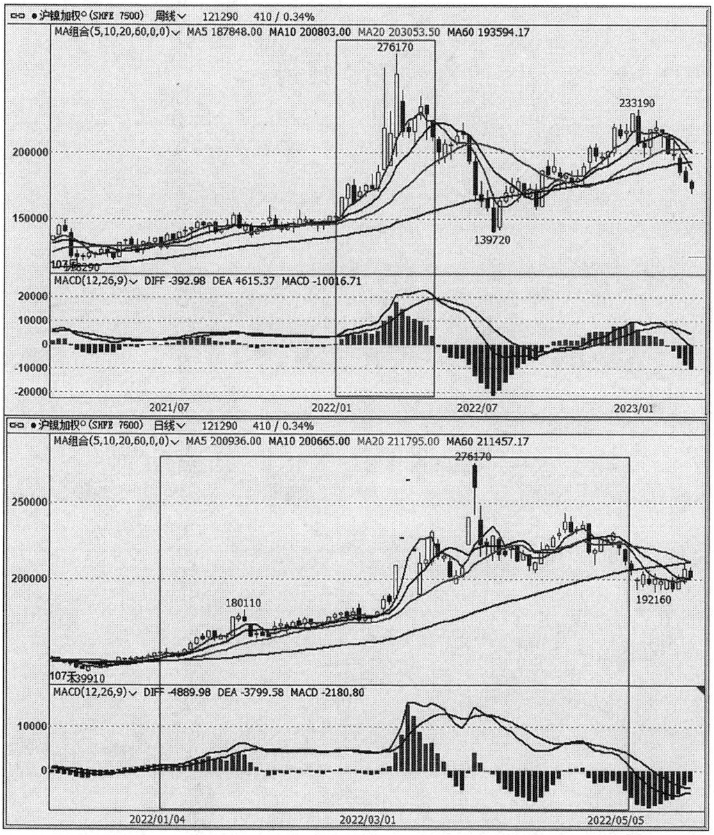

图 9-24　2022-1-4—2022-5-6 沪镍的周线和日线行情

虽然基本面分析不在本书讨论的范畴，但在这里需要做必要的说明。伦敦镍在 2022 年 3 月发生了逼仓事件：2022 年 3 月 7 和 3 月 8 日，伦敦商品期货交易所（LME）镍合约价格在两个交易日内最大涨幅高达 242%，镍价再创历史新高。镍价格大幅上涨直接原因是期货市场的逼仓事件。2022 年 3 月 8 日晚间，LME 紧急宣布，暂停镍交易，且预计在 3 月 11 日，不会重启镍交易。沪镍受伦敦镍的影响非常大，这也是沪镍行情较难把握的原因之一。沪镍在 2022 年 3 月也出现了极为剧烈的波动，无论是在基本面还是技术分析层面都非常难以把握。因此在这种情况下，我们最好的应对方式是落袋为安，等待风波平息之后再按照系统交易。

周线：一直处于 5 MA 和 10 MA 的多头排列当中，因此在横跨 4 个多月的行情当中，有且只有一个倾向——看多。

日线：短期、中期和长期均处于上涨当中，等待回调结束之后做多。不考虑做空的机会。至 2022 年 5 月 6 日收盘时，日线已经第二次跌破 20 MA 且向 60 MA 靠拢。再次跌破 20 MA 后，短期、中期均处于下降趋势，我们已经无法再入场做多。

W（2022-5-9—2022-8-19），如图 9-25 所示。

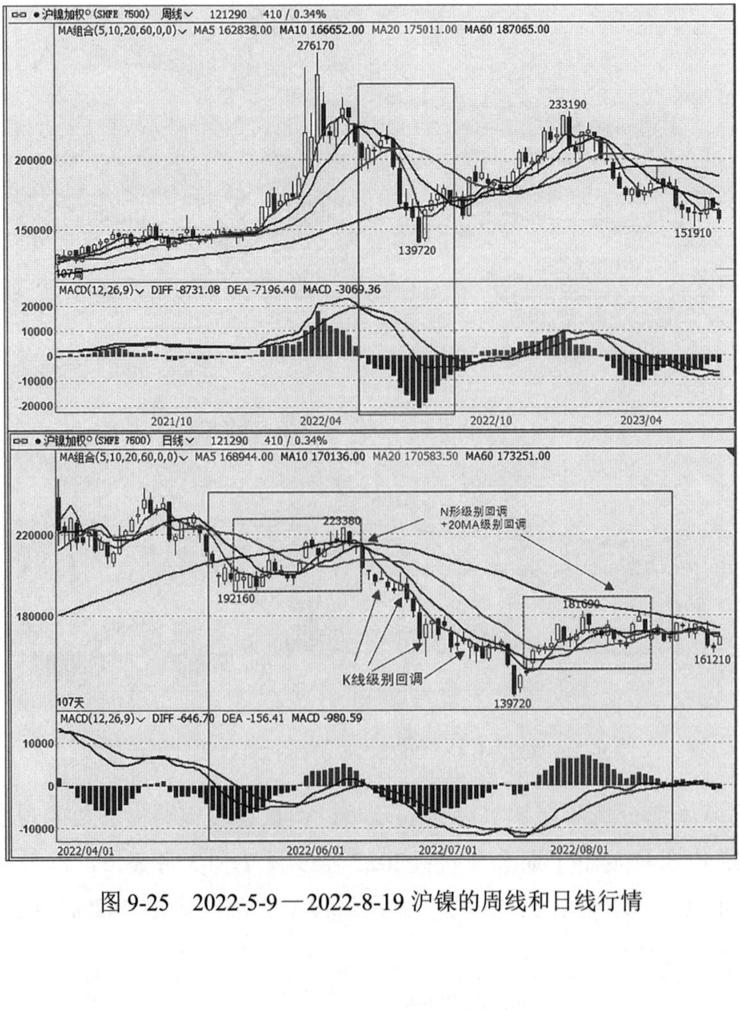

图 9-25　2022-5-9—2022-8-19 沪镍的周线和日线行情

周线：方框内是 5 MA 和 10 MA 从死叉的走势。2022 年 5 月 13 日收盘时已经形成死叉，5 MA 和 10 MA 的空头排列一直到 2022 年 8 月 19 日才结束。也就是在 14 周的时间里，周线给予的方向只有一个做空倾向。MACD 由红色转为绿色，20 MA 从上涨到水平再到向下，60 MA 低角度上涨。

日线：根据给予的指示方向（看空），日线在这一区间出现了 N 形 + 20 MA 的回调，5 处 K 线级别的回调。K 线级别回调是最小级别的回调，意味着下跌的行情比较流畅。在回调结束时入场做空，不考虑任何做多的机会。自 139720 点向上反弹了 4 周，相继突破关键点、20 MA 并带动 20 MA 由水平转为低角度上升。此时虽然周线仍然是看空倾向，但从交易系统的角度已经没有做空的机会。

W（2022-8-22—2023-2-10），如图 9-26 所示。

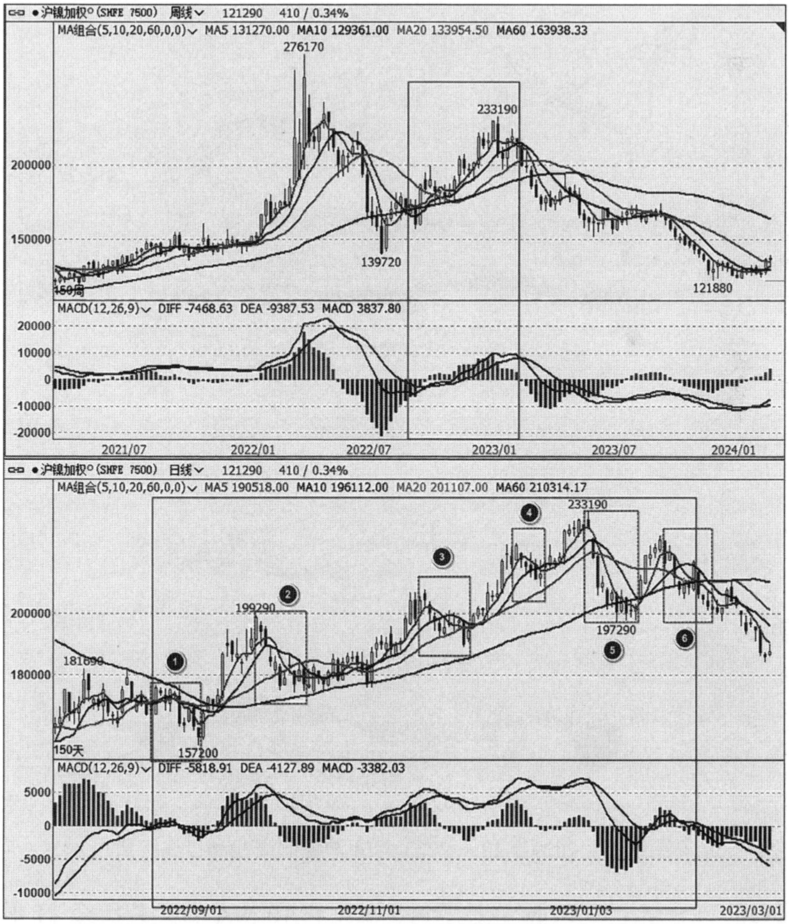

图 9-26　2022-8-22—2023-2-10 沪镍的周线和日线行情

周线：方框内的时间跨度为24周，将近半年的时间周线一直是看多的倾向。方向是交易的第一位，确认了方向即解决了交易中50%的问题。没有方向上的确定性，再怎么交易我们都很难做到胸有成竹。

日线：一共出现了6次N形下跌（见日线图中的方框），还夹杂着K线级别的下跌（这部分留给读者思考，在此略过）。无论行情的进展多么复杂，利用本书中的工具，我们都能做到很好地应对。从图9-26中我们可以看到一旦周线和日线的方向出现一致，一般情况下趋势都会持续比较长的时间（品种之间会有差异）。

W（2023-2-13—2023-5-14），如图9-27所示。

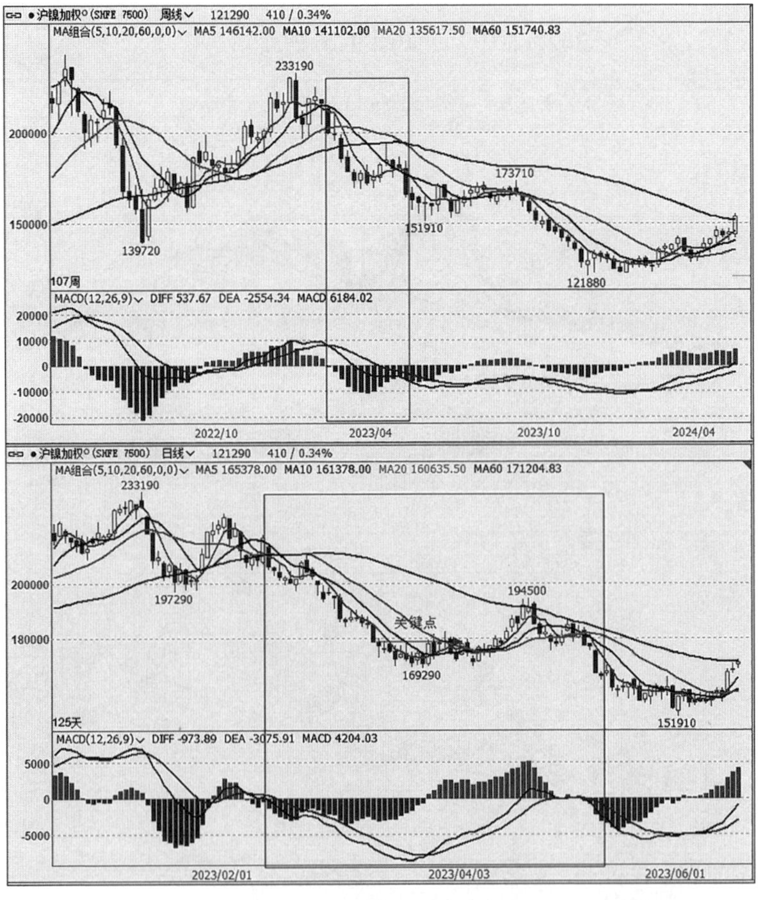

图9-27　2023-2-13—2023-5-14沪镍的周线和日线行情

周线：自5 MA与10 MA死叉到5 MA和10 MA金叉共历经14根K线，其间K线连续跌破20 MA、60 MA并在60 MA之下运行，但60 MA向上的走势并未改变，MACD 一直处于绿色。

日线：最高点 233190 之前的关键点早已被突破，关键点被向下突破后，行情在 60 MA 获得短暂支撑并反弹了一段时间，反弹幅度不小，突破了 20 MA，但 20 MA 向下的角度并未改变。随后又向下展开下跌走势。在下跌过程中，5 MA 与 10 MA 再次死叉，MACD 变为绿色，继续下跌带动 20 MA 向下，60 MA 由向上转为水平再下跌。最低跌至 169290 点。从 5 MA 和 10 MA 再次死叉至最低点 169290 之间出现多次 K 线反弹，在此不逐一列举。行情在 169290 点向上反弹，突破了之前向下趋势的关键点，意味着下跌行情进入停滞，此时，我们最明智的做法应当是观望反弹结束。向上突破关键点之后，MACD 转为红色，20 MA 出现了短暂的走平。20 MA 走平符合本书对震荡的定义，震荡期间多空都不宜交易。行情继续向上反弹并触及 60 MA，在 60 MA 处反弹受阻止，并向下跌了一段（N 形下跌）。按照交易原则，做多肯定不行，但在此处等日 K 线反弹结束做空利润也不好把握。因为此时 20 MA 还是略微向上。日线和周线并没有形成共振，各种力量会在此博弈、相互抵消。

W（2023-5-4—2023-7-7），如图 9-28 所示。

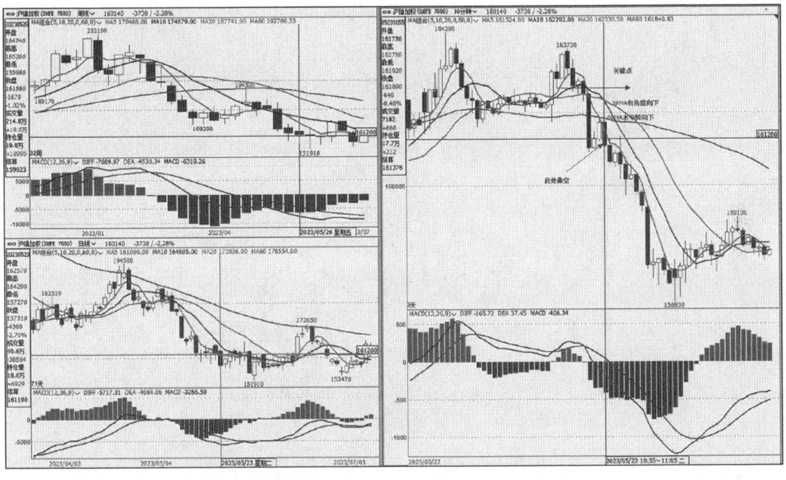

图 9-28　2023-5-4—2023-7-7 沪镍的周线和日线行情

周线：在 2023 年 5 月 5 日这周收盘时，5 MA 和 10 MA 形成金叉，但日线未得到验证，随后很快又形成了死叉。结合日线的趋势看，看空的概率较大。

日线：无论从短期、中期还是长期均是向下，因此正确且唯一的做法是等待做空的机会。2023 年 5 月 19 日出现了 K 线的反弹，等待入场做空的时机，十字光标的位置为入场日。

10 分钟：K 线反弹至 163730 点后转为下跌，跌破关键点，并向上反弹进入停滞。此时 20 MA 处于低角度向上，60 MA 水平状态，在跌破关键点时能否即刻入场？依赖于个人的熟悉程度及风险承受能力，就本系统而言，此时入场属于提前入场，具有更好的盈亏比，但同时也会面临止损概率更大一些的问题，因此没有十全十美的交易做法。我认为最佳入场时机为图 9-29 中标注的位置。此时，MACD 已经处于绿色状态，20 MA 由水平转为有角度向下，60 MA 低角度向下，在 10 分钟两根 K 线反弹，收出一根阴线，此时的阴线跌破了前一根阳 K 线的低点，止损放到入场 K 线前三根大阴线的最高处上方。这个位置也是顺应共振力量最大的位置，即 10 分钟的短期、中期和长期均处于向下趋势之中，且此时的价位离 20 MA 并不远，是一个非常值得尝试的入场机会。当入场后，行情很快出现了大幅下跌，按照资金管理原则，在盈亏达到 1∶1 时，应立即调整止损位至盈亏平衡点，后续的走势如图 9-29 所示。

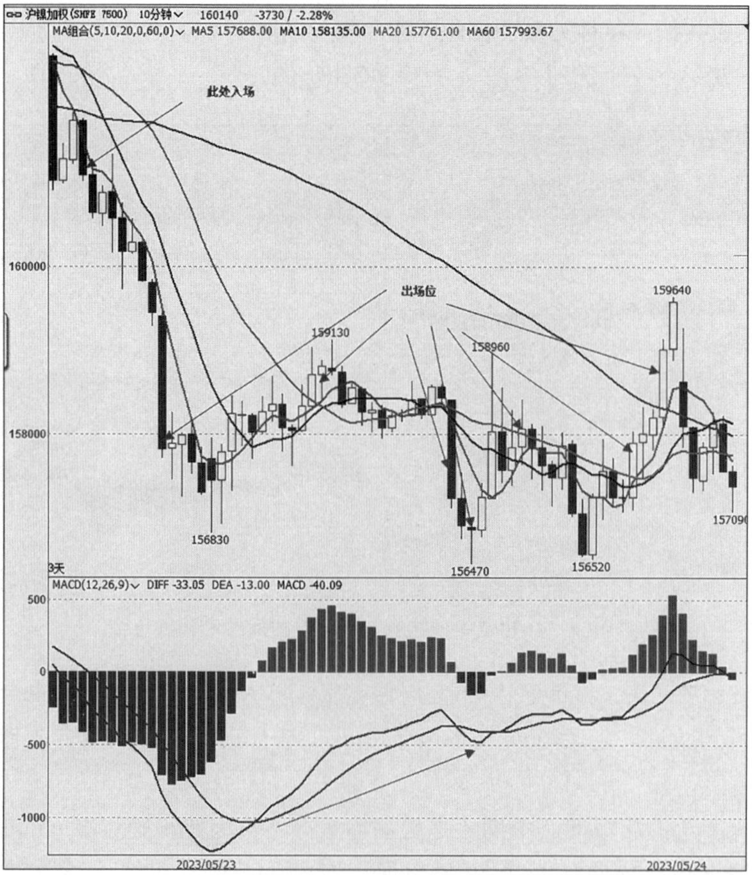

图 9-29　入场与出场位置

图 9-29 中标注了多个出场位，均属于本交易系统中的出场位，其中，最右边的位置属于最晚出场，即 K 线收于 60 MA 的异侧。出场位有：大 K 线 + 大成交出场，收于 20 MA 异侧出场，MACD 背驰出场，60 MA 异侧出场。无论选择哪一种出场方式均可以，只需我们根据自己的喜好及风险承受能力而定。这笔交易因为入场之后很快盈亏比就达到了 1：1。因此，无论我们选用哪一种出场方式都不会出现亏损。出场比入场的灵活性更强，我认为出场的重要性要弱于入场。入场要从时间和空间上达到共振才能动手，需要等待合适的时机。而出场最多是利润多与少的问题，谁也无法做到在利润最大的位置出场。在出场上做过多的研究在性价比上不会太高。交易员应该把更多的时间放在入场方面，只有入场的成功率提高了，出场获取利润才是水到渠成的事。

9.3 白　　糖

白糖自 2022 年 9 月 2 日创出低点后一路攀升，走出一波大牛行情。最终证实这一大波上升趋势与基本面息息相关。在接下来的关于白糖的图表中，我将更多讲解大、中、小三个周期如何相互验证，在交易系统中如何应用。

W（2022-7-4—2022-7-8），如图 9-30 所示。

周线：至 2022 年 7 月 8 日周五收盘时，K 线跌破 60 MA，5 MA 和 10 MA 形成死叉。20 MA 水平、60 MA 水平和周线已经连续四周收出阴线，行情自 6129 点最低跌至 5719 点，仍然给出看空的倾向，我们不去预设行情反转。

日线：自 6155 高点下跌以来，相继跌破关键位（上涨趋势进入停滞状态）、5 MA 和 10 MA 死叉（看空意味增强）、形成下跌 N 形（短期趋势看空）、20 MA 由向上转为水平再向下（中期趋势看空，此时 MACD 已经变绿）、60 MA 由低角度向上转为水平再转为低角度向下（长期趋势看空）。短、中、长期均向下，顺势的方向是做空。

W（2022-7-11—2022-7-29），如图 9-31 所示。

周线：延续 5 MA 和 10 MA 的空头排列。K 线在 60 MA 处连续收实体较小的十字星，20 MA 水平转为略微向下。至周五收盘时收出一根下影线较长且为阳 K 线，但不影响周线的看空倾向。

日线：在下跌过程中出现一个向上的 N 形反弹，见图 9-31 中的标注。在 2022 年 7 月 22 日周五这一天提供了一个入场做空的良机。2022 年 7 月 21 日 K 线孕在前一根 K 线之中，前面讲过：这种情况相当于变体的 N 形，因此我们可以等待回调结束再入场做空。

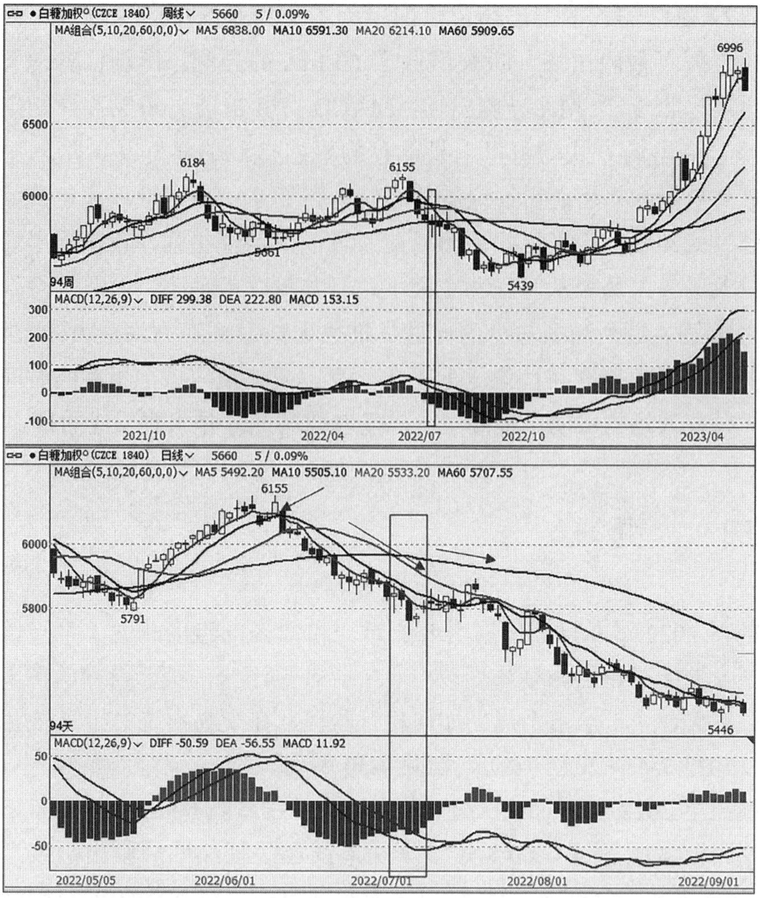

图 9-30　2022-7-4—2022-7-8 白糖的周线和日线行情

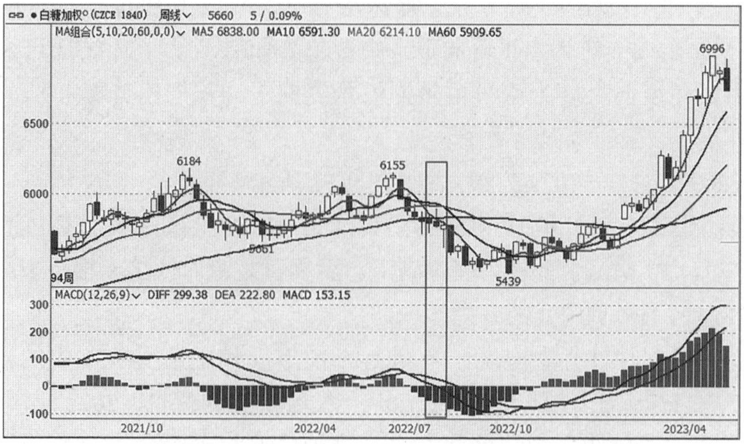

图 9-31　2022-7-11—2022-7-29 白糖的周线和日线行情

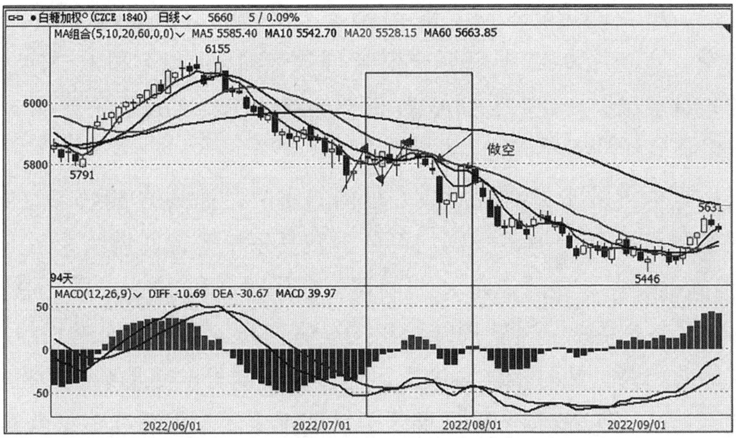

图 9-31　2022-7-11—2022-7-29 白糖的周线和日线行情（续）

W（2022-8-1—2022-10-14），如图 9-32 所示。

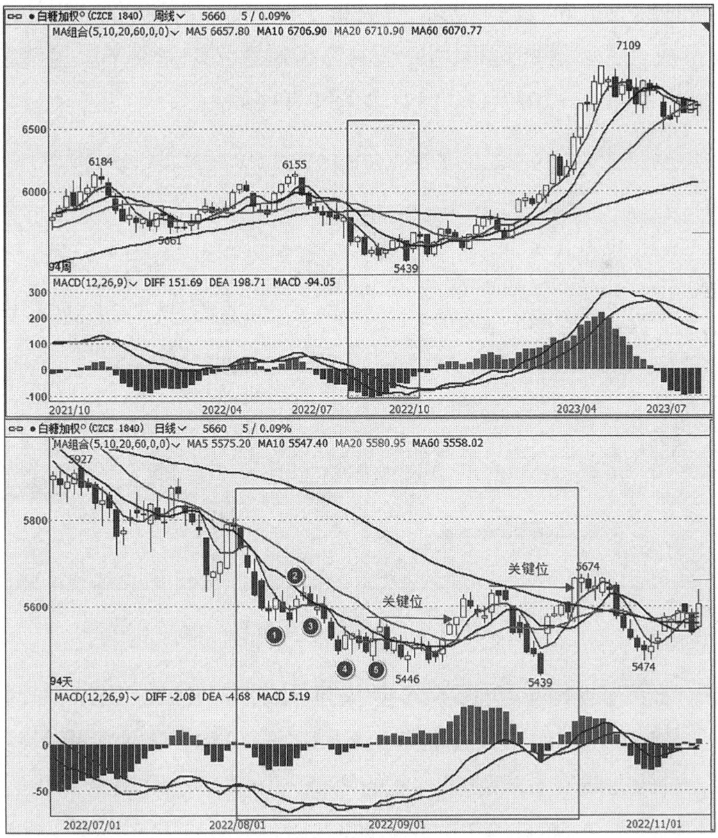

图 9-32　2022-8-1—2022-10-14 白糖的周线和日线行情

周线：方框内的走势5 MA和10 MA一直处于空头排列，在此期间的倾向仍为看空。直至图9-32中最后一根K线收盘时，5 MA和10 MA金叉，看空倾向转为看多倾向。此时，MACD仍然为绿色，20 MA向下，60 MA水平。这些都不影响周线的看多倾向。

日线：方框内的走势对应周线方框内的走势。在到达5446点之前一共出现了五次K线级别的回调，我们均可依据交易系统等待回调结束后入场做空。从5446点向上反弹，先后走出K线回调、N形回调和20 MA回调并突破了关键位1，根据交易系统，尽管周线给出的是看空倾向，但此时的日线已经与周线的看空倾向相背。此时不能再做空，而做多不属于本交易系统的机会，因此观望为宜。第一次在60 MA处回调受阻后连续走了7根阴线最低跌至5439点（突破了前低5446点）。这连续7根K线跌势非常凶猛，看上去利润不小，但实际上也并不属于交易系统中的交易机会，因此利润再大也与该交易系统无关。在2022年10月14日收盘时，不但向上突破了5446点和5439点之间的关键位，同时形成了向上的N形，也突破了60 MA，在收盘时也让周线5 MA和10 MA形成金叉，因此这根大K线具有多重意义，需要予以足够重视。

W（2022-10-17—2022-11-11），如图9-33所示。

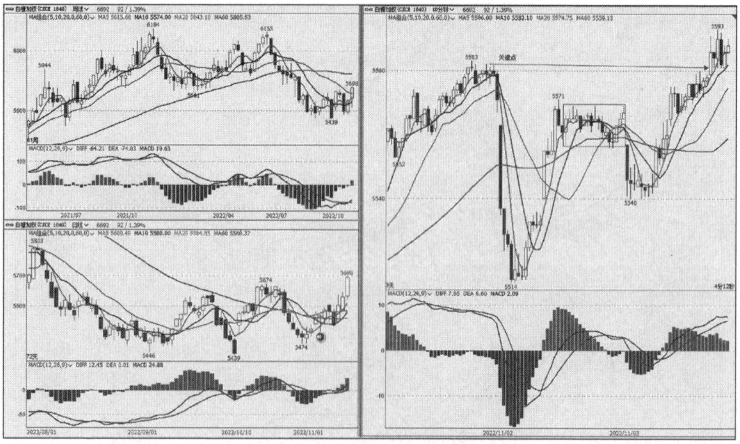

图9-33　小周期入场位置

周线：处于在5 MA和10 MA多头排列之中，2022年10月24—28日，这一周出现周线大跌，但至收盘时5 MA仍然在10 MA之上，看多倾向不变。

日线：根据周线的看多倾向，我们等待入场做多的时机。日线的1处，走出一根长下影线实体为阳线的K线。此时，日线MACD是绿色，20 MA向上60 MA水平。

10 分钟：从 5514 点反弹向上，在 5571 点受阻震荡。可能有读者会问，这时我们能进场吗？ MACD 变红，20 MA 向上，60 MA 水平，能不能提前入场？这个位置实际上并不符合交易系统的入场规则，自 5583 点下跌至 5514 点的关键点没有被突破，此时入场的风险较大。根据交易的一致性原则，这里不是一个好的入场点，需要等待另一个入场点。

如图 9-34 所示是日线 2 处对应的入场点，周线已有做多倾向。在 2 处的日线的大阴线收盘时，5 MA 和 10 MA 仍然是多头排列，20 MA 走平，60 走平。严密观察 10 分钟有无入场做多的机会。

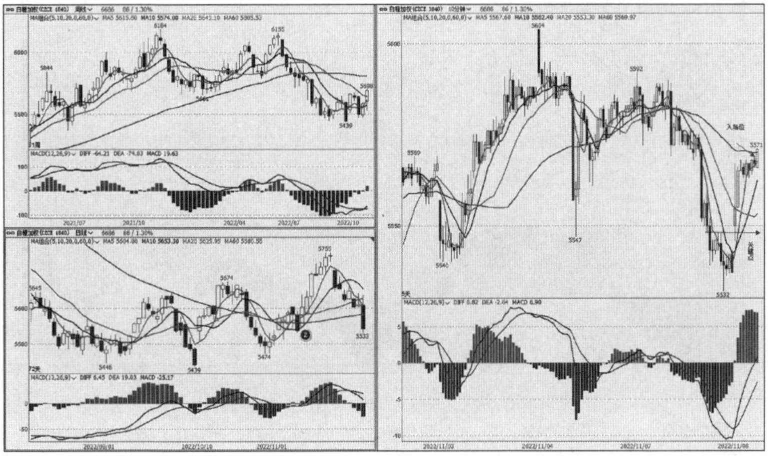

图 9-34 日线 2 处的对应入场点

在图 9-33 的 10 分钟图表中，我们可以看到，自 5532 点向上反弹后，突破关键点，至最右侧一根 K 线收盘时，MACD 向上，20 MA 由向下转为向上，60 MA 走平。这是一个可以入场的位置，5571 点的收盘价距离 20 MA 5553 点的价格差异并不大，因此我们可以入场。图 9-35 为后续的走势（10 分钟图）。

图 9-35 中出现了三处 20 MA 异侧卖出的出场位置，出现了一次 MACD 背驰卖出的机会，未出现收到 60 MA 异侧的卖出机会。再次说明，出场可以根据个人的风险承受能力和经验灵活调整。

W（2022-11-14—2022-12-5），如图 9-36 所示。

周线：自 2022 年 11 月 14 日开始连续三周收阴线，但 5 MA 并未与 10 MA 形成死叉，看多的倾向不变。

日线：最高到 5755 点后开始下跌回调，最低回调至 5518 点。从 K 线级别的调整升级至 N 形调整、20 MA 调整。

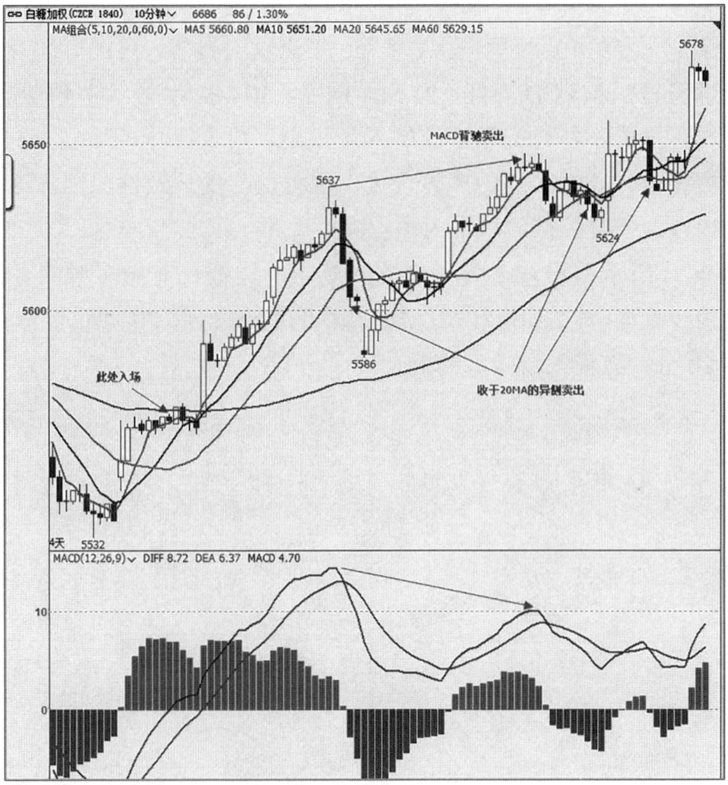

图 9-35　后续走势（10 分钟图）

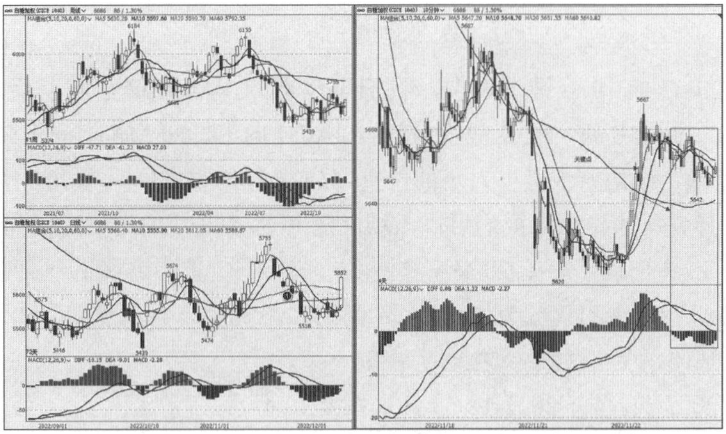

图 9-36　白糖的周图、日图、10 分钟图

10 分钟：10 分钟图对应日线 1 处的位置。关键点突破时，MACD 早已变红，20 MA 已经向上，但 60 MA 仍然向下。依据交易原则，要等到 60 MA 至

少走平才能入场。10 分钟反弹到 5667 点后震荡下行，60 MA 从向下转为水平，但此时的 MACD 已经变绿不支持做多，因此不符合本交易系统的机会，不能贸然入场。

再看另外一个入场的机会，如图 9-37 所示。

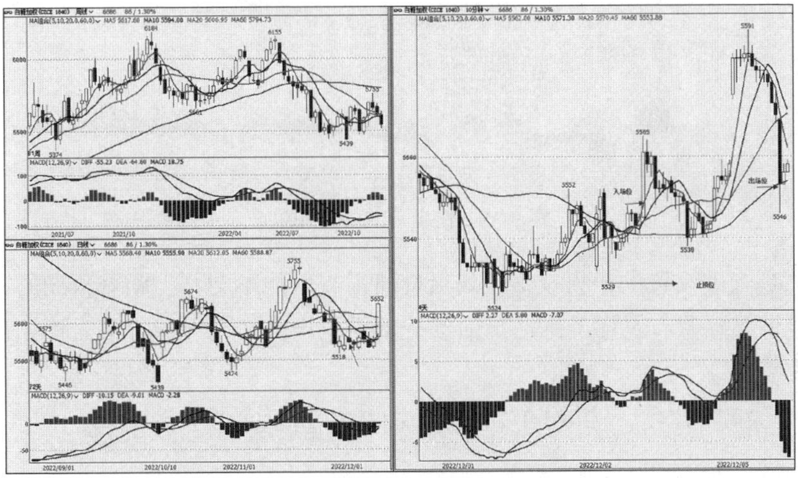

图 9-37 白糖的周图、日图、10 分钟图（入场机会）

日线：箭头处已经形成上涨 N 形，K 线仍在 20 MA 之下运行。

10 分钟：在日线的上涨 N 形形成时，20 MA 向下，无入场机会。随后行情震荡向上，出现了一个入场位置，参见 10 分钟图。此时 20 MA 向上、60 MA 水平，止损位设置在 5529 点以下。我们可以看到后续的走势非常震荡和复杂。上涨到 5565 点后转头向上并突破了 20 MA，此时要不要出场呢？这时出场必然是亏损的。没有打到止损位，理应持仓。入场后的震荡是无法预见的，同时也是必须在交易中要承受的。行情在 60 MA 处受到支撑，转而向上，最高到达 5591 点后再次向下连续几根大阴线突破 20 MA，此时按照出场原则必须出场，尽管没有什么利润，但由于连续大阴线跌得太凶，说明行情的博弈加剧，此时出场是理智的选择。

再看一下白糖后续的入场机会，如图 9-38 所示。

入场机会 1：这个入场会被止损，属于交易系统内的机会，亏损了，但属于正常的止损。

入场机会 2：在图 9-38 中标注的位置入场后，走出一小段并回调至 20 MA 以下。此时虽然跌破了 20 MA，但不应当出场，理由有两个：

一是盈亏比未达到 1∶1，应持有仓位。

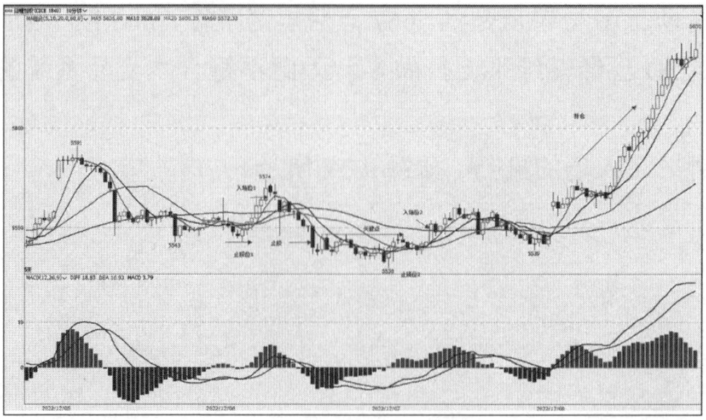

图 9-38　白糖后续的入场机会

二是未破设置的止损位，入场后行情很有可能不会马上朝着预期的方向行进，我们必须持有足够的耐心。后续行情走了一大波向上的行情，该如何出场不再重复。

W（2022-12-12—2023-1-20），如图 9-39 所示。

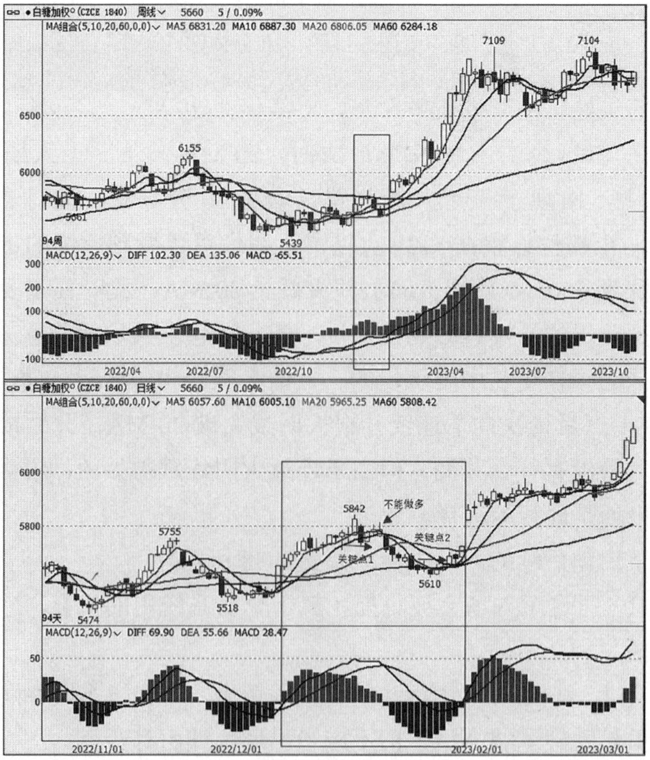

图 9-39　2022-12-12—2023-1-20 的周线图和日线图

周线：处于 5 MA 和 10 MA 多头排列之中。自 5842 点下跌，连续两周收出实体中等的阴线，但仍然未改 5 MA 和 10 MA 多头排列，因此周线一直给出的是看多倾向。

日线：自 5842 高点下跌突破了日线上行趋势的关键点 1，依据交易原则，日线进入停滞状态，因此突破日线关键点 1 后连续收出三根阳线，均不符合入场机会，此时观望为宜。连续两周的下跌不符合交易系统，不入场。最低跌至 5610 点后向上反弹，在 20 MA 以下行情突破了 5842 点至 5610 点这段下跌的关键点 2。由于周线看多，因此在突破关键点 2 之后，择机在回调结束之后寻找入场做多的机会。

W（2023-1-30—2023-4-28），如图 9-40 所示。

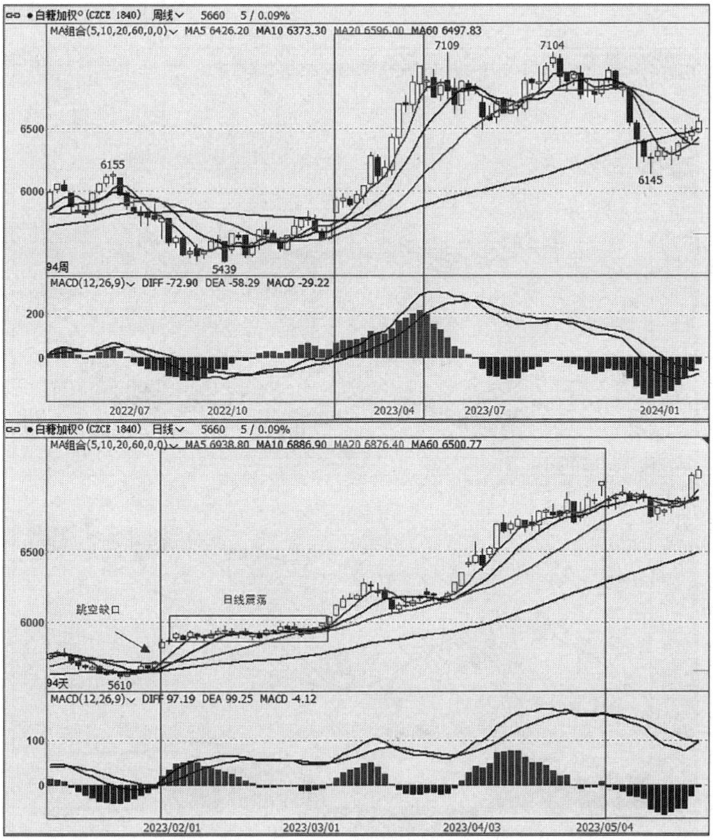

图 9-40　2023-1-30—2023-4-28 的周线图和日线图

周线：5 MA 和 10 MA 多头排列方向不变。随着行情的进展，与 20 MA 和 60 MA 形成了多头排列。周线形成多头排列，一般情况下行情持续的时间较长。白糖在这一期间走出了波澜壮阔的上涨行情。虽然不关注基本面，但是我们肯定能够猜到是有基本的支撑。在这一段上升行情当中，只有一个方向的倾向就是看多，其间周线的回调均是 K 线级别的回调，进一步说明行情的强劲和力度。

日线：2023 年 1 月 30 日开盘（正逢春节长假结束）形成了一个很大的跳空缺口。并且这个跳空缺口并没有被回补，而是形成了日线的震荡走势。在震荡之中，逐渐向 20 MA 靠拢。这是一种非常强势的整理行情。整理期间的回调全是 K 线回调。由于有且只有一个做单的方向，因此在震荡行情当中，我们要么观望，要么就等待回调结束后的做多机会。

下面试着用图举例，在这种高位震荡向上行情的入场，如图 9-41 所示。

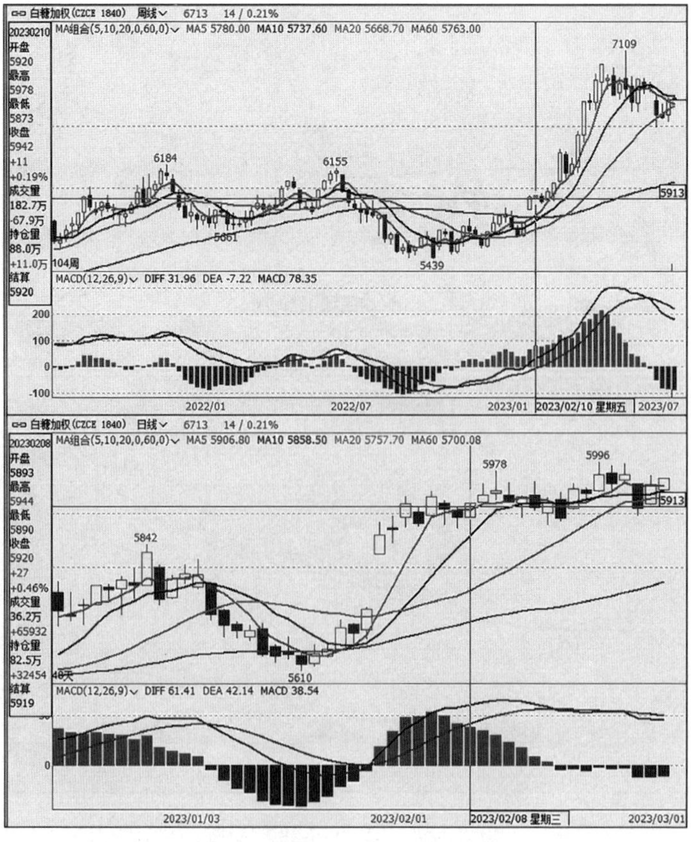

图 9-41　高位震荡行情的入场位置

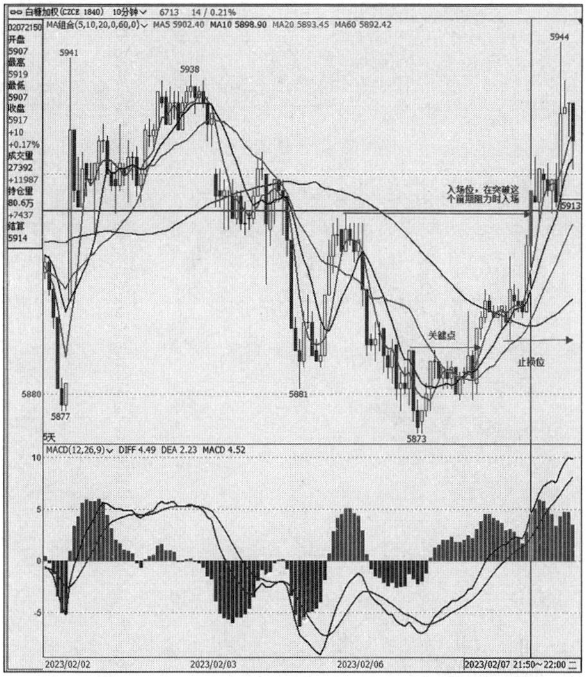

图 9-41　高位震荡行情的入场位置（续）

日线在 2023 年 2 月 6—7 日连续下跌了 2 个交易日，我们等待做多的机会。

10 分钟：从 5873 点 N 形上涨，很快突破关键点，此时的 MACD 已经变红且 20 MA 已经转为向上，但此时的 60 MA 仍然向上，不符合我们的入场原则。在突破前期的阻力位时，MACD 保持红色，20 MA 保持向上，60 MA 由向上转来水平，我们在突破前期阻力位时即可入场，止损设在前期 N 形回调的低点下方。

白糖后续的走势，如图 9-42 所示。

行情震荡得非常厉害，但这个单子不会亏损。提供了 20 MA 出场，MACD 背驰出场和 60 MA 出场几个方式，无论哪个方式都会有盈利。

再来看另外一个例子，这笔交易，我们很可能会产生亏损，如图 9-43 所示。日线在 2023 年 2 月 13 日收出阴线，等待做多的机会。

10 分钟：从 5894 点震荡上行突破了关键点（需要注意的是，关键点的位置离最低点 5894 较远，这种情况的行情相对的风险系数会增加），MACD 保持红色，20 MA 保持向上，在前期阻力位的位置形成突破，此时的 60 MA 已经由向下转为水平或略微向下，这是一个符合入场条件的单子，但后续的走势是在前期高点震荡后并没有突破转而向下，而且向下的力度挺大。这个单子在

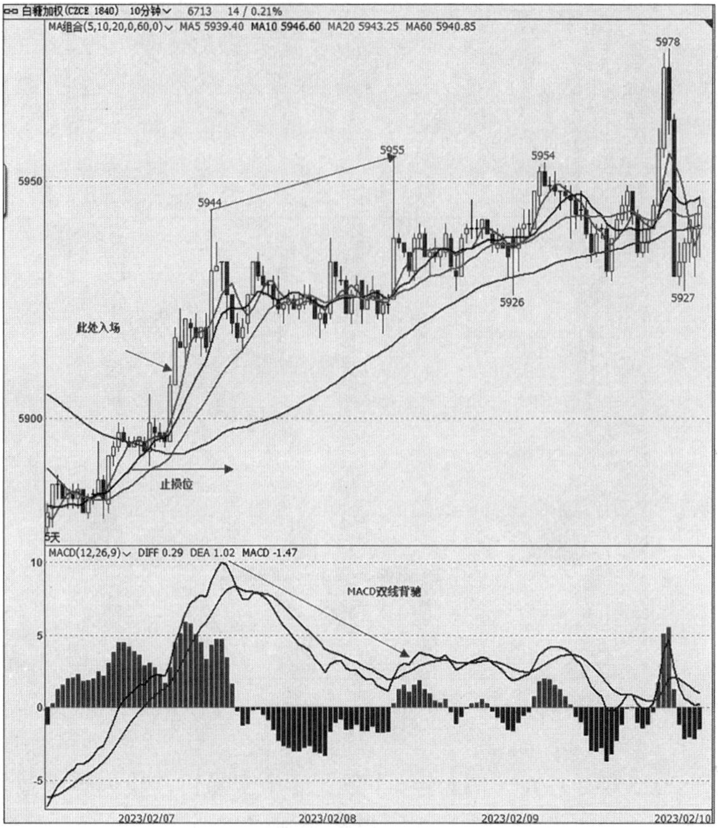

图 9-42　白糖后续的走势

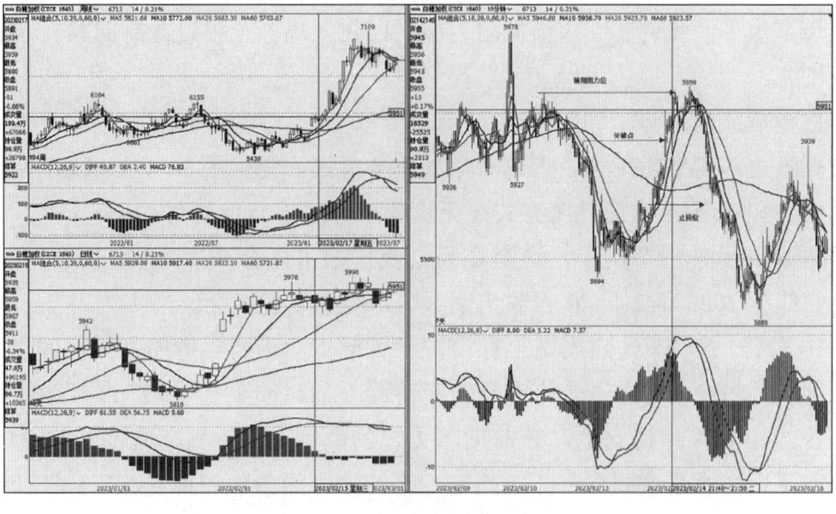

图 9-43　高位震荡行情入场

实际交易中应该是亏损的单子。这个入场跟前一个入场非常相似，都是突破前期的阻力位并在这个位置 60 MA 由向下转为水平，但是这一笔交易没有成功。正体现了交易的复杂性，我们的每一次入场都不确保能够盈利，用平常心对待亏损即可。

再看一个比较复杂的入场机会，如图 9-44 所示。

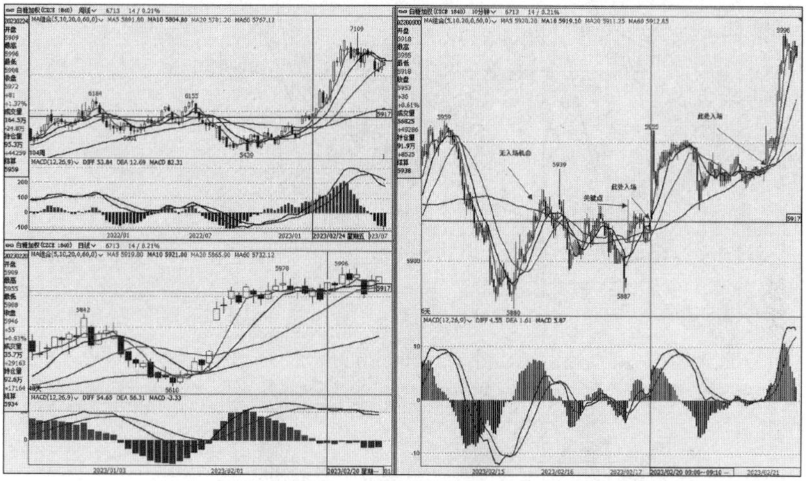

图 9-44　较为复杂的入场机会

2022 年 2 月 15 日线下跌，等待回调结束做多。

10 分钟：2 月 15 日并没有提供合适的入场机会（60 MA 一直处于下行当中）。在 2 月 20 日 9: 00 开盘时，MACD 仍然处于红色当中，20 MA 有角度向上，60 MA 低角度向上，这个入场位置离 20 MA 很近，是非常好的一个入场时机。在 2 月 21 日 21: 00 开盘，行情提供了另外一个入场的时机，对应的是日线 2 月 21 日的阴线小十字星。MACD 红色，20 MA 已转为向上，60 MA 向上的方向不变，我们在后续的行情中能获得一些利润。

试比较以下两个入场位置的差异，如图 9-45 所示。

入场位 1：在 60 MA 走平时符合系统中的交易机会，但这里有一个问题：在此之前有一根涨幅特别大的 K 线，此时我们入场的盈亏比非常不理想（止损位离入场位相距较远），MACD 虽然是红色但持续下降了多根。如果预期行情走出向上大幅运动的概率非常小（不是没有）。在这种情况下的入场，我们会面临极大的心理压力，虽然从后续的走势看回调并没有打到止损位，但持仓过程中所面临的挑战非一般人所能承受。因此，在面对这种情况时，更好的选择是放弃入场，虽然后续也有可能再次大幅上涨，但交易机会很多，错过一次机会也不必懊恼。

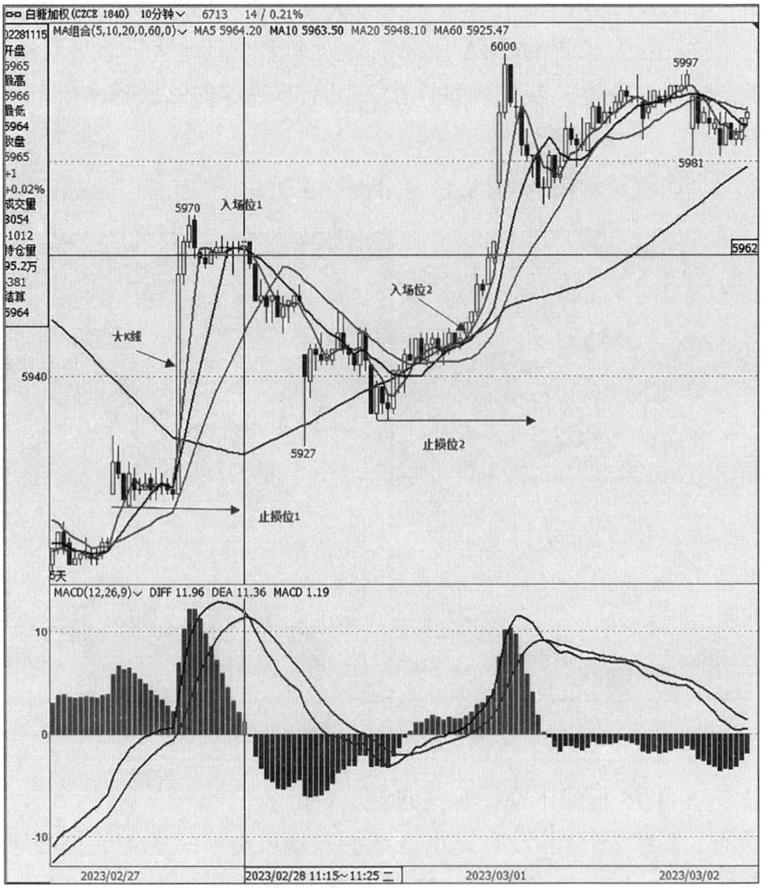

图 9-45 高位震荡行情入场位置比较

入场位 2：行情在 60 MA 处获得支撑，60 MA 的角度一直向上，MACD 由绿色转红色。我们等待 20 线有角度的支持再入场。在箭头处，20 MA 已经从水平转为向上。止损位 2 离入场位 2 也不远。入场位离 60 MA 也不远。比入场位 1 有心理优势，这个单子拿得比较舒服。后续行情朝预期方向进展，择机出场即可。

两处入场位对比可见，即使是符合交易系统的入场机会，有时也必须要放弃，但具体如何放弃有赖于自己的经验积累和交易能力的提升，并无严格的标准。

W（2023-5-4—2023-6-9），如图 9-46 所示。

周线：延续之前的上涨走势，截至 2022 年 6 月 9 日收盘，MA5 和 MA10 形成死叉，预示着波澜壮阔的上涨行情可能进入了调整阶段，是否结束不能确定，我们也不去预测。

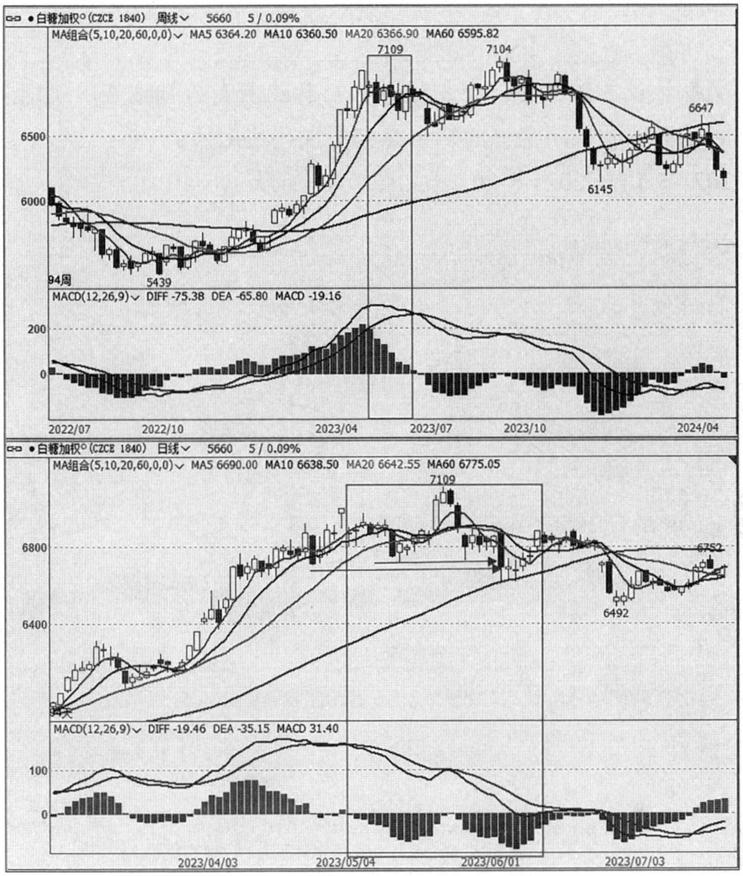

图 9-46　2023-5-4—2023-6-9 白糖的周线和日线行情

日线：在创出 7109 高点时，我们能很明显地看到 MACD 已经转绿很长一段时间，MACD 双线也背驰了很长一段时间。行情处于强弩之末的意味非常明显。图 9-46 中的日线画了两个箭头，这是对应的两个关键点，最上面的关键点是 6722，下面的关键点是 6705，两个关键点之间差了 17 点。如果两个关键点位置相近，取较远的关键点为宜。实际上，两个关键点在同一天被向下突破。且此时的 20 MA 已经处于向下的状态，首先意味着上涨的趋势进入停滞，做多要非常谨慎，但此时我们还不能做空（做空要等待周线给出做空倾向后才能伺机行动）。日线的短期、中期处于下跌，虽然在跌到 6619 点后反弹了几根 K 线，但这很可能是鱼尾行情，因此要保持足够的警惕行情随时有可能反转向下。

9.4 螺纹钢

它是交易量最大的品种，交易量越大，意味着走势越规整，跳空出现的次数极少。对于理解和应用全书的知识点会更加得心应手。

W（2021-5-14—2021-8-20），如图 9-47 所示。

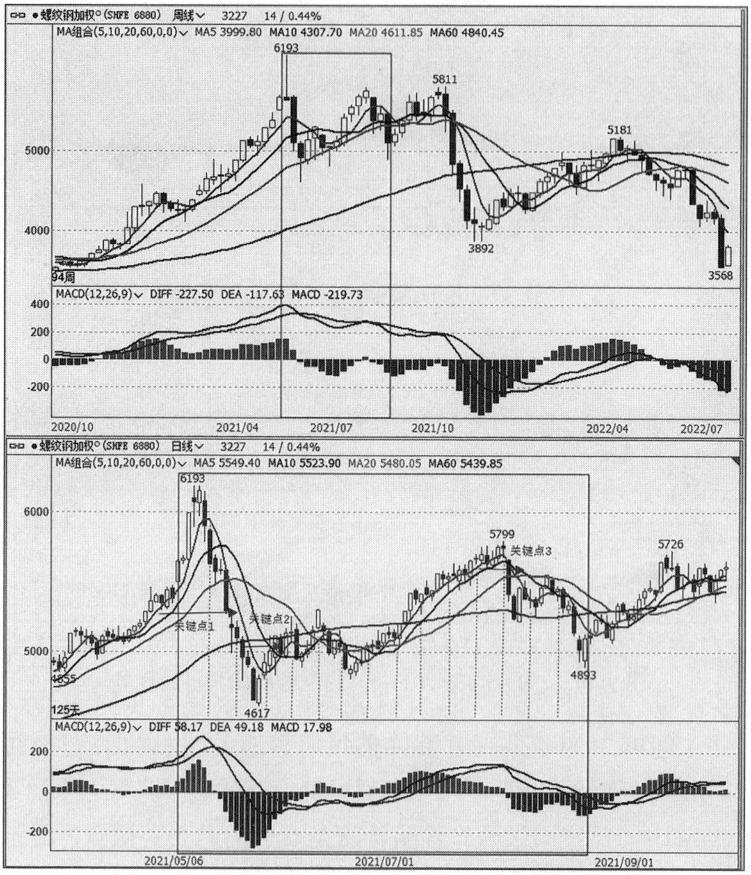

图 9-47　2021-5-14—2021-8-20 螺纹钢的周线和日线行情

周线：选择从 6193 点开始拆解示意图，将行情的转折进行详细分析，有助于我们掌握行情转折相关的知识点。从 6193 高点行情回调，始终未再突破 6193 点，在没有再次突破之前，周线上呈现了时间跨度较长且较复杂的行情转折走势。值得我们认真研究。自 6193 点下跌至收盘时，共产生了一次 5 MA 和 10 MA 的死叉（2021 年 6 月 11 日）和一次金叉（2021 年 7 月 16 日）。从最高点 6193 下跌，幅度非常大且非常迅猛，最低跌至 4617 点。在日线图上体现的是 V 形反转，这种行情我们想要抓住的难度非常大。在周线上，跌到了 20 MA 处获得支撑并展开向上反弹。周线 5 MA 和 10 MA 的死叉和金叉分别给出一个看空和看多的倾向。

日线：图 9-47 中的竖虚线表示周五，将每周的走势进行分隔。在周线给出死叉倾向时，我们可以看到日线自 4617 点反弹突破了下跌关键点 2，在 2021 年 6 月 11 日收盘时，日线形成了向上的 N 形，日线 5 MA 和 10 MA 也形成金叉，换言之，日线的方向与周线的倾向不符，即不符交易系统中入场做空的原则。那么，5308 至 4808 点之间的 N 形下跌可不可以做呢？实际上是可以的，原因是：虽然 5308 点突破了 60 MA 但很快又在 60 MA 之下运行，说明 60 MA 处有阻力。20 MA 还是向下的。自 5308 点形成的下跌 N 形是上涨反弹结束的标志，在小周期中如果有符合入场条件的位置，我们是可以入场做空。行情跌到 4808 点后又继续向上，已经形成了一个更大结构的 N 形，这时显然已经不符合做空的条件了。

在周线给出看多倾向之后（2021 年 7 月 26 日）的下一周，日线延续了之前的上涨走势，5 MA、10 MA、20 MA 和 60 MA 多头排列，最高涨至 5799 点，在这一段行情中，K 线回调做多即可，尽管事后看利润不大，但总不至于亏损。这是符合交易系统的单子。从整体行情来看，这是自 6193 点下跌以来的反弹行情，至于反弹行情能走多远，谁也无法预测，也无须预测。

行情自 5799 点下跌之后，很快跌破了关键点 3，在 60 MA 处走了一个向上的 N 形反弹，在 20 MA 处受阻，再次展开 N 形下跌，随着行情进展，20 MA 拐头向下，至周五收盘时，已经跌破 60 MA。自 5799 点下跌，在跌破了关键点并形成 N 形下跌之后，已经不存在入场做多的条件，但此时因为周线未形成死叉，也不符合做空，这也是周线滞后于日线的体现。至于能不能根据日线的整体下跌做交易，在周线、日线、10 分钟线的多周期时间框架下是不可以入场的，否则就违背了交易一致性的原则。

从这段走势我们也可以看到，行情的反转并非一夜之间能够完成，特别是顶部的反转比底部的反转更为复杂，通常会持续很长一段时间。自 6193 点下行以来至图 9-47 中的收盘，已经经历了 14 根（92 天）周 K 线，还不能最终确认行情已经完成了反转。

W（2021-8-21—2021-12-24），如图 9-48 所示。

周线：在 2021 年 8 月 27 日周五收盘时，盘面收了一根周线小阳线，5 MA 与 10 MA 形成死叉，为看空倾向。

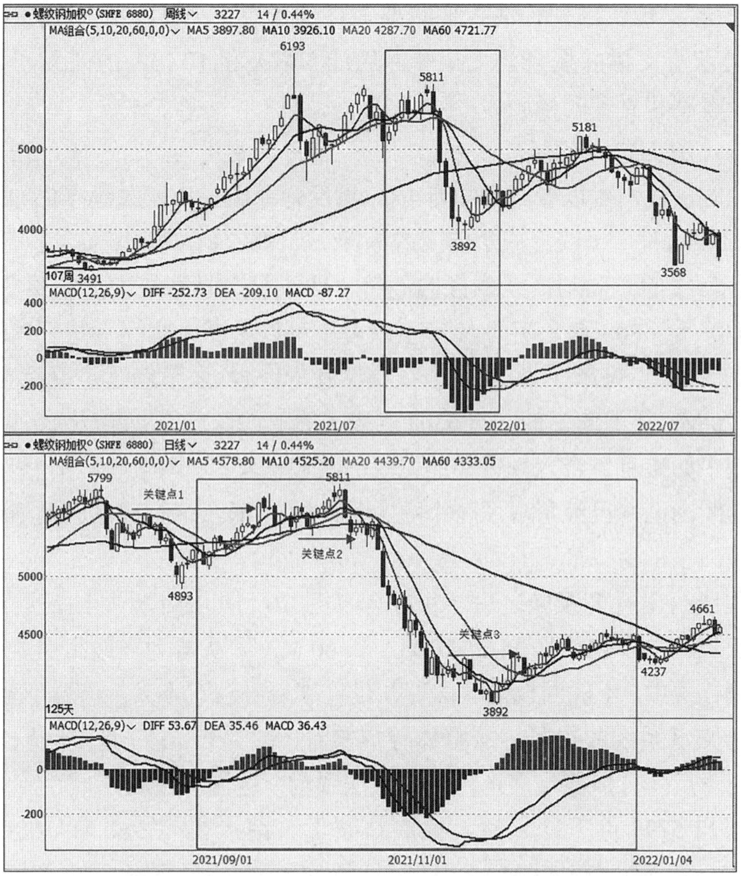

图 9-48　2021-8-21—2021-12-24 螺纹钢的周线和日线行情

日线：2021 年 8 月 27 日周线收盘的看空倾向，在日线上未得到验证。日线自 4893 点向上反弹，随着 N 形的反弹延续，先是上穿了 20 MA，带动 20 MA 由下转为水平，然后再突破了关键点 1，意味着下跌遭遇停滞，此时已无符合交易系统做空的机会出现。日线持续反弹到 5811 点，带动周线形成 5 MA 和 10 MA 的金叉。但是注意看，5811 点与前期的高点 5799 仅相差 12 点，这里很有可能是一个阻力区域，从周线上分析也是如此。这一带是需要我们密切关注的区域。果然在 5811 点之后走出两根阴 K 线，很快跌破了关键点 2，上涨随即进入停滞状态。跌破关键点 2 之后在 20 MA 之下横向整理（同时也是 60 MA 压制的位置），MACD 已经变为绿色，在 20 MA 和 60 MA 的双重压制下，形成了大幅下挫行情。由于行情进展太迅猛，至 2021 年 10 月 22 日周五收盘时，日线已经下跌了不小的幅度，但是周线还未形成死叉，结合日线已经形成了短期、中期和长期向下的趋势，这时行情大概率肯定是下降趋势。下一周在日线形成的回调结束时（多为 K 线级别的回调），我们择机入场做空即可。在最低跌至 3892 点之前，行情一共提供了 5 次入场做空的机会。按照交易系统的入场原则，应该都能盈利出场，累积的利润也应该不小。

跌至 3892 点最低后，行情展开向上反弹，这个反弹在之前的其他品种中我们也有看到，可以看到很多行情具有相似性，历史会重复，但又不是简单重复。在反弹突破关键点 3 后，下跌进入停滞，MACD 已经转红，行情突破下行的 20 MA 并不断以向上的 N 形反弹，进一步带动 20 MA 由向下转为水平并向上。这一反弹，在周线看空的倾向下是不能做空也不能做多的，因为不符合交易系统的机会。至画面最后的收盘，行情最终突破 60 MA，周线的看多倾向形成。

W（2021-12-27—2022-5-6），如图 9-49 所示。

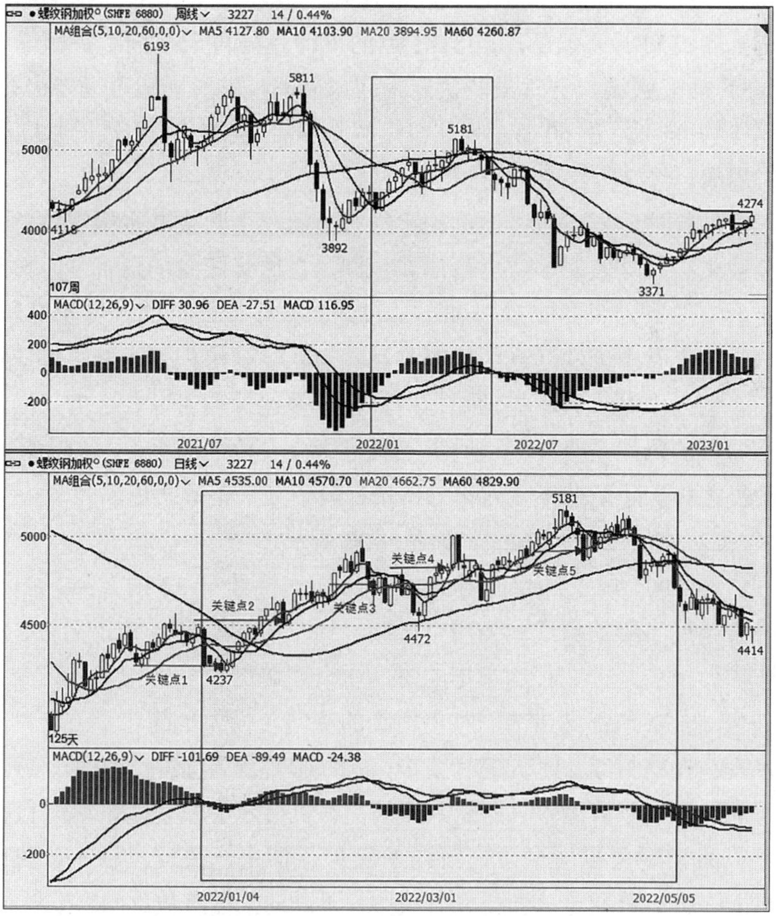

图 9-49　2021-12-27—2022-5-6 螺纹钢的周线和日线行情

周线：周线已经给出了看多倾向，至 5 MA 和 10 MA 死叉，看多倾向持续了 19 根 K 线（134 天）。我们可以看到，即使是幅度不算大的行情，在周线给出倾向后，持续的时间一般不会很短。周线在 60 MA 下方展开反弹，短暂突破 60 MA 后很快向下反转，说明在 60 MA 处周线遇到极强的阻力。至收盘时，周线收出一根大阴线，60 MA 上行的角度减缓，这很可能是周线级别的行情反转要延续了。

日线：图中标注了 5 个关键点的突破（从左到右）。关键点 1 被突破时，处于周线的看多倾向中，因此我们做空不参与。随后行情自 4237 向上反弹，关键点 2 的突破意味着 4568 点到 4237 点的下跌进行停滞，此时 MACD、20 MA 均支持做多方向，等待日线回调并在回调结束时，我们在小周期择机入场即可。关键点 3 被向上突破时，上涨行情暂时中断，但看多倾向不变。关键点 4 再将 4987 点至 4472 点的下跌带入到停滞，再次提示日线回调结束做多。关键点 5 被向下突破后，自 5181 点的下行趋势再未被向上突破，行情自 5181 点向下 N 形回调，这时只能认定为回调而非反转。随后跌破 20 MA 并带动 20 MA 转头向下，在 60 MA 处获得短暂支撑后至收盘时再次出现大幅下跌，至收盘时周线已经转为看空倾向。

从以上的行情分析可以得出结论：当行情幅度不大或者宽幅震荡时，关键点会反复被突破，这表明多空力量博弈加剧，在周线倾向的指引下，按照方向做单肯定会有盈利，只是在趋势并不是很强的时候，做单的难度也有所增加。当然，这是在交易中无法回避的情况，我们需要经验的积累才能很好应对。而且身处在行情之中时，并不能预知行情将会走多远，或者以什么方法回调或反转，我们要做的仍然是坚持利用看盘工具进行全方位的分析，并对市场永远保持一颗敬畏之心，才能在千变万化的市场行情中立于不败之地。

W（2022-5-9—2022-12-2），如图 9-50 所示。

周线：自 2022 年 5 月 6 日形成看空倾向，持续了 30 根 K 线（211 天），也就意味着超过半年的周线均为看空倾向，这个时间跨度足够让交易系统发挥巨大的作用。换言之，在长达半年的时间里，正确的交易方向只能做空，在这期间做任何一个多单都是错的。利用周线的倾向，极大地简化了方向判断上的复杂和多变。在这持续 211 天的行情中，周线显然已经形成了短期、中期和长期都向下的趋势，顺势之中只有做共振的交易机会才会积累起可观的利润。

日线：我们看可以看到，在流畅的趋势行情中，关键点很少被突破。与图 9-49 不同的是，在这一大段下跌行情中，下跌的关键点被反向突破仅有 2 次，分别是关键点 1 和关键点 4。由此可见，关键点在顺势交易中的作用非常显著。

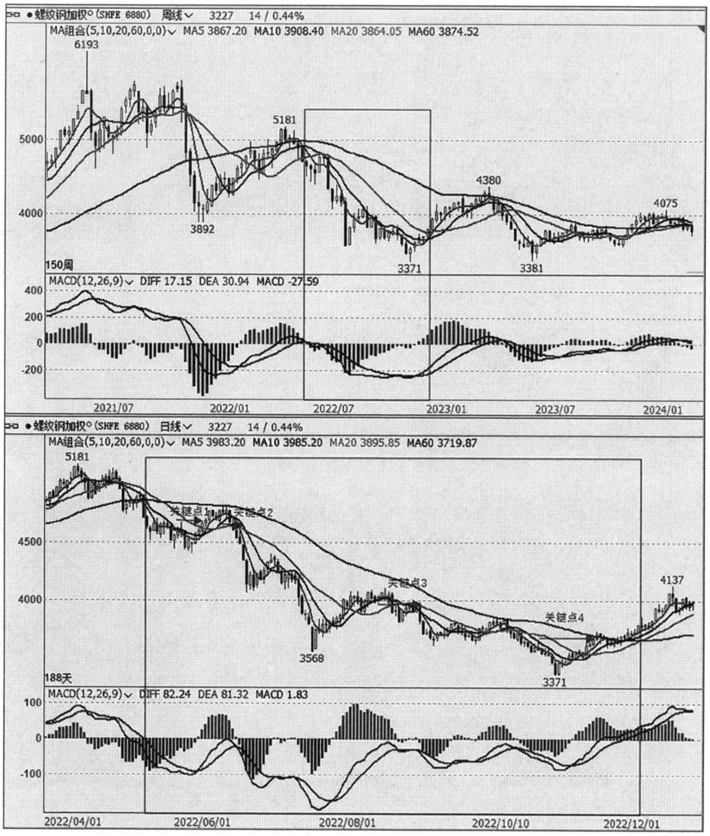

图 9-50　2022-5-9—2022-12-2 螺纹钢的周线和日线行情

关键点 2 和 4 是向上的一小段行情被反向突破，突破后行情又沿着周线看空的方向行进。在这漫长的下跌中，有 K 线级别的反弹、N 形反弹、20 MA 级别的反弹，因为反弹的多变性也造成了行情的复杂性。无论任何模样的反弹，都不会改变行情向下的趋势。只要反弹结束，我们入场做空，当然，有心的读者可以自行研究一共出现了多少次做空的机会。我一再强调行情分段做的重要性和必要性，行情不可预测，做好追随的应对，足够在交易市场中长期生存。

W（2022-12-5—2023-6-30），如图 9-51 所示。

周线：自 2022 年 12 月 2 日形成看多倾向，在 2023 年 4 月 17 日形成看空倾向，又在 2022 年 6 月 30 日形成看多倾向。无论是上涨还是下跌，幅度都不小，且转换的速度非常快，这也要求我们在实际交易当中尽量避免锚定效应，即受之前趋势的影响，要利用本书的知识点对行情进行分析，才能更好地应对各种行情的变化。从周线上来看形成看多倾向后，最高到达 4380 点在 60 MA 受阻反转向下，向下的幅度也很大，有将近 1000 点的行情。

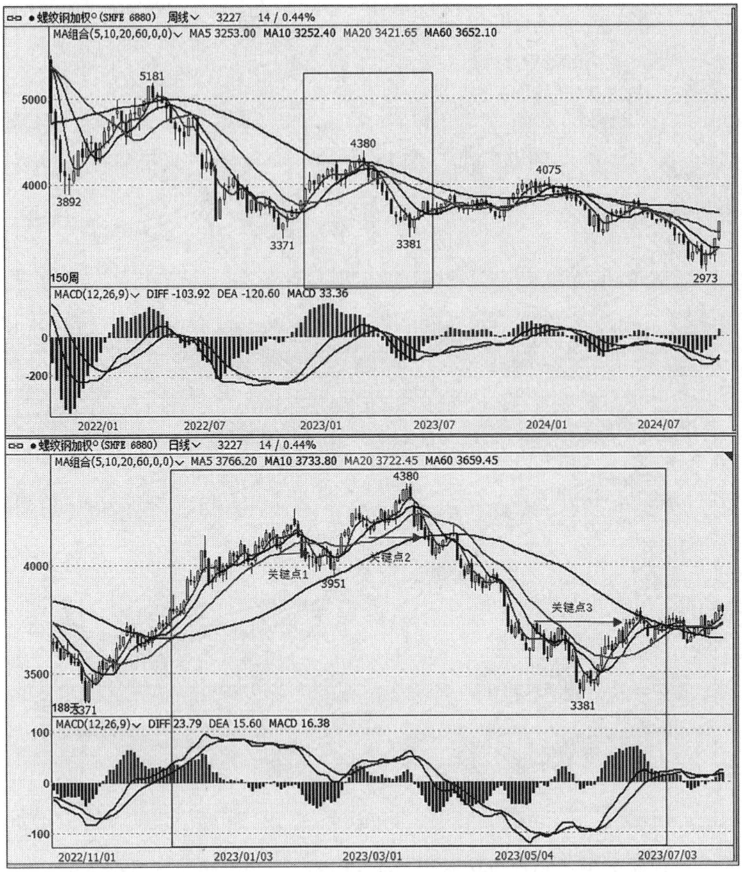

图 9-51　2022-12-5—2023-6-30 螺纹钢的周线和日线行情

日线：图 9-51 中标注了三处比较重要的关键点，关键点 1 被向下突破时，行情在 60 MA 处获得支撑，从 3951 点反弹至最高 4380 点。关键点 2 再次被反向突破，跟关键点 1 被突破时的情况很相似。关键点 1 和 2 处被突破时，MACD 均已经变绿，20 MA 向下，唯一不同的是，关键点 2 被突破时已经离 60 MA 非常接近。关键点 2 突破 60 MA 后向上反弹过程中，受到 20 MA 和 60 MA 的双重压制，随后行情反转下跌。在关键点被向上突破时，向上的 N 形已经形成，MACD 转红，20 MA 被突破并由下跌转为向上，依据交易系统，此时已经不能再做空。

下面结合螺纹钢 10 分钟图，分别对上涨和下跌中产生的交易机会有选择地进行分析。

我们先看 12 月 6 日这一天，如图 9-52 所示，十字光标所在 K 线，在 12 月 5 日收出一根阴十字星。10 分钟从 3772 点向上突破了关键点，入场位 1 时，

MACD 红色，20 MA 低角度上涨，60 MA 从上涨转为水平，符合入场做多的条件。止损位设在 3772 点下方一个价位。这笔交易没有走成。在到达 3827 点时，应当将止损位调到盈亏平衡点（即调到入场位），原因是此时的盈亏比已经达到了 1∶1。行情在 3827 点后转为向下，但因为已经调整了止损位，因此这笔交易应当是不赚也不亏。如果不调整止损位，最低跌至 3769 点，刚好跌破初始止损位，这样这笔交易会产生亏损。我们无法预知行情会跌到何处，在这笔交易中，刚好破了 3772 点几个点然后反转向上，这种情况在实际交易中并不少见。有人会问：如果没有调整止损位到盈亏点，我们可以调整止损位 1 到更低的价位吗？答案是：绝不可以。如果行情没有朝着预期的方向发展，绝对不可以调整止损位，这会严重违背了资金管理原则，如果每次都这样，一旦造成的连续亏损，交易员无法承受心理上的压力，导致交易变形，跟没有交易系统一样在市场中"裸奔"，这是交易中的大忌。

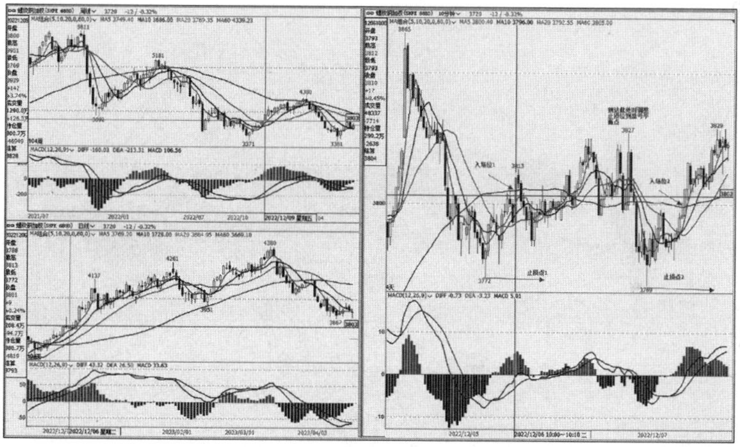

图 9-52　螺纹钢 10 分钟图表

入场位 2，在水平的 60 MA 之下，MACD 转红，20 MA 由水平转为向上，10 分钟自身的关键点已经被突破，根据交易系统入场做多，止损位设于 3769 点之下一个价位。螺纹钢后续的走势如图 9-53 所示。

这笔做多交易的利润非常不错，盈亏比至少为 1∶3。自入场后，价格最高上涨至 3 982 元，但是，始终没有出场的机会，因为 K 线的收盘价均高于 20 MA，即 K 线的收盘价未处于向上的 20 MA 的异侧（当 K 线的收盘价高于向上的 20 MA 时属于同侧，当 K 线的收盘价低于向上的 20 MA 时属于异侧）。无论是用 20 MA 异侧、MACD 背驰还是 60 MA 异侧出场，均有不小的利润，如图 9-54 所示。

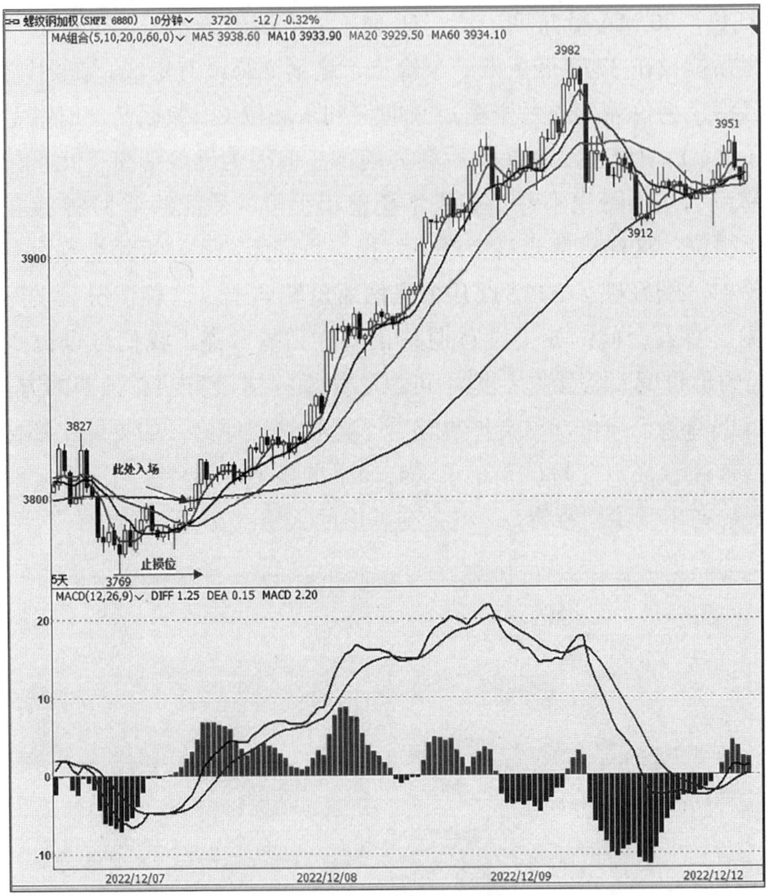

图 9-53 后续的走势图

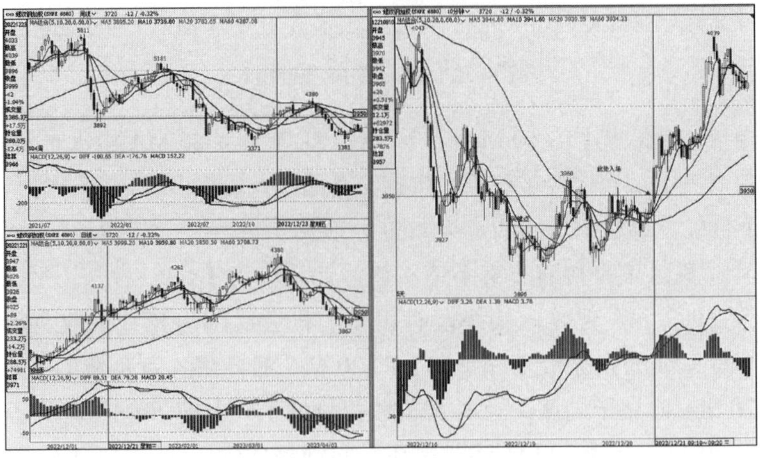

图 9-54 多个交易机会的日线图

十字光标所在的时间是 2022 年 12 月 21 日。可能有读者会有疑问：2022 年 12 月 20 日的日线不是已经出现一根小实体的 K 线吗？为什么这时我们不能入场。没错，12 月 20 日日线出现了阳线，但在 10 分钟是做不进去的，我们从 10 分钟图上看，关键点被突破后，意味着向下的行情进入停滞，但此时 60 MA 仍然向下，不符合系统的入场原则，此时我们只能观望。可以看到，在遇到 60 MA 后两次突破均告失败，行情转而向下，但自 3896 点开始向上反弹的关键点始终没有被反射突破，行情在 60 MA 受阻转而向下，最低也只是跌到了关键点的上方。行情在用时间换空间，即在不断地行进当中，将 60 MA 下降的走势逐渐转为水平，在图 9-54 中标注的入场位置，MACD 已经转红，60 MA 走平，在 20 MA 有角度的加持下，行情选择了向上突破。图 9-54 再一次说明了小周期图表观察细致的重要性，周期越小走势越复杂，上下震荡就越厉害，在这杂乱的走势中，我们始终要依赖于本书中介绍的看盘工具，对行情加以研判，才能抓住行情的主线，不被眼前的行情迷惑。时间换空间在实际交易中也非常常见，这也体现了多空双方博弈的持久程度。还有一种时间换空间的常见走势是：关键点离行情反弹的起点较远，要突破这个关键点，不能总是通过 V 形反转（V 形反转在交易中并不多见），只能通过行情的震荡、横向整理交叉反复来实现突破关键点。

下面是 2023 年 4 月 19 日做空的一个例子，如图 9-55 所示。

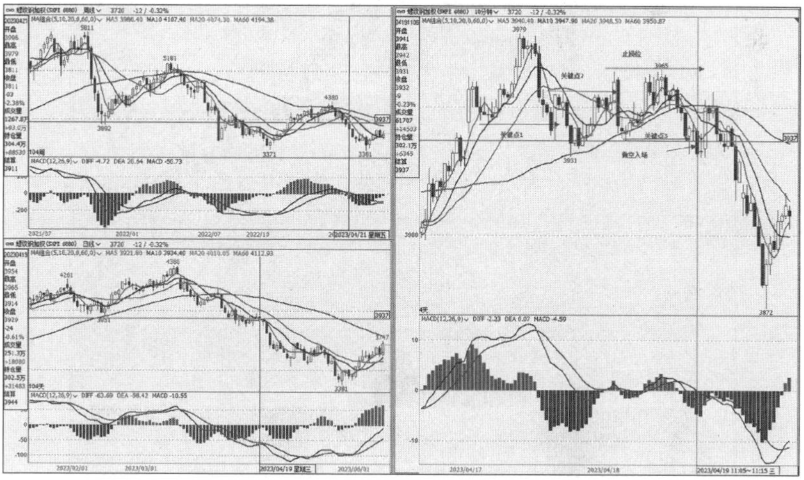

图 9-55　做空机会

日线出现了连续 K 线的回调，连续三天收出阳线，但是可以看到实体并不大，这是弱势回调的一种佐证。无论阳 K 涨幅有多大，都不是我们要考虑的，要考虑的是何时回调做空。

10 分钟：2023 年 4 月 18 日 10:45—10:55 跌破了关键点 1。上涨行情进入停滞。但 60 MA 一直还处于上行，且 K 线在 60 MA 上方运行。行情突破关键点 2，表明自 3979 点下跌到 3931 点的行情进入了下跌停滞，方向不明，此时只能观望。行情向上反弹至 3965 点，离前高只有几个点，随后反转向下，并且 MACD 转而变绿，20 MA 已经有角度的向下，随后在 60 MA 下方跌破 3931 点至 3965 点向上反弹形成关键点，说明向上反弹再次进入停滞。此时 60 MA 已经走平，箭头处入场，止损放在 3965 点上方一个价位。行情并没有马上下跌，而是反弹至 60 MA，受到 60 MA 的压制，随后才展开了幅度较大的下跌。这个入场说明回调的结束也是千变万化的，如果不在合适的时机入场，必然会遭遇震荡行情和反复行情的折磨。以上的例子也是一个时间换空间的走势，在 60 MA 不反对之前，最好不要贸然采取行动，损失的可能还有看不见或意识不到的时间成本。

螺纹钢后续的走势如图 9-56 所示。

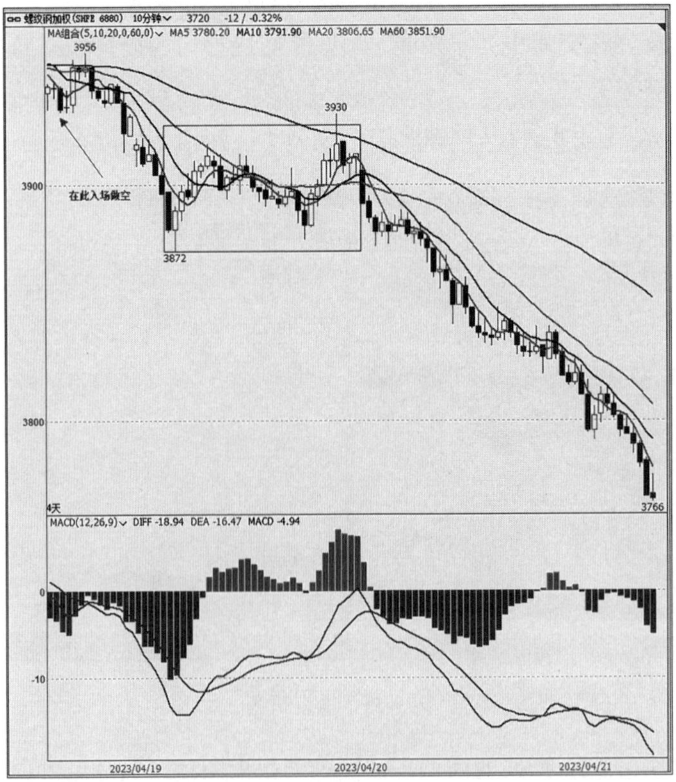

图 9-56　螺纹钢后续的走势

在下跌过程中，出现了一段朝着 20 MA 方向的回调（方框内走势），当收盘于 20 MA 异侧时，到底要不要出场？此时已经有一部分利润。如果出场，后面那一段大跌不是错过了？应该说没有完美的出场，这时出场也是可以的，不管怎样是有一定的盈利。行情最高反弹至 3930 点，已经刺破了 60 MA，但最后收于 60 MA 之下，这些都是在当时无法预料到的。此时还有另外一个做法，收盘于 20 MA 异侧时先行出场，先保住既有的利润。因为不知道行情会回调到什么位置。然后等待回调结束，在 20 MA 下方，等 MACD 转为绿色再入场做空。或是根据日线已经形成短期、中期和长期的趋势，那么可将出场调整为 60 MA 异侧出场，就可以享有后续一大波下跌行情的盈利。

本章小结

（1）无论行情如何变化，我们首先要明确交易的方向。无论是什么品种，均以周线 5 MA 和 10 MA 交叉的方向作为交易的方向。这样做的好处是，在时间和空间上都具有一定的幅度，简化了方向上的判断。周线与日线形成方向上的共振后，一般情况下持续的时间足够长，空间也足够大，能够充分发挥交易系统的作用和优势。周线虽然有滞后性，但要避开其滞后性的弱点，加强其稳定性、方向性的优点为交易所用，这才是整个交易体系的精华所在。

（2）周线的方向一定要在日线上得到验证，因为周线的滞后效应比日线更为明显，我们不能盲目地在周线的方向出来以后，未经过日线的验证就入场，这违背了整个交易体系。当日线和周线的方向不共振时，彼此的力量会抵消，顺势的威力无法体现，因此需要进行认真研判。当日线和周线的方向共振时，需要耐心等待回调的出现和结束，不在任何时候追高 / 追低。日线的 V 形反转或没有周线支持的行情不在本交易系统考虑的范畴。我们应该坚持“弱水三千，只取一瓢”的交易理念，不要去试图抓住所有的交易机会，这样只会让交易陷入无限的死循环之中。

（3）周期越小行情越复杂，越容易形成干扰，因此在日线的回调没有结束时，不需要过多的关注。小周期上符合入场的条件也需要再次过滤，要将盈亏比不好、20 MA 乖离率过大的交易剔除（即使符合入场条件），一定要在所有条件都符合时才能入场。仍然需要掌握几个工具对小周期的走势进行研判。时间换空间的走势在小周期中屡见不鲜，要保持有足够的耐心，在符合条件时大胆入场。无论如何都必须做好止损。

（4）一段日线上的趋势行情分段做，这样累积起来的盈利往往非常可观，不能奢望一段行情从头吃到尾，这样交易的难度会陡升，增大持仓心理压力。

（5）出场相较于入场而言并没有那么重要，做好入场才是交易能够取得长期成功的关键因素。几种出场方式可以依据行情的进展情况做调整，并非一成不变，我们也可结合日线的走势进行选择。日线回调的力度，K 线的实体大小、影线、所处的支撑压力、在 20 MA 和 60 MA 的支撑和阻力都可以作为出场判断的依据。

第 10 章

交易品种的选择

在第 1 章提过资金周转率，对于纯技术交易者而言，当有一套期望值为正的交易系统作为“免死金牌”的前提下，交易品种的选择对于资金使用效率的重要性不言而喻。在资金总量不变或者变化不大的情况下，使用以损定仓的资金管理方式，资金周转率越高，总体收益率则越高。另外，品种的选择对于交易的绩效影响非常大，尽管这是技术分析之外的内容，但对于成熟的交易员而言也是必须要深入了解的重要内容。

交易品种的选择，我们可以从以下六个方面进行考虑。

10.1 首选每跳动一个价位对应的金额大的品种

同等量的资金，期货品种每跳动一个点的金额越大，毫无疑问，资金的周转效率越高。以下是当前商品期货品种最小变动对应金额从高到低的前九排名，见表 10-1。

表 10-1 高点值期货合约排名

序　　号	交易所	品种及代码	交易单位	最小开仓量	一个点多少钱	最小变动	最小变动多少钱
1	大连商品交易所	生猪 LH	16 吨 / 手	1	80	5 元 / 吨	80
2	上海商品交易所	黄金 AU	1 000 克 / 手	1	1 000	0.05 元 / 克	50
3	大连商品交易所	焦炭 J	100 吨 / 手	1	100	0.5 元 / 吨	50
4	大连商品交易所	铁矿石 I	100 吨 / 手	1	100	0.5 元 / 吨	50
5	上海商品交易所	橡胶 RU	10 吨 / 手	1	10	5 元 / 吨	50
6	上海商品交易所	沪铜 CU	5 吨 / 手	1	5	10 元 / 吨	50
7	大连商品交易所	焦煤 JM	60 吨 / 手	1	60	0.5 元 / 吨	30
8	上海商品交易所	沪镍 NI	1 吨 / 手	1	1	10 元 / 吨	10
9	上海商品交易所	沪锡 SN	1 吨 / 手	1	1	10 元 / 吨	10

也许有些读者会有疑问：沪镍和沪锡最小变动才 10 元，为什么会在排行榜上？这里必须要说明的是，假设沪镍当前的价格为 217 080 元（沪镍 2301 主力合约 2022 年 12 月 16 日收盘价），沪镍属于高波动性品种，日涨跌幅在 10 000 元 / 吨以上并不少见，10 000 元 ×1 元 / 吨 =10 000 元。

因此，沪镍和沪锡也属于资金周转效率高的品种。当然，对于这样的品种，对我们的技术和心态方面有更高的要求，要驾驭烈马的难度可想而知。动力煤原本也可以在排行榜里，但自从修改了交易规则之后（最低交易手数上调至 2 手且保证金比例调得非常高），动力煤对于个人交易者而言失去了吸引力。因此，有必要关注到品种政策层面的因素，依据政策因素及时调整交易品种才是正确的做法，以上的排行并非一成不变。对于资金相对充足的交易者而言，选择以上品种会大大减少在交易品种选择上花费的精力。交易品种并非越多越好，当同时持仓的品种越多，复杂程度和注意力呈指数式上升，对交易员的体力和脑力的考验不成正比的上升。

10.2　外盘影响因素

中国的期货交易所交易时间，分为三个时段。9:00—11:00（10:15—10:30 休市 15 分钟）；13:30—15:00；21:00—23:00（个别品种无夜盘，个别品种时间会延后）。可以看到，中国的期货交易品种的连贯性不如外盘，从 15:00 到 21:00 有 6 个小时，以及 23:00 以后外盘仍然处于交易时间段，这两个时间段时不时会飞出“黑天鹅”。举例：2022 年 3 月 7 和 3 月 8 日，伦敦商品期货交易所（LME）镍合约价格在两个交易日内最大涨幅高达 242%，镍价再创历史新高。镍价格大幅上涨直接原因是期货市场的逼仓事件。2022 年 3 月 8 日晚间，LME 紧急宣布，暂停镍交易，且预计在 3 月 11 日（周五）前，不会重启镍交易。LME 还决定取消所有在英国时间 2022 年 3 月 8 日 00:00 或之后在场外交易和 LME select 屏幕交易系统执行的镍交易，并推迟原定于 2022 年 3 月 9 日交割的所有现货镍合约的交割。受此影响，沪镍在 2022 年 3 月 7 日至 3 月 14 日之间大幅上涨之后大幅下挫。对于在 2022 年 3 月 9 日入场做多的交易者而言，面临的是灭顶之灾，3 月 11 日直接跌停。不但保证金损失殆尽，还很有可能面临被追缴保证金的后果。

又如，2022 年 10 月 13 日北京时间 16:00 左右突发新闻，俄罗斯是全球第二大铝生产国，其铝产量约占全球总产量的 6%，而俄铝是俄罗斯唯一的原铝生产商。受此消息影响，伦铝一度大涨 7%（最大涨幅 7%），如图 10-1 所示。

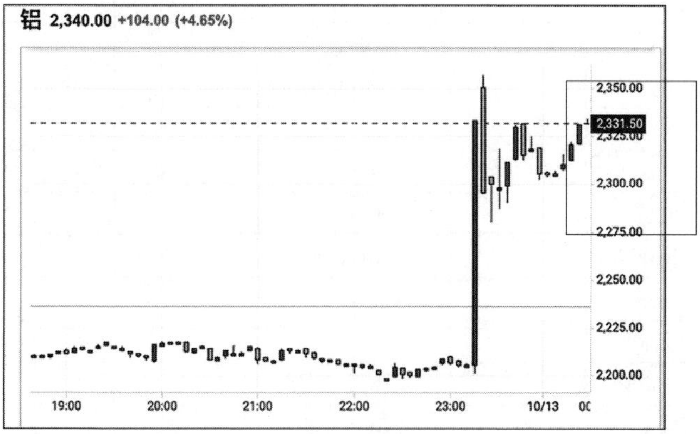

图 10-1　突发事件对关联品种的影响

突发消息发布时，正值中国期货市场休市阶段，当 21：00 夜盘开盘，铝直接跳空高开，至收盘时上涨 2.59%。

综上，交易者特别是个人交易员不能不考虑期货品种受外盘的影响程度。下面我列举了受外盘影响程度较大的品种，在选择交易品种时，这是一个必须要考虑的重要影响因素，见表 10-2。

表 10-2　受外盘影响大的期货品种一览表

序　号	交易品种	对应外盘品种	受影响程度（由高到低）
1	黄金	COMEX 黄金	高
2	白银	COMEX 白银、COMEX 黄金（黄金和白银是高度相关品种）	高
3	铜	COMEX 美精铜、LME 伦铜	高
4	镍	LME 伦镍	高
5	锡	LME 伦锡	高
6	原油	布伦特原油、WTI 美原油	高
7	燃料油	美国原油新加坡燃料油	高
8	LU 燃油	WTI 美原油	高
9	液化气	WTI 美原油	中等
10	PVC	WTI 美原油	高
11	苯乙烯	WTI 美原油	高
12	PTA	WTI 美原油	高
13	沥青	WTI 美原油	高
14	橡胶	日本橡胶	高
15	棕榈油	BMD 马来西亚毛棕榈油	高
16	豆二	CBOT 大豆	高
17	铝	LME 伦铝	中等
18	锌	LME 伦锌	中等
19	铅	LME 伦铅	中等
20	豆粕	CBOT 大豆	中等
21	豆油	CBOT 大豆	中等
22	菜粕	CBOT 大豆	中等
23	棉花	NYBOT 棉花	中等
24	白糖	NYBOT 原糖 11 号	中等
25	玉米	CBOT 玉米	低
26	玉米淀粉	CBOT 玉米	低
27	强麦	CBOT 小麦	偶尔
28	普麦	CBOT 小麦	偶尔

以黄金为例，由于国内黄金没有定价权，因此受国际黄金的影响非常大，如图 10-2 所示。

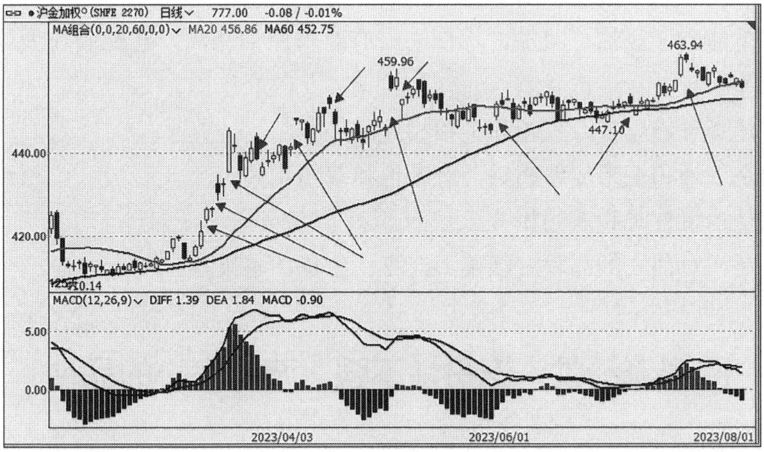

图 10-2　受外盘影响大的品种——黄金

箭头处画出了一部分跳空缺口。当然以顺势跳空居多，但仍然有部分是逆势跳空。当出现逆势跳空时，如果止损位和开盘跳空的位置太远，一般默认的操作都是无条件平仓，这样会带来灾难性的后果，即使严格执行资金管理，因为强制平仓价格离止损较远，导致亏损会加大，从而资金会出现较大回撤，非常不利于交易。

10.3　期货品种之间的关联性

品种之间的关联性具有两面性，当同时持有关联性较强的品种时，相当于加大了仓位，当行情走势有利于持仓时，会增加盈利；另外，当行情走势不利于持仓时，会增加亏损。根据笔者的经验，在同时持仓时，最好不要同时持有相关性较强的品种，而是应当持有相关性品种中趋势性最强或者是最先达到开仓条件的品种。小心驶得万年船，这在交易中，特别是具有杠杆的交易中尤其重要。

期货品种的相关性如下：

一是黑色系：螺纹钢、热卷板、铁矿石、焦煤、焦炭相关；锰硅和硅铁相关，玻璃和纯碱相关。

二是化工系：化工系或多或少与原油正相关。PTA、甲醇、PVC、乙二醇、苯乙烯、液化气、PP 和塑料相关。

三是原油系和化工相关性较强：原油、燃料油、沥青、低硫燃油、液化气。

四是油脂（豆油、菜油、棕榈油）有时与原油相关，且油脂与大豆和豆粕有时相关。

五是豆一、豆二、豆粕和菜粕相关。

六是玉米和玉米淀粉相关，有时也和双粕相关。

七是鸡蛋有时和双粕相关。

八是相对独立的品种有纸浆、红枣、生猪、苹果等。

10.4 回避流动性、连贯性不强、波动率小的品种

持仓量低的合约品种通常是流动性不强的品种，这些品种反映在图表上会经常性跳空，成交不活跃，导致难以成交，增加了交易的难度。比如，建材类品种（线材、纤维板、胶合板）、油菜籽、强麦、普麦、粳米、早籼稻、粳稻、晚稻、红枣（红枣最低交易手数为 4 手，变相增加了保证金，不利于持仓）、动力煤（当前最低保证金率调为 50% 且最小交易手数为 2 手，不利于持仓）。

如图 10-3 所示，它是动力煤的行情走势，图中标注框内，无论用什么样的技术都很难做出分析，更别提入场了。无论我们选择什么品种，一般都要选

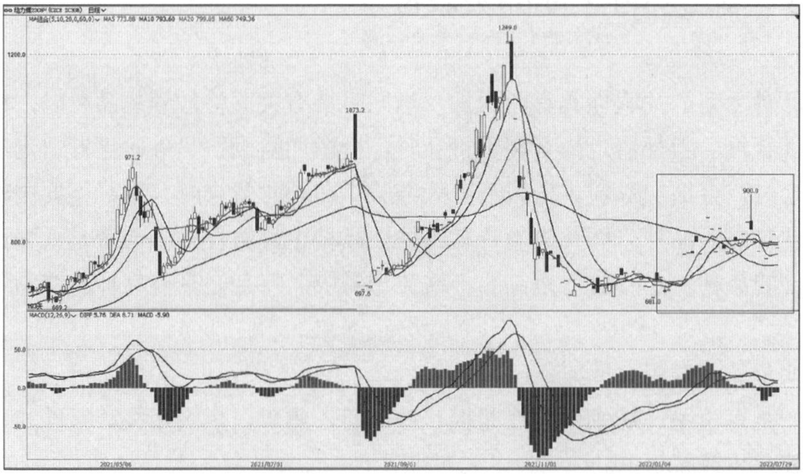

图 10-3 动力煤的行情走势

择主力合约，即所谓持仓量最大、成交量最大的那个合约。每个品种对应的主力合约出现的规律不同，投资者只要关注持仓量和成交量两个标准即可找到对应的主力合约。

不同的品种挂钩不同的标的，故存在不同的波动率。在期货交易中，波动率是影响盈亏的重要因素。如果我们选择波动率大的合约，那么在交易中往往会面对更大的盈利或者亏损。对于新手，不建议选择波动率大的品种，可以选择波动率适中的品种，比如螺纹钢、豆粕、玉米等。

10.5　将趋势性强的品种作为优选

有时经过第一至第四的选择之后，可以选择的交易品种还有很多，此时可以增加当前趋势性明显的品种。有时在大多数品种处于震荡或回调时，有个别品种会走出独立趋势较为明显的行情，这时为了提高资金的使用效率，可以将此类品种纳入交易品种备选项。

下面试着比较油脂三兄弟在 2023 年 7 月的走势，如图 10-4 所示。

从图 10-4 中我们可以看到，在 2023 年 7 月 3 日创出高点后（此段上涨行情有基本面的支撑），豆油和棕榈油均出现了回调，但是看菜籽油走势仍然非常坚挺，还在不断创出新高。作为关联性非常高的三个品种，毫无疑问在选择其中一个做多时，首选的是趋势性最强的菜籽油。

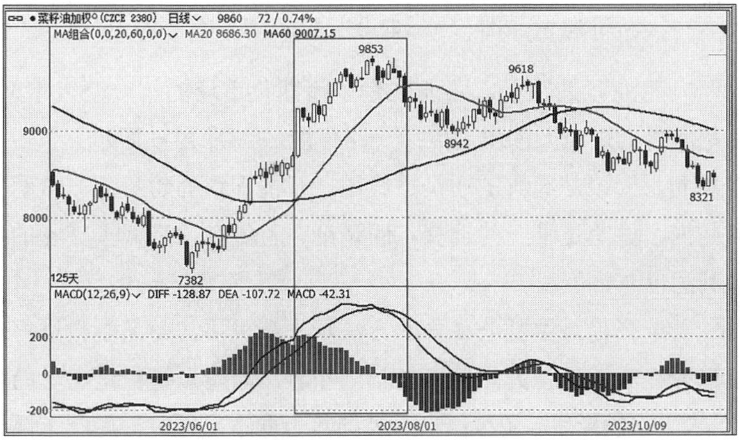

图 10-4　油脂三兄弟的走势（2023 年 7 月）

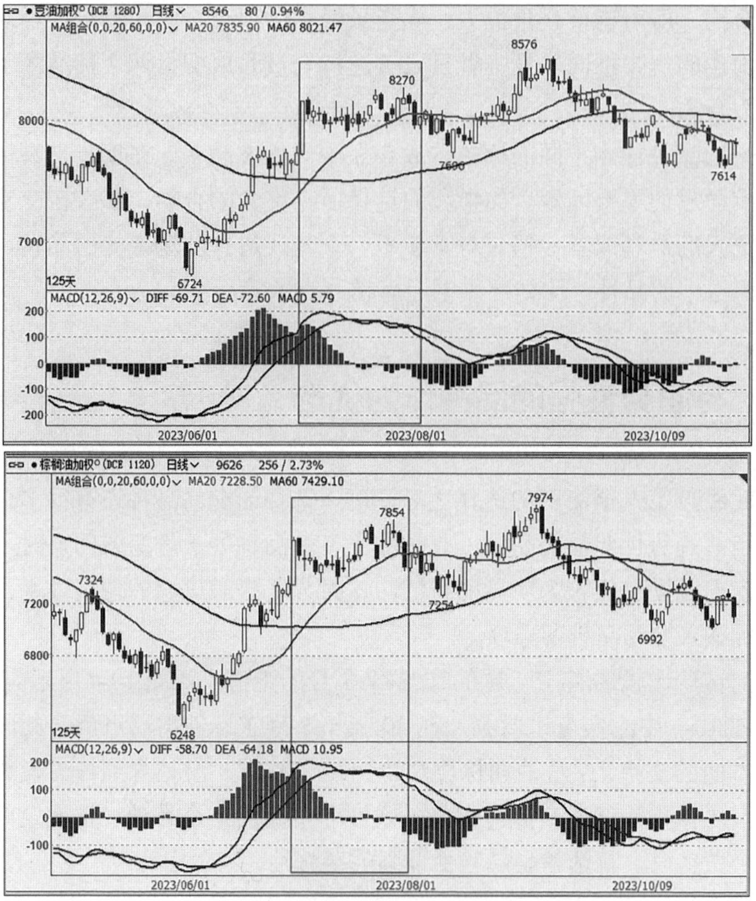

图 10-4 油脂三兄弟的走势（2023 年 7 月）（续）

再看一个工业硅的例子，工业硅是广州期货市场的第一个上市期货合约，很遗憾的是，自上市当天创出高点后一路下滑，如图 10-5 所示。

可以看到，无论是周线图还是日线图，行情下跌的趋势都非常明显。在很长一段时间内，做空是唯一的选择。回调结束就做空，降低了交易的难度，同时累积的利润也非常可观。

另外一种选择趋势性强的品种的方法是先从板块与商品指数进行对比，再从板块中选择趋势性最强的品种。也就意味着，当商品指数走向上趋势时，做多上升趋势最强的板块 / 品种；当商品指数走向下趋势时，做空下降趋势最强的板块 / 品种。这种方法被称为“多最强空最弱”，它是指在交易中选择交易最强势走势的策略。顺势的力量无穷大，与趋势对抗如螳臂当车，而只盯着趋势中的小波动利润空间则意义不大。我们要在交易中获取利润，最有利的方式是站在趋势相同的方向上，利用顺势的力量来获取利润空间。那么，问题来了，我们如何选择在趋势走势中表现最强势的期货品种呢？方法很简单：首先确定方向，可以使用指数来确定。用商品期货指数的综合走势，判断是多头趋势还是空头趋势。一旦确定了趋势方向，再选择具体的交易板块。

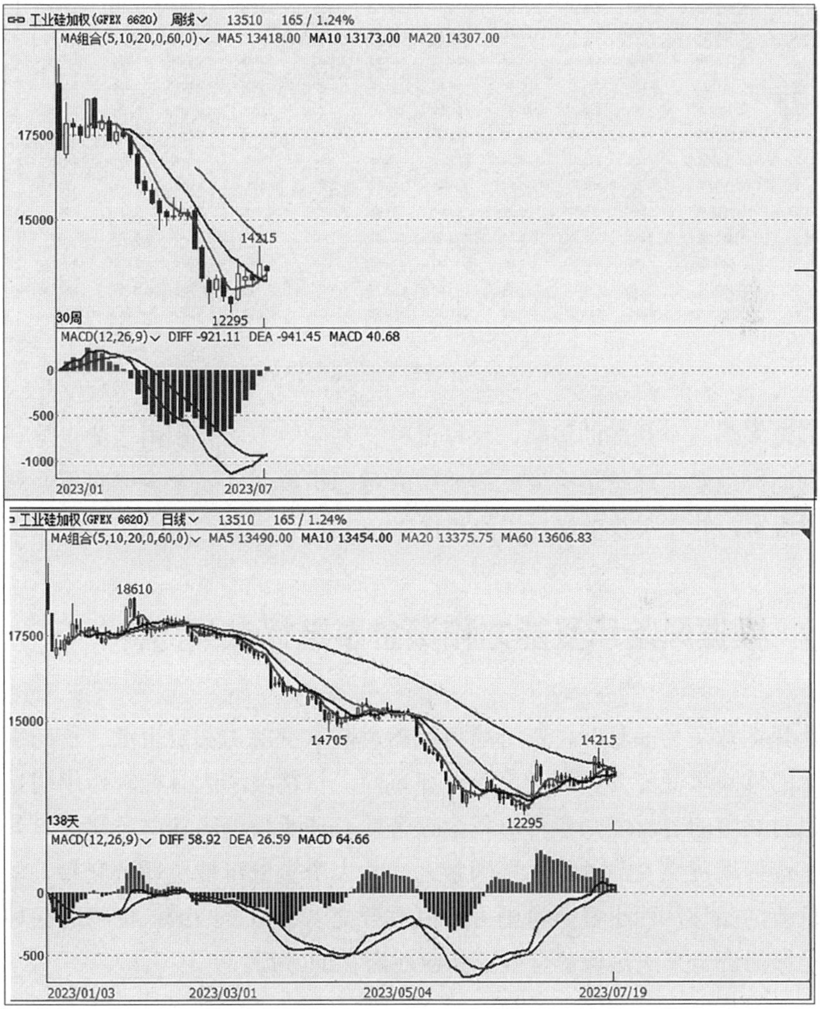

图 10-5　工业硅的走势（2023 年 7 月）

如图 10-6 所示，它是 2023 年 7 月商品板块的涨幅排名，文华商品指数自 6 月到 7 月开展了一波凌厉的反弹。通过分析得知，油脂板块在这一波上升趋势中领涨，可以根据其月涨幅排名第一来判断，因此将油脂板块确定为这一波行情走势中最强的板块。然后再从油脂板块中挑选趋势最强的品种，经过筛选确定菜油为在这一波涨幅中上升趋势最强的品种。

序号	合约名称	文华码	开盘	最高	最低	最新	涨跌	涨幅%	速涨	周涨幅%	月涨幅%↓
1	油脂板块	7188	189.93	191.90	189.49	191.16	1.88	0.99%	0.04%	1.47%	13.14%
2	油脂链	7165	214.20	216.63	214.01	216.10	2.32	1.08%	0.02%	1.79%	11.28%
3	煤炭板块	7199	219.95	221.43	217.78	220.90	4.62	2.14%	0.00%	6.04%	10.69%
4	煤化工	7218	103.71	104.13	103.05	103.68	0.98	0.95%	-0.03%	1.58%	8.33%
5	饲料板块	7182	238.56	241.37	238.46	240.93	2.22	0.93%	0.00%	1.10%	8.15%
6	石油板块	7168	212.22	215.61	212.22	215.44	2.37	1.11%	-0.01%	0.96%	6.16%
7	化工板块	7191	130.46	131.19	130.10	130.98	1.40	1.08%	0.00%	1.01%	5.87%
8	农产品	7192	195.11	196.27	194.97	196.10	1.00	0.51%	0.01%	1.03%	5.86%
9	建材板块	7190	154.02	156.09	153.89	155.73	3.10	2.03%	0.08%	3.84%	5.78%
10	文华商品	7186	180.02	181.38	179.98	181.19	1.59	0.88%	0.02%	1.22%	5.28%
11	工业品	7193	172.33	173.79	172.27	173.58	1.86	1.08%	0.02%	1.32%	4.97%
12	塑化链	7195	104.55	105.34	104.49	105.15	1.29	1.25%	0.00%	1.17%	4.85%
13	聚酯链	7196	90.97	91.68	90.87	91.42	0.49	0.54%	-0.02%	0.55%	4.71%
14	黑链指数	7161	135.36	136.10	134.67	135.87	1.60	1.19%	0.04%	2.80%	4.45%
15	贵金属	7183	318.18	322.56	317.83	321.85	5.18	1.64%	-0.01%	3.09%	4.18%
16	有色板块	7189	199.96	201.76	199.84	201.26	1.12	0.56%	0.04%	0.28%	3.48%
17	生猪链	7217	218.87	220.85	218.81	220.58	2.02	0.92%	-0.01%	0.76%	2.74%

图 10-6　商品板块的涨幅排名

通过多最强空最弱的策略，可以提升交易的效率，并利用强势走势获取更高的利润。当然，这种策略方式需要综合考虑市场条件、个人风险偏好和交易策略等因素，并在实践中进行调整和优化。

10.6　根据风险承受能力和资金量选择交易品种

选择期货交易品种时，需考虑自己的风险承受能力和资金量。首先需要评估自己的风险承受能力。期货交易存在风险，价格波动大且杠杆作用明显。确定自己对风险的容忍度，包括对资金损失的心理承受能力和财务状况。其次资金量是选择期货交易品种的重要因素之一。大资金量可能更适合交易大型合约或高价值的品种，而小资金量则可能更适合交易小型合约或低价值的品种。确保有足够的资金来满足保证金要求和应对潜在的亏损。

1. 风险承受能力

如果你的风险承受能力较低，建议只交易豆、豆粕、玉米、强麦、籼稻这些品种。

如果你的风险承受能力中等，建议在此基础上，增加白糖、塑料、PTA、豆油、棕榈油、菜籽油、螺纹钢等。

如果你的风险承受能力较高，那么包括铜、锌、橡胶、棉花、生猪这些大品种在内，都可以交易。

2. 资金量

2 万元以下，交易的品种：螺纹钢、豆、豆粕、玉米。

5 万元以下，交易的品种：白糖、塑料、PTA、豆油、棕榈油、菜籽油、螺纹钢、豆、豆粕、玉米；

5 万元 ~10 万元，交易的品种：锌、白糖、塑料、PTA、豆油、棕榈油、菜籽油、螺纹钢、豆、豆粕、玉米、化工类合约、玻璃、纯碱等。

10 万元以上，交易的品种：铜、镍、锡、黄金、白银、橡胶、棉花、锌、白糖、化工类、豆油、棕榈油、菜籽油、螺纹钢、豆、豆粕、玉米、生猪、工业硅等。

综上，在选择交易品种时，须经过多方面的筛选，并保持一定的弹性，这样才能让自己的交易进可攻、退可守。假如当前无合适的交易品种，则让自己休息，没有必要每天都在交易市场中。在行情震荡结束之后再入场，好过在震荡行情中强行入场导致的左右挨耳光，既浪费了金钱也浪费了时间。在交易中，有所为有所不为也是稳定盈利不可或缺的一部分。

本章小结

（1）交易品种的选择不属于技术分析的内容，但是对于交易绩效影响非常关键，因此交易员必须要掌握其中的内容。

（2）交易品种的选择有六个需要考虑的层：

一是合约的点值和波动性。从资金使用效率上来说，高点值或波动性大的品种有利于提升资金使用效率和利润率。

二是外盘的影响，由于部分期货品种受外盘影响巨大，在非交易时间段如果出现突发事件，即使执行了资金管理，但是由于跳空产生的缺口，在当前的强制平仓机制下，仍有可能出现无法避免的大幅亏损，因此应当尽量避免交易此类期货品种。

三是品种之间的关联性。关联性大的品种存在同涨同跌的情况，在做对的情况会增加利润，但做错的情况下也会加大亏损，因此在做交易时，应当尽量避免同时持有关联性较大的品种。

四是品种的流动性和连贯性。必须要回避流动性和连贯性弱的品种，这也是出于保护本金的角度考虑。这些品种用技术分析难以发挥其作用，且平仓难度加剧，对交易系统的执行和资金管理带来严重不利影响。

五是从挑选趋势性强的品种进行优选（方法有三点：①同板块挑选趋势性强、从周线和日线的共振方向挑选趋势性强的品种。②通过商品综合指数分析趋势性强的板块。③从板块中挑选趋势性强的品种）。

六是风险承受能力和资金量，要匹配你自身的情况进行选择。

（3）交易品种的选择与你的风险承受能力和交易能力相匹配，在不同的阶段可以根据难易程度挑选交易品种，保持交易的弹性对于交易绩效来说也至关重要。

第 11 章

让期货交易的利润最大化

本章与上一章内容一脉相承，上一章阐述的是如何通过交易品种的选择将资金的周转效率提高，而本章讲解的是如何让期货交易的利润最大化，实际上也是将资金周转效率提高的一方面。每个交易员可以根据自己的实际情况进行综合应用。

如何将期货交易的利润最大化？我提供的思路是利用商品期权。期权是近年在国内推出的金融衍生品的一种，被冠以“皇冠上的明珠”的称号。之所以能够获此殊荣，是因为它是整个金融衍生品市场中级别最高的品种，在期权内隐含着巨大的波动和无限的机会。说到期权，很多期货交易员觉得非常陌生和复杂。但本书将抛开那些纷繁复杂的概念，只需要掌握一些粗浅的知识和概念即可知道如何与期货交易相结合。

11.1 期权的基本知识

期权和期货一样，是一种合约；该合约赋予持有人在某一特定日期或该日之前的任何时间以固定价格购进或售出一种资产的权利。简言之，期权是一种未来的权利，是指期权的买方向卖方支付一定费用后，买方有权在某一特定日期或该日之前的任何时间以固定价格购进或售出一种资产的权利；当买方要求行使权利时，期权卖方就负有履行买入或者卖出相应资产的义务。买方为了获得这份权利需要支付一定的费用，这笔费用称为权利金，而卖方收取这笔费用需要承担相应的义务。

期权是当前资本市场最具活力的风险管理工具之一，我国自 2017 年之后，才陆续推出部分商品期权品种，经过 8 年多的蓬勃发展，我国期权市场在多个方面取得了长足的发展，呈现出持续增长的势头。市场规模不断扩大，成熟度稳步提升，彰显出良好的发展态势。截至 2023 年 6 月 30 日，我国期权市场已经拥有 42 个品种，涵盖金融、农产品、能源、化工、黑色、有色、贵金属等板块，基本实现了全面覆盖。截至 2023 年 6 月底，2023 年上半年总成交量累计达到 45351 万张，同比增长 185%；累计成交额达到 2 859 亿元，同比增长 67%；2023 年 6 月底总持仓量 661 万多张，同比增加 90%。期权市场规模的扩大，使交易者担心流动性问题正在得以缓解。

有读者会问：期货与期权有什么区别？考虑到未来价格波动性，许多交易者希望能够在市场上进行更灵活地操作。在这方面，期货和期权是两种常用工具。

然而，期货合约要求双方在特定日期以预定价格买卖某个物品（如苹果、生猪等）。如果你觉得未来苹果和猪肉价格会涨，那么，你可以做多，从中获得利润；相反，你认为未来价格会跌，那么，可以做空，在下跌中产生收益。

而期权则给予持有人选择是否购买或出售标的资产（如某个商品）的权利，并且不强制执行。因此，在不确定行情时使用期权可以降低风险。

期货与期权的其他区别明细，见表 11-1。

表 11-1　期货与期权的其他区别

对比事项	期　货	期　权
发行量	有限	无限
权利主体	买卖双方有权利	买方
义务主体	买卖双方有义务	卖方

续上表

对比事项	期　　货	期　　权
契约数量	形式上并没有到期日	不同行权价格与到期月份组成多个契约，且会根据标的资产价格的波动增加新的行权价格
每日结算	买卖双方的仓位无须做每日结算	针对卖方部位须进行每日结算
价格风险	买卖双方均存在价格风险	买方之最大风险为权利金，卖方之风险极大

下面分别介绍期权的关键术语：

1. 执行价格

它又被称为履约价，是期权买卖双方约定的行使权利时规定的买卖价格，执行价格确定后，在期权有效期内无论期货合约价格如何变动，只要买方要求行权，卖方就必须以此价格履约。同一个期货合约会根据执行价格不同分很多档，每一档都是一个独立的期权合约。

2. 权利金

当购买一个商品期权时，需要支付一笔费用，它被称为“权利金”。这笔费用给予我们享受该项权利的机会。

比如，假设你相信某公司的股票价格将上涨。你可以购买一份商品合约的看涨期权，支付一笔权利金。如果事实证明正确，合约价格上涨了，并且你决定行使期权，那么你可以按照之前约定的执行价购买这些合约并获得差额收益。

期权合约由内在价值和时间价值两部分构成。内在价值是指买方购入期权时立即行权所获得的总利润，即买入期权时附带的实际收益。看涨期权的内在价值为：Max（市价 - 执行价格，即市价高于执行价格的部分。看跌期权的内在价值为：Max（履约价格 - 市价，9），即市场低于执行价格的部分。

以内在价值为标准，期权可以分为三种类型：实值、平值和虚值。实值期权的内在价值为正，即期权的执行价格优于商品合约（标的资产）的市价，对买方有利。所以，买方付权利金时要将成交时带有的这部分价值加入权利金中，因此实值期权的价格（即权利金）更贵；平值期权是指内在价值为零，即期权的执行价格等于商品合约市价；虚值期权是指内在价值为负，即期权的执行价格低于商品合同的市价，对卖方有利。所以卖方收取权利金时要将成交时还有的这部分从权利金中扣除，因此虚值期权更便宜。

下面结合期权的 T 形报价进行说明，如图 11-1 所示。

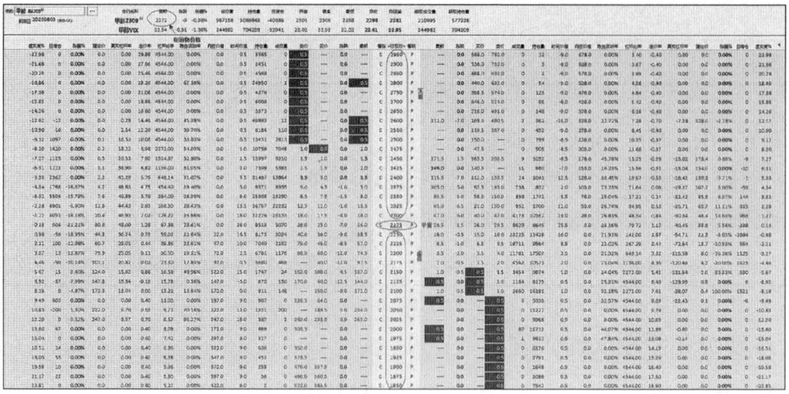

图 11-1　期权的 T 形报价

从图 11-1 中我们可以看到，2023 年 7 月 30 日某个时刻，运行至 2272 点的甲醇 2309 期权，2272 点与 2275 点位置很接近，所以点位运行至 2272 点时，2275 点就是平值。对于左边的看涨期权，在平值（2275 点）上方的都是实值，而未达到在平值（2275 点）下方的都是虚值。右边的看跌期权则刚好相反，大于平值（2275 点）都是虚值，小于平值都是实值。我们结合 T 形报价数据，平值实际上是标的物（商品期货合约）的价格，平值两端越远越接近实值或越接近虚值。

3. 时间价值

商品期权有一个特殊的属性被称为“时间价值”。当购买期权时，不仅在购买标的资产方面享有一项特定优势，还拥有掌握未来可能出现变动情况的能力。这个概念是非常重要和复杂的。好比保险公司的寿险产品。由于存在身故和意外风险，以及预测到年纪越大可能性增加了保险索赔概率，即时间越长产生风险的概率越大，所以“时间”成为关键因素，而增加了费用。类似的，在商品期权中，“时间”越长，也就意味着人们对于标的资产价格变化所承担的费用更多。

期权合约价格是由内在价值和时间价值构成的。即期权价格 = 内在价值 + 时间价值。而虚值合约只有时间价值，没有内在价值。而完全相等的平值合约的内在价值也为零，只是平值合约波动经常不对等，所以平值受内在价值和时间价值的双重影响。实值合约则主要是内在价值，时间价值占比非常少甚至没有时间价值。

期权的本质还是把握趋势，趋势方向的判断比其他东西更为重要。一般情况下，合约的内在价值是相对确定的，可以计算出来，内在价值 = 收盘价 − 期权的行权价。但由于期权合约的时间波动会较大，比如，在 7 月购买一张 9 月到期的期权，在此期间有非常充实的时间合约会上涨，这部分时间是合约带来的附加价值，即时间价值。它是非线性变化的。对于期权，购买的是未来的一个权利，而时间是在不断减少，特别是临近合约到期日，时间价值会加速消耗，所以时间价值的波动会非常剧烈。

4. 到期日

每个商品期权都有一个“到期日”，即合约有效截止日期。在此之前，我们需要决定是否要行使该合约。举例如下：在你购买一份棉花看跌（认为未来棉花价格将下降）的商品期权后，如果在到达到期日之前棉花价格确实下跌了，你可能会选择行使该选项，并按照执行价卖掉持有的部分棉花从而赚取差额收益。如果没有达到下跌预期，你也可以选择放弃行权。

11.2　什么是看涨期权和看跌期权

期权分看涨期权（认购期权）和看跌期权（认沽期权）两种。它们赋予持有者在未来特定时间内以特定价格购买（看涨期权）或卖出（看跌期权）标的资产的权利。无论是看涨期权还是看跌期权，持有者都有权选择是否行使期权。而期权的卖方则有义务在持有者选择行使期权时执行买入或卖出标的资产的交易。

期权的买方支付购买期权的费用（权利金），而期权的卖方在卖出期权时获得期权费。期权的价格（或称为期权的溢价）会受到多种因素的影响，包括标的资产的价格、行权价格、期限、波动率和无风险利率等。

看涨期权和看跌期权为投资者提供了灵活的投资选择，能够在不直接拥有标的资产的情况下参与市场并进行获利或风险管理。

1. 看涨期权

它是指期权的购买者（买方）拥有在期权合约有效期内按执行价格买进一定数量标的物的权利，但不负有必须买入的义务。而看涨期权的卖方在买方要求行权时，有义务按照行权价卖出一定数量的标的物。

2. 看跌期权

它是指期权的购买者（买方）拥有在期权合约有效期内按执行价格卖出一定数量标的物的权利，但不负有必须卖出的义务。

影响期权的价格最主要因素有以下三个：

一是期权的执行价格与标的期货合约价格。

执行价格与期权价格的关系见表 11-2。

表 11-2　执行价格与期权价格的关系

期权类型	执行价格	期权价格
看涨期权	越高	越低
	越低	越高
看跌期权	越高	越高
	越低	越低

执行价格与标的期货合约价格之间的差异是影响期权价格的重要因素之一。这种差异也被称为期权的虚实度。实值期权的价格较高，意味着执行价格低于标的资产（期货合约）的价格，因此实值期权具有较低的杠杆效应，与标的资产价格的波动性相关性较高。虚值期权的价格较低，意味着执行价格高于标的资产（期货合约 ）的价格，因此虚值期权具有较高的杠杆效应，与标的资产价格的波动性相关性较低。这种关系是期权市场中的重要特征，对期权买方来说，选择合适的虚实度对于决定是否购买某个期权具有重要意义。

二是标的期货合约的波动率。

波动率与期权价格的关系见表 11-3。

表 11-3　波动率与期权价格的关系

期权类型	标的期货合约波动率	期权价格
看涨期权	越大	越高
	越小	越低
看跌期权	越大	越高
	越小	越低

标的期货合约价格的波动率是衡量期权价值的重要变量，也是期权定价模型中的关键因素。这很容易理解，因为期权实际上是对期货合约的一种保险。看涨期权相当于对空头头寸的保险，而看跌期权相当于对多头头寸的保险。当期货合约价格波动剧烈时，多头或空头头寸面临较大的风险。因此，对这些头寸的保险需求更加迫切，期权的权利金（价格）也会相应提高。另外，当期货价格波动幅度较大时，逆转的可能性也较高。这意味着期权获得行使价值的机会更多。因此，期权买方也更愿意支付更高的期权价格。他们希望通过购买期

权，以较低的成本获得更大的潜在收益，同时降低期货市场波动性带来的风险。

三是期权合约距到期日的远近。

到期日远近与期权价格的关系，见表 11-4。

表 11-4　到期日远近与期权价格的关系

期权类型	到　期　日	期权价格
看涨期权	越远	越高
	越近	越低
看跌期权	越远	越高
	越近	越低

3. 其他期权术语和用法

期权里有很多术语和用法，这不是本章所要讲的重点。对于大多数交易者而言，只要掌握两点：

一是当看多时，买入看涨期权。

二是当看空时，买入看跌期权。即当交易系统给出了期货合约（非期权合约）的入场信号，给出做多信号时，买入看涨期权；给出做空信号时，买入看跌期权。其他复杂的期权概念和期权组合方式都不需要掌握。从而简化了期权交易。整理见表 11-5。

表 11-5　简化的期权交易

交易方法	买入看涨期权	买入看跌期权
使用时机	做多期货合约（一般是主力合约）	做空期货合约（一般是主力合约）
最大风险	权利金	权利金
最大利润	理论上无限	理论上无限
保证金	不需要	不需要
特点	风险有限，收益无限	风险有限，收益无限
具体交易方法	买入主力合约对应的虚值三档附近的期权合约	买入主力合约对应的虚值三档附近期权合约

11.3　商品期货和期权的对比的示例

尽管本章介绍的期权交易（只做买入看涨期权或买入看跌期权这两种交易）的方法不涉及杠杆，但是出于资金管理的角度非常有必要说明：我们不能将全部资金投入一次期权交易中。适当的做法是，将总资金拆分成若干等份，比如拆成10等份或20等份。结合交易品种的选择，在有较高胜率的交易系统的保护下，即使单次期权交易出现损失，但通过一致性的交易，在下一次交易中就有可能将上一次损失弥补的同时获取较高收益。最坏的情况是权利金归零，根据本书的交易系统的规则，在严格坚守交易纪律的前提下，这种情况基本不会存在。因为没有被追缴保证金的压力，从某种程度来说，持仓的压力上会比期货交易要小。也可以将资金分为两部分，一部分用于交易期货合约，另一部分用于交易同品种的期权合约，通过这样的组合，也可以提高资金的使用效率和利润率。

举例如下：棉花2309期货合约与期权2309合约，如图11-2所示，假设棉花2309期货合约在2023年7月11日14：25出现了一个入场信号（具体分析参见第9章内容，在此略）。

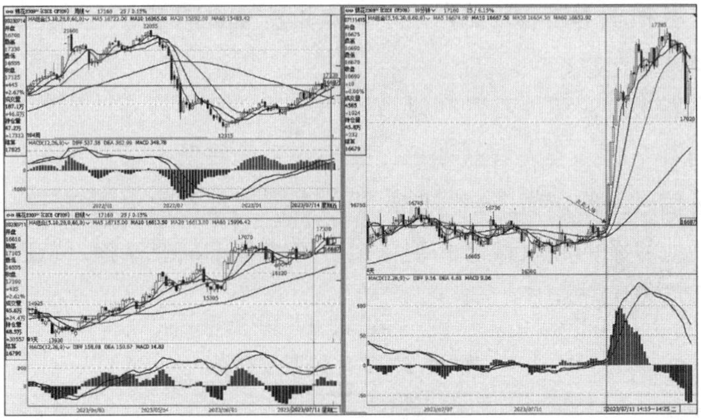

图11-2　期货合约作为期权合约的标的

对应的期权合约的走势如图11-3所示。

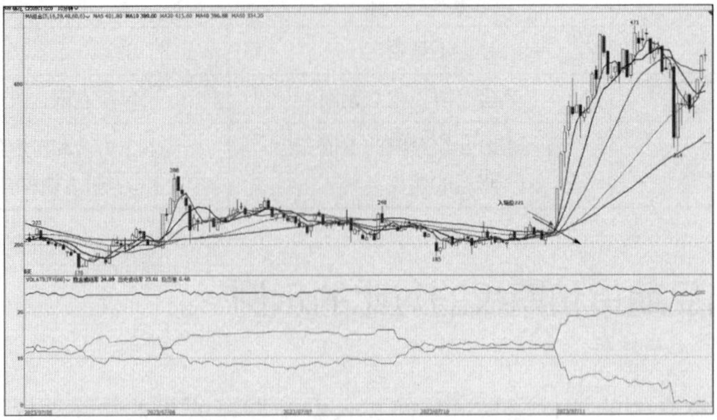

图11-3　期权合约的走势

期权 2309 合约的价格是 221 点，最高涨到了 471 点，最大涨幅 113.12%。在 2 个交易日有 1 倍多的利润。无论从利润率还是资金使用效率上都是相当惊人的。系统自带的期权图表中隐含波动率和历史波动率，感觉上对于没有专业功底的交易员是非常难以理解。实际上并不需要掌握那么多期权的术语和概念，你只需要看着期货合约交易期权合约即可。

补充一句：买入看涨期权和看跌期权，其本质离不开对于趋势的把握。

11.4　期权买方的风险

作为期权的买方，应注意以下风险：

1. 流动性风险

它体现在两个方面：

一是期权合约品种的流动性。买入容易，但是想要平仓时很有可能会有困难，即使做对了，但因为无法平仓也有可能会带来损失。

二是期权合约里的平值合约通常比较活跃，成交量大，而深度实值或深度虚值的合约则不活跃，去交易这些不活跃的合约同样面临无法平仓的风险。

2. 时间价值衰减

对于期权的买方而言，时间价值是重要的考量因素，随着时间流逝，时间价值到期归零，同时对实值、虚值和平值期权的影响也不尽相同。实值和虚值期权最后一周时间的流逝对其影响小，到期日虚值期权价值归零，实值期权则仅剩下内在价值，而平值期权价值在最后 10 天下降最快。根据前面提到的公式：期权价值 = 内在价值 + 时间价值，内在价值相对确定，易于计算，但时间价值是非线性变化的，越是临近行权日，往往波动越为剧烈，交易风险也在成倍加剧。

到了行权日，期权仅剩下内在价值，即内在价值 = 行权价。如果没有大幅波动，虚值合约到了行权日未能变成实值，那么只有时间价值的虚值合约将归零，这对于期权交易者而言是极大的风险。

3. 未走出趋势的风险

期权最大的魔力在于趋势按照预期的方向发展，可以将期权的收益放大。但假如未按照预期方向发展，进入了横盘或者相反方向，期权的时间价值会不断损耗，持仓的风险会成倍增大。

4. 资金风险

对于期权买方，最大的损失是权利金。由于期权的波动非常剧烈，如果做错很有可能全军覆没，因此一定要做好资金管理，不能将全部的资金用于期权交易当中。

本章小结

（1）期权的基本概念只需要掌握执行价格、权利金、时间价值和到期日即可。权利金包含内在价值和时间价值。期权价格 = 内在价值 + 时间价值。内在价值分为实值、平值和虚值三种。期权时间价值会随到期日的临近而加速衰减，期权到期时间价值为零。

（2）看涨期权和看跌期权受到执行价格、波动率及距到期日远近这三个方面的影响。

（3）期权合约百分之百锚定同一品种的期货合约，因此对于资金量不大的交易者，可以以期货合约发出的交易信号作为期权合约的入场信号，以提高资金的使用效率和利润率。

（4）依据期货合约交易期权合约，只做两种交易：买入看涨期权和买入看跌期权，其他复杂的期权组合不考虑。由于期权的买方不需要保证金，因此买入期权不会存在被追缴保证金的风险。同时，由于期货合约价格不会归零，即使做错方向，期权合约也不会归零，但需要考虑末日轮，行情波动非常剧烈，如果做错方向，即使不归零也会使得权利金大幅亏损。

（5）期权买方的四大风险：流动性风险、时间价值衰减风险、未走出趋势的风险、资金风险。其中，流动性风险体现在两个方面：

一是期权合约品种的流动性。

二是深度实值或深度虚值的合约则不活跃。我们交易这些流动性差的合约同样会面临无法平仓的风险。

时间价值衰减风险：随着时间的流逝，时间价值到期归零，同时对实值、虚值和平值期权的影响也不尽相同。实值和虚值期权最后一周时间的流逝对其影响小，到期日虚值期权价值归零，实值期权则仅剩下内在价值。

未走出趋势风险：时间价值会损耗，同时也会面临做错方向的亏损风险。

资金风险：由于期权波动剧烈，我们一定要做好资金管理，严禁将资金一次性投入。